差异教育 成果丛书
Achievements on Differentiation Education

丛书主编：楼朝辉 施民贵

爱与美的印记

我的班主任工作的随性感悟

周 红◎著

ZHEJIANG UNIVERSITY PRESS
浙江大学出版社

图书在版编目(CIP)数据

爱与美的印记:我的班主任工作的随性感悟 / 周红
著. —杭州：浙江大学出版社，2017.2(2018.1 重印)
　ISBN 978-7-308-16700-0

　Ⅰ.①爱… Ⅱ.①周… Ⅲ.①小学—班主任工作
Ⅳ.①G625.1

　中国版本图书馆 CIP 数据核字（2017）第 039018 号

爱与美的印记

—— 我的班主任工作的随性感悟

周　红　著

策划编辑	谢　焕	
责任编辑	杨利军　沈巧华	
责任校对	丁沛岚　邵吉辰	
封面设计	周　灵	
出版发行	浙江大学出版社	
	（杭州市天目山路 148 号　邮政编码 310007）	
	（网址：http://www.zjupress.com）	
排　　版	杭州林智广告有限公司	
印　　刷	浙江省良渚印刷厂	
开　　本	710mm×1000mm　1/16	
印　　张	14.75	
字　　数	219 千	
版 印 次	2017 年 2 月第 1 版　2018 年 1 月第 2 次印刷	
书　　号	ISBN 978-7-308-16700-0	
定　　价	38.00 元	

做一个最好的你

道格拉斯·玛拉赫

如果你不能成为山顶上的高松，

那就当一棵山谷里的小树，

但要当棵溪边最好的小树。

如果你不能成为一棵大树，

那就当一丛小灌木；

如果你不能成为一丛小灌木，

那就当一片小草地；

如果你不能成为大道，

那就当一条小路；

如果你不能成为太阳，

那就当一颗星星；

如果……

我们不能全是船长，必须有人当水手，

这里有许多事情让我们去做，

有大事，有小事，

但最重要的是我们身边的事。

决定成败的不是绚丽的光环、辉煌的业绩，

而是做一个最好的你。

序 我和"教师"有个约

一、我与阿驹

（一）

这一年的我 19 岁，刚刚站上讲台。

我坚决地记住，我从教的第一年闯入了一个叫阿驹的小伙子。

我带的是小学毕业班。 在这个班级中，年纪最小的学生 13 岁，最大的已有 16 岁。 这样十五六岁的孩子还不少，在我的班级中就有 3 个。 这几个孩子年纪大，人也高大，而那个个头最高、身体壮硕、一头卷发的男孩，那个被称为"害群之马"的全校"大哥大"，就是阿驹。

我来上课的第一天，经过操场时，这几个大孩子在翻双杠。 领我进校门的章校长远远地指着他们告诉我："这几个毛孩子不好管，也不好惹。 得提防着他们！"我有点惊诧，将信将疑地点了点头。

（施老师，也就是我的妈妈，是这个班原来的班主任，因为一个大手术，需要在家休息半年。 我是临时被章校长"钦点"去代课的。）

正是课间操的时候，学生们站到了操场上。 我在台阶上看着这一幕，细数着班级学生的数目。 这时候有人从背后轻戳了一下我的肩。

我转过头。

魁梧的身材，整整比我高出了一大截。

"你是阿驹？"我正在把之前的认知和面前的这个男孩对应起来。

一头黑色的卷发，方正的轮廓，浓眉大眼。 冷峻的眼神中，透露着锐气和桀骜不驯。

"校长跟你说什么了？"他直视着我，语气有点咄咄逼人。

"没，没什么。"我竟然有一丝慌张，不自觉往后退了一步，"你快回去做操吧。"

他顿了一下，狡黠地笑了，转过身要走的时候又突然回了头，伸出右手食指在我面前点了点，像是说"你们等着"。

这就是我和阿驹的第一次碰面。

（二）

我正上着课。

说实话，面对这样一个毕业班，面对这群眼神中透露着茫然的学生，要调起他们的积极性还真是有点难。 提问题没多少学生搭理，偶尔几个调皮的还会给你唱一下反调，引得课堂上本来就分散的注意力更加分散了。 真是一场艰难的战役。

"老鼠！"

伴随着这一叫，班级瞬间焕发了活力，一下子跃动起来。

"周老师，在你脚边！"

"啊！"我大叫一声，跳了起来。

只见一只颜色灰黑、身体肥硕的老鼠从我脚边扫过，"嗖嗖"地横穿过讲台，转眼就钻到了墙角，然后猛地转了个身，沿着墙壁，一溜烟径直往教室后面跑了。

墙壁和学生的桌子隔着两尺左右的距离，靠近墙壁坐的这一组学生早已跳了起来，"啊呀"声已炸成了一片。

"看，有个洞！"

"周老师，怎么办？"

眼看着老鼠就要钻进墙角的洞里，这时候来了一只大脚，"噌"地一下稳稳地踩住了老鼠的尾巴——这就是阿驹的大脚。 人高大，脚的力气也不小，任凭老鼠怎么挣扎，就是逃脱不了。

当我们悬起的心稍微有点放下时，阿驹揪起了老鼠的尾巴，奋力地朝窗外一甩。"呼"地一下老鼠进了紧贴教学楼旁的老宅，消失不见了。

惊诧的余波还未平息，阿驹拍拍手，已经若无其事地坐下了。

这场活捉老鼠的闹剧到此就算告一段落。

"周老师，您怕老鼠?"阿驹倚在教室的后门上，趁我回办公室的时候，蹦出了这么句话。

"呵呵……"我窘迫地笑了一下。自己年纪相较他们虽长不了几岁，但毕竟是个老师的身份，这样被学生揪出来还是有点尴尬的。

"今天谢谢你，没想到你还挺勇敢的。"我对着他笑了笑。

他哼唧了一声，转身进了教室。

看着他的背影，我有些惆怅：这到底是一个怎样的学生呢?

"小周，你过来一下，学生们的资料都在这儿了。"章校长边说，边将一叠登记册交到了我手上。

"有空可以好好看看，应该还是有用的。"我点了点头。

"哦，刚刚是那个阿驹在和你说话吧。"

"嗯。"

"对待他们那样的'小学硕士生'，你得想些办法。我相信你能驾驭的。"章校长微笑着，轻拍了下我的肩，走出了办公室。

（三）

"周老师，送您个东西。"

又是一天放学的时间，我正半蹲着在开自行车的锁，听到这声音，抬起头来。是范小文，只见他手里提着一个硬纸袋。范小文是我们班个头最小的男生。名如其人，腼腆，平时人很安静。这会儿看着我的时候依旧有些胆怯。

"哦，你好，小文。"我把车锁放到车筐里，微笑着看着他。真高兴有孩子愿意主动接近我，这可是了解他们的一个好机会呢。

"为什么要送我呢? 我可不能收你们的礼物。"我连忙摆手，摇摇头。

他的脸一下子涨红了。

"请您一定收下。 这是他们……我们给新老师的礼物……每个老师都有的。 请您一会儿就看。"憋了半天，他终于鼓起勇气说开话了。

"哦，真谢谢你们。 是班委组织的吗？"

他没有回答，把纸袋放在我的后座上，转身一溜烟便跑了。

"谢谢啦！"我笑着朝他的背影叫道。 跑得也真快，眨眼就不见了人影。

我拎起纸袋，只见里面放着一只巴掌大的花色小铁盒，衬着白色的袋子，和着夕阳，熠熠夺目，显得十分精巧漂亮。

"这帮孩子。"我心里琢磨着，"看，挺可爱的嘛，哪有像杨老师说的那样调皮呢。"

"莫非是贺卡什么的。"我有点激动地将铁盒轻轻拿了出来，稳稳地托在手掌上，掂了掂，不算沉，也还有点重量。

"也许里面还有孩子们给我写的心里话呢。"

兴奋地揭开盒盖。 先是一怔，紧接着便是惊慌失措地大叫，铁盒也重重摔到了地上。 死老鼠！ 铁盒里竟然是一只死老鼠！ 我惊恐地退了几步，心都快提到嗓子眼了！

天知道我最害怕死老鼠了。 以前踩着一只死老鼠，我的心难受了好几天。

这帮孩子怎么能这样呢？ 这是有意和我作对么？

惊恐有，生气有，委屈也有。 虽年轻，但我也知道为人师表，还是得有点肚量和风范。 冷静一下，明天再处理吧，先回去再说。

我很快地骑上自行车，逃离似地蹬去。

"砰！"

还没骑多远，一坨黑压压的东西砸在了我自行车前面。

"咯——"刺耳的一声，自行车猛地停住了，前轮差点就轧上了那黑东西。

又是死老鼠！

这帮臭小子！ 待我转过头时，阿驹已经站到了我车后。 后面跟着小兵、阿勇，还有在远处的小文。

"嘿，周老师，原来您真的怕老鼠呀？"阿驹直直地看着我，脸上毫无羞愧之色，反而一副发现新大陆的惊喜表情。

"你们别闹了，赶紧回家！"我压制住怒火，告诉自己要冷静。

"周老师，其实老鼠没什么可怕的。教室、礼堂常会有的。"

"你们快回去！"我竭力保持冷静，又重复了一遍。

"不信，您看。其实它挺可爱的，我还画过小老鼠呢。"阿驹说着跑到我前面，拎起老鼠给我看。

"拿开！拿开！快拿开！我最讨厌老鼠了，快拿开！"我跳上车，想赶紧绕过去。

阿驹本想稳住我的车龙头，没想到力气过大，差点把我和车摔倒在地。

"你看一下嘛，真没什么可怕的。"老鼠再次凑到了我的面前。

"快放手！我让你放手，你懂不懂啊！"我将头远远地撇过去，拖拽着车把，急得眼泪都要掉下来了。

"好好好，让你走。"阿驹的脸上闪过一丝丝的尴尬，松开了手。"哈哈哈……"我身后传来他们得意的坏笑。

（四）

由于家中有点事，也由于昨天被老鼠和那帮小子折腾的惊吓劲儿还隐隐在心头绕着，于是上午我便向学校请了个假，一直到下午上课的点才过来。

"周老师，你没事吧？"刚进办公室，马老师就关切地问道。

"没事呀。怎么了？"我一脸纳闷。

"那几个学生没伤着你吧？"马老师见我没反应过来，提点了一下。

"哦，没事。就是昨天拿死老鼠吓了我一下，没事。"我笑笑。

"没事就好。这帮孩子，胆子真是越来越大了。你妈在的时候，他们还是收敛的。没想到……这不，这会儿被请进校长办公室谈话去了。"马老师一面低头整理作业本，一面对我说道。

"怎么，校长已经知道了？"我十分诧异。

"今儿早上来的时候，看见传达室里的黄爷爷在跟校长告状呢，估计是怕你再受欺负，也是好心。"马老师顿了一下，抬起头来，叹了口气。

最后一节课的时候，我来到了班上。

大家都在打扫卫生，我扫了一眼，阿驹不在，阿勇、小兵座位上的椅子也没倒放起来，我就想着这帮孩子肯定又聚到操场上去了。

我拐到操场上，那几个孩子果真在这儿。

坐在双杠上的是阿驹。高挑的个子，一头卷发，看起来格外显眼。小兵和阿勇也在，都斜靠着双杠站着。

见我来了，阿驹哼唧了一下，扭过头往别处看去。

"你告的吧?!"冷冷的问题，容不得我回答。转过头来扫了我一眼，又扭回了头。

本来是想来宽慰的，这一问倒把我宽慰的话语全给顶了回去。

"大家都在打扫了，你们该回教室。"我放缓了语速，尽量让这些句子听起来不显得强迫。

"你妈妈比你好，有耐心多了。"阿驹跳下了双杠，撂下这句话，头也不回地走了。小兵和阿勇也跟了上去。

看着远去的背影，我愣住了。

第一次当老师，第一次听到有学生说"你妈妈比你好"，第一次被学生甩在操场上，心都碎了。委屈，也伤心。

我妈比我好? 妈妈是怎样带学生的? 到底该怎么和这些学生相处呢? 一直到离校，我的脑海里还是这些问题。

"嘶——"的一声，还没走多远，就听见一阵气往外顶的声音。糟了，可能是自行车爆胎。我低头一看，前胎果真全瘪了。祸不单行，看来今天得推着回去了。

（五）

前几天爆胎也许是意外，但今天再次爆胎，我就有必要思考一下原因了。这条路我骑过很多次，都是柏油路，路上也不见什么锐利的东西，再说天气不热，也不可能是胀破的。怎么每次都在出校门的时候爆胎呢?

"嗖"地一下，脑子里转过今天上课时阿驹诡异的眼神。不用说，我什么都明白了。

本来是赶回家里照顾妈妈的，这会儿又得耽搁了。

这么一想，心中一股怒气一下子就升起来了。

"这帮学生，还真是孺子不可教也！"我念叨着，急匆匆地把自行车往旁边一放，大步往回走，准备找他们理论去。

走了几步又折回来了。

"我干什么呢？　这几个学生都不吃硬的，你硬他们更硬！　忍着，再想想办法，这正是考验耐性的时候。"

第二天，离校的时候果真不出所料，车胎又爆了。

出校门的时候，小卖部的老伯伯正叼着烟，在藤椅上靠着，见我又推着车，便坐起来说："小周老师，你的内胎是不是要换一个了？　老是这样爆胎，回到家都太晚了。　要不以后把车放我这儿来吧，不受太阳照，会耐用一点。"

"没事，老伯伯。　可能是车胎该换了，换了就好。"我笑笑，谢过了他。

（六）

这是第五次爆胎了。

晚上推车到修车师傅那儿的时候，师傅也吃了一惊："姑娘，又破了？"

说着便帮我把车倒立在地上。

我点点头。

"怕是外胎也得换了，这么一条长长的口子。"说着便抡起来让我看，"这次可是个厉害东西，尖着呢。"

我看了一下，口子果真不短。

"这帮小子，胆子也越来越大了。　戳戳内胎也就够了，还把外胎也划道口子。　到底想干什么！"

第二天趁着出课间操，我把阿驹拦住了。

"有事么？　周老师。"他若无其事地看着我，和以往一样地吹着口哨。

"是你戳了我的自行车吧？"我一脸严肃地直逼着他的眼睛。

"不是我。"口哨在那一刻戛然而止，他转过头望着远方，回答得很冷静。

"不是你是谁？　不是你，也是你唆使的。　你给我说清楚，你到底想怎样？"我的语气也咄咄逼人，就差吼出来了。

他回过头来，瞅着我的眼睛，微微张了张嘴，欲言又止。 眼神中透露着一股说不清的味道。

空气中很安静。 我都能听到自己由于急躁所发出的喘息声。

他冷冷地看了我一眼，扭过头走开了。 什么都没说，甚至连哼唧一下也没有，步伐也很轻。

我做错了什么吗？

上语文课的时候，阿驹一声不吭，没有像往常一样挑逗他旁边的同学，或者望着窗外偶尔掠过的小鸟，只是一直低着头，不停地在纸上画着什么。

我略感事情有什么不妙。

晚上的时候再一次应验了。 刚换的外胎被划了好几道长长的口子，基本上把整圈都覆盖了，还被插进了木签和长满小刺的植物球。

"还要闹到什么时候？！ 有完没完了。"

我索性把自行车推回学校，放这儿吧。

"走回去就走回去！"

晚上，一夜未眠。

（七）

"阿驹。"我平定心情，像以往一样叫道。

没有抬起头来，也没有回答。

"阿驹，你好几天的作业没交了。"我轻声提醒道。

"走开。"依旧冷冷地甩出一句话，没有抬起头来。

"你怎么能这样跟老师说话呢？"我也憋不住了，之前的怒气也腾起来了，"你这样做不对！"

"叫你走开！"他"噌"地一下站起来，高高的个头突然盖在我面前，几乎是"冲"出了这句话。

我战栗着往后一退，顶到了旁边的桌子，一个学生的文具盒被碰落了地。

这是第一次有学生敢这么对我吼。

"老师!"

"老师!"

学生们围了上来。

这样还有没有纪律了?　还像个学生样子吗?!

我一阵委屈,强忍着泪水,捡起地上的文具盒,跑着离开了教室。

(八)

我请了两天的假,语文课暂由马老师替我上。　章校长和年级主任都好生安慰了我一下,让我好好休息,不要放心上,平定心情后再来上课。

对一个第一次站上讲台的人来说,要战胜自己失败的经历,不去想它,还真难。

早上买完菜,正往家走,在街上远远地就看见了阿勇和小文,见着了我躲躲闪闪的。

"你们俩不去上课,在这儿干什么?"我主动走了过去。

"周老师,我……我们……"阿勇一下子支吾起来了。　平时他可不是这个样,嘴可顺留着呢。

"是不是阿驹又叫你们做什么了?"我问道。

"不是。　周老师,这不关阿驹的事。"还没等阿勇回答,小文就抢先回答了,一点也没有了之前胆怯的样子。

"周老师,我错了。"阿勇低下了头。

"怎么了?"我心里一紧,"你这一段时间表现挺好的呀。　上课很认真,作业也按时交,老师们都说你懂事了呢!"我定了定神,微笑地说道。

"周老师,是我戳了您的自行车,不关阿驹的事。"阿勇抬起头来,怯生生地注视着我。

"那天被校长批评后,晚上回家我爸狠狠地打了我一顿。　我觉得很委屈,一时气不过,就趁放学的时候戳了您的自行车,还划破了外胎。"说完又低下了头。

"我也划了。"小文在旁边小声地补充道。

"之前都不是阿驹做的,真的不是。　您那天误会了他,他很生气,才划了您新换的轮胎。"阿勇眼中闪动着泪水，"周老师，是我们不对，不关阿驹的事。"

"周老师，您回学校吧。"两个学生几乎一同说道。

看着这两个孩子，一个 15 岁，一个 14 岁，是学生，又像是弟弟。 我的心中一下子温暖起来，又觉得深深地愧疚。

"您能让阿驹重新来上学吗？ 学校好像要处分他了。"

"求您了！"

两个学生几乎是央求了。

我摸摸他俩的头，"你们回去好好上课吧，阿驹不会有事的。"

（九）

征得了章校长的同意，在"约法三章"之后，趁着下午活动课的时间，在阿勇、小兵和小文的带领下我来到了阿驹家。

开门的是一位老奶奶，阿驹不在。

"这孩子这会上他姑姑家去了，有空的时候就过去帮他姑姑照看店面，一般晚上九点多才回来。 他爸妈常年在外工作，也管不着他。 我年纪大了，腿不好使，每次家长会都是她姑姑替他去的。 每次回来都说这孩子在学校表现挺好的。 你看还拿回了奖状呢！"奶奶说着兴奋地引导着我们往墙上看，"他最喜欢别人叫他'飞毛腿'了。"

三张体育比赛的奖状。 一张是短跑 100 米第一名，一张是三级跳远第一名，还有一张是长跑 800 米第一名。 贴在墙上都有点微微泛黄了，但"奖状"这两个字依然十分醒目。

"以前是有点调皮，留了好几个年级。 这两年长大了，懂事了。 每天放学回来一写完作业就帮我干活，烧饭呀，洗碗呀，有时还去买米，换煤气。 每天晚上还端水给我泡脚呢，可孝顺了。 哦，我记起来了，有一天放学回来他特别高兴，说新老师今天表扬他了，夸他特别勇敢。 那孩子因为这事高兴了好几天，整天吹着口哨。"奶奶说着，脸上也不禁泛起了红晕，"还说今年一定要上初中呢。"

听到这里，我鼻尖一阵泛酸。

随同来的几个孩子也默不作声。

"您是第一个来我这儿的老师，以前的老师都是到他姑姑家去的。 他姑姑知道他学习上的事比我知道的多。"奶奶顿了一下，又忽然皱起了眉，"周老师，是不是阿驹犯了什么错了？"

我忙握起奶奶的手，"没有，奶奶，阿驹在学校表现很好，老师同学们都很喜欢他。 这几天学校有安排，就临时放了两天假。 这几个孩子说要来看看您，我也就跟着过来了。 一切都挺好的，您就放心吧。"

"哦，那就好，那就好。"奶奶拉着我的手，点点头。

（十）

周一，没来。

周二，也没来。

周三，终于，熟悉的身影出现了！

我吊着的心总算着了地。

阿驹看起来精神了很多，上课也坐直了，时不时会抬起头来看看黑板，只是依旧不敢迎接我的目光。

"阿驹。"下课的时候他正要往教室后门钻出去，我叫住了他。

这次没有哼唧，没有吹口哨，没有眼斜看我，也没有扭头，很安静地就站在那儿了。

"两周后是校运动会了，有兴趣参加吗？"我轻轻地问道，微笑着看着他。

眼神中有些诧异，亮了一下，嘴唇来回翕动着，好像要说什么话，但他终究没有说出来。

就这几秒我已经捕捉到了他眼神当中的光彩。 我几乎可以确定我的答案了。

"每个人最多可以报三项哦，团体接力赛不算在内。 喏，这是表格，在你想报的项目上打个勾，放学之前交到我办公室来吧。"说完，我把表格递给了他，"我们都很期待你的表现呢，'飞毛腿'。"

听到这一声称呼，他怔住了，直直地看着我。 脸上的肌肉舒展开了，嘴角也微微往上翘了一下。

下午要离开的时候在桌上终于见着了那张报名表。

"这是个新的开始。"我按捺住内心的激动告诉自己。

（十一）

"周老师。"正经过车棚往校门走的时候，老伯伯把我叫住了。

"你的自行车一直在我那呢，骑回去吧。"大爷说着，便帮我把自行车抬了出来。

前胎新换过了，圆滚滚的。整个车很干净，没有被雨淋过的锈迹，连轮上的尘土都去掉了，简直可以用"一尘不染"来形容。

"你骑着看看。"老伯伯把车把挪给了我。

我开了锁，骑上车在校门口兜了个小圈，"很好骑，麻烦您了。"

"可不是我啊，是那几个小子。"老伯伯吸了口烟，接着说道。

"就是你们班上那几个高个子学生。上周五，哦，周四吧，几个人一前一后地拎着车从外面回来，说这是周老师的车，先存到我这儿，等周老师来了再让她给骑回去。这不，今天正好碰见了。"老伯伯说着，靠到了藤椅上，"骑回去吧，回去也快点，要不这群小子明天又过来质问我了。我可受不了这烦，骑回去吧。"说完，"咯咯咯"地开怀地笑了。

"这几个小子！"骑着车走在路上的时候心里从来没有这般暖和。

（十二）

开运动会的时候，阿驹的表现非常出色，尤其团体接力赛的奋起直追让大家一下子对这个"大哥大"刮目相看，"飞毛腿"的称号响彻校园。

也许是受了运动会的鼓舞，此后的阿驹变得开朗了不少，甚至课堂上也有了他活跃的身影。

（十三）

"周老师。"一个欢快而热烈的声音传来。

"哎。"

"知道我们为什么现在不闹腾了吗？"要是以前，绝对想不到有孩子会说出这么直接的话。

"为什么？"

"因为你被我们认可了。"阿驹脸上洋溢着幸福的光彩。

这是迄今为止我听到的一个孩子对老师最童真的赞美。

二、花园里的孩子们

这是新学期的第一节课，也是我接手这个班级以来，和孩子们的第一次正式见面。

"从二年级到三年级就有很大的不同啰！"我端着咖啡，站在窗前暗暗地想着。初秋的阳光透过树的枝蔓星星点点地洒下来，落在了我的脸上、脖子上，温暖地在桌前跳跃着。微风轻轻地在我的耳旁拂过，柔柔的，痒痒的，仿佛带来了春的呢喃。真是一个美好的早晨！

"该如何与孩子们见面呢？听之前的老师说，这帮孩子可不好对付呢！"看着操场上活蹦乱跳的孩子渐渐散去，我知道上课的时间要到了。

抿了一口咖啡，深吸一口气，从办公桌上拿起了语文书和两本笔记本，趁着铃声响起的空档，我大踏步迈向了教室。

"同学们好！"伴随着我的脚跨过门槛，我放慢了步伐，微笑而轻快地与他们打起了招呼。然而孩子们好像还没回过神来，教室里闹喳喳的。

三个男孩子还在教室后面追赶，差点把一个女同学的文具盒给撞翻。小心！还好，在快掉下的那一刹那，其中一个男孩子用手扶住了，扮了一个鬼脸然后跑开了。真是小机灵鬼！

在他经过的地方，有几个孩子转过头去围着一个小女孩，好像在抚摸她的长头发。哦，确实，又黑又亮，多么富有光泽和质感啊！

右前方一个齐耳短发的女孩子还在吃着东西，边吃边睁着大眼睛望着我呆呆地笑。她旁边一个瘦小的女孩子触碰到了我的目光，眼神怯怯地抖动了一下，马上又收回了注视，深深地扎下了头。哦，怎么了，新老师的面孔吓到你了吗？

靠窗的那一边，不少孩子还在四处张望着，几个孩子还在说着小话，手也在抽屉里头掏着什么东西。只有中间前几排的孩子们把书摆上了书桌，很端正又有点拘谨地坐在那儿，小心翼翼用眼神迎接着我走上讲台。

"确实，真是个特别的班级，看来我又要碰到很多有趣的孩子了。"我定了定神，没有说话，只是依旧微笑着望着他们，注视着他们。是的，我在期待着他们！

20多年来，唯一不变的，就是我始终这么期待着我的学生。我相信，他们会给我带来独特而精彩的生活。

转眼的工夫，几个小家伙都已经坐到座位上了，教室里开始安静下来。不少孩子开始抬起头来打量我，晃动着他们的小脑袋，眨巴眨巴着亮晶晶的眼睛，也对我笑起来。有一个靠墙壁的脸圆扑扑的小家伙竟然笑得挤出了两个鼻涕泡泡，看来老师今天的打扮确实很别致，这条领带应该很吸引人吧。

我一下子乐了，"扑哧"一声笑了出来。孩子们也乐了，教室里又开始热闹起来。瞧，多么活泼可爱的孩子啊，一点都不认生。哦，真好。是的，我就是你们的老师！

"老师，您看黑板！"也许是气氛缓和了，中间一个男孩子站起来指着黑板大声地对我说道。我转过头去，离着约有一米左右的距离，看到黑板正中间有一副孩子的手掌印。

衬着干净的黑板，这道带着泥沙的手印仿佛定格在了上面，格外分明。

我转过头扫视了一下教室，刚刚的躁动很快又平息了。

我知道，孩子们等着我的决断，看新老师如何处理这个"捣蛋鬼"。

看着这些或紧张、或幸灾乐祸、或无所谓的面孔，我凝神几秒，刚拿起的黑板擦又轻轻放下了，拽起白色的粉笔，转过身，凭着自己的简笔画功底，以手掌印作身躯，以五根手指展开的方向作翅尾，在黑板上快速地勾起了线条。

几秒后，在我勾完问号一样长长的头和脖子，开始用粉笔横着涂满整个身躯而唯独留下那块掌印的时候，有孩子开始叫起来。

"哇，天鹅！"

"哇哦，天鹅耶！"

"不是，是鸭子！　天鹅才没这么脏呢！"

"对，是鸭子，鸭子！"

……

教室里又开始叽叽喳喳了。　我放下了粉笔，转过头来。

"哪位同学给黑板上的小动物编个故事呢？"我微笑着说道。　与其拿手掌印去惩罚孩子，不如借此让大家展开想象的翅膀。　教育就是要寻找并充分利用每一个生成的契机。

班里又静下来了，孩子们显得有点局促不安。　刚刚挤鼻涕泡泡的那个小家伙前后晃动着椅子，好像想站起来，环顾了一下四周，望了我一眼，又坐下去了。

"这可是个好机会，老师还不认识你们呢。　听说大家的想象力特别丰富，谁想首先给我们展示一下呢？"我充满期待地看着大家。

"老师，我。"终于，那个挤鼻涕泡泡的小家伙举着手，晃动着胖胖的身体，站了起来。

"好极了，先告诉大家你的姓名吧。　过了一个暑假，肯定又有很多新的变化，我们很想重新认识你呢。"说着，我拿出几页空白的纸，取下了别在笔记本上的钢笔，抬起头来专注地看着他。

小家伙有点腼腆地开始介绍，"大家好，我叫袁源。　我今天想给大家讲一个袁源与鸭子的故事。"说到这儿的时候，有孩子小声地笑起来。

袁源停了下来，眨着眼睛羞涩地望着我，仿佛在等待我的允许。

我的内心一颤，那是一种多么信任的眼神啊！　一个新老师一进教室自然地就被孩子们信任了。　不自觉地，我们的一举一动乃至一个眼神都感染着孩子，我们已经成了他们心目中的权威。　这种影响的力量是多么的神圣！

我也笑着朝他眨了眨眼睛，真诚而使劲地点了点头。

是的，孩子们需要肯定，尤其在一个陌生的场景中，来自信任者的鼓励比什么都重要。　教育就是要给孩子提供一个坚实的基点，让他们可以在这个基点上自由地去探险。

"从前，有一个叫袁源的小男孩。　他长得很胖，周围的小朋友都叫他

'圆圆猪'。"

我开始在纸上快速地记着这个故事。

"嘿嘿，不是鸭子吗？"不知道哪个"淘气鬼"蹦出了这句话。

"嘘——"我示意他们安静。

袁源好像并没有察觉，很认真地讲着他的故事："但是他不喜欢这个名字，因为他吃得并不多，他才不是猪。妈妈告诉他，只要你每天坚持锻炼，你就可以变得和其他小朋友一样了，下个学期他们就再也不能叫你'猪'了。于是，每天晚上，他都会在小区里的小道上跑5圈。"他顿了一下，接着说道，"前两天，下雨了，妈妈说下雨你别跑了，会感冒的。可是他不听，他还是要跑，他才不要成为猪哩。跑着跑着，后来真就感冒了，还发烧了。"说到这儿的时候，他的眼眶红了。

教室里安静极了，孩子们都专注地望着他，再没有一个孩子取笑他。这时候的教室是温馨的，孩子们也被这个故事打动了。这是一种深沉有力的东西，不需要示意，不需要感召，就这样静静地在大家的眉宇和气息间流动。

哦，天哪，我刚刚竟然还在笑话他的鼻涕泡泡！想到这里，内心一股愧意涌上来。

我停下笔，不由自主地走上前去，伸出胳膊轻轻地摸了摸他的头，"好孩子，感冒好点了吗？"

"嗯，好多了。我吃了药，妈妈说很快就可以好的。"说完，他还抽了一下鼻涕，傻傻地望着我笑了，泪花还在眼角。

真是惹人爱怜的孩子啊！

他的同桌——一个个头比他小的男孩，小心翼翼地伸出手去拉了拉他的手。我赞赏地看了看他。

"我们还想听下面的故事呢。能接着给我们讲吗？"我轻声问道。

"嗯。"他点点头。我转身轻轻地踱回了讲台上，生怕打断了这片宁静。

"那天他在生病的时候做了一个梦，梦见他的周围有很多鸭子。有一只鸭子在水里头对他说，'袁源，快过来吧，我们都愿意和你玩'。他当时特别高兴，因为再也没有人取笑他胖，连鸭子都愿意和他做朋友，他还能听懂鸭子说话哩。 于是他就下水去游啊游啊，真高兴。 他还能煽动翅膀，还有尖尖的嘴巴。 后来……"他晃着脑袋想了一下。

"后来，天黑了，鸭子们都回家了，他也想回家，可是他找不到回家的路了，他只有等着他的爸爸妈妈过来接，那会儿好冷啊！ 过了好一会，终于，爸爸妈妈来了，他们叫着'袁源'的名字，可是没认出他，很快就从他旁边走过去了。 他在后面叫啊叫啊，可是爸爸妈妈就是听不到。 他着急了，拍着翅膀使劲地追啊追啊，可是怎么也追不上，他才发现他是一只小鸭子了。 再后来，妈妈就把他摇醒了，问'宝贝，你哭什么呢？'。 他就把这个故事告诉了妈妈，妈妈跟他说，'宝贝，还记得咱们看过的《丑小鸭》的故事吗？你才不是一般的鸭子呢，你是只白天鹅'。"说到这儿的时候，他的脸上绽放出了笑容，还冲我笑了笑。

没有一个孩子因为这个天真的梦而取笑他。 有的孩子望着他，好似一种同情又崇拜的眼神，有的低下了头好像在思索着什么。 教室里安静极了。 也许孩子们的某些记忆被唤起了。

我的心头一软，该如何呵护孩子们的这种美好呢？

对一个教师来说，在这样一个教育场合中，是没有过多思考的时间的，我们凭借的是直觉的行动。 这时候及时的行动远比感叹重要。 哪怕不行动，让这种沉默延续，也是一种行动。

"孩子们，今天袁源同学给我们讲了一个精彩的故事《袁源与鸭子》，这是属于袁源同学的独特作品。 老师特别高兴在第一天上课的时候就碰到了一位小才子，让我们向这位小作家表示祝贺吧！"

我微笑着扫视了一下全班 34 个孩子，然后快步地走下讲台，向袁源走了过去。 孩子们齐刷刷地看着我。

"袁源，我也是一个想象爱好者，但你的想象让我非常地佩服。 我很喜欢你的故事，希望你能写出更好的作品。 作为业内同行，我由衷地祝贺你！"说完，我大方地伸出右手，示意与他握手。

袁源看着我，微微泛红的眼眶中绽放出一种生命的光彩，诧异之中带着惊喜，感激而满足，像是泪光，又像是火焰。

我微笑着看着他，几秒钟后，一只大手和一只小手紧紧地扣在了一起。

"祝贺你！"我抬起头转向了全班同学，"孩子们，我是你们的老师。作为一名长辈，看到你们能有今天这样的成绩，有远大的发展前途，老师真替你们高兴！"

"祝贺你，孩子！"我靠近袁源，把他揽进怀里，给了他一个热烈的拥抱，"再接再厉！"

袁源望着我，眼角已经闪出了泪花。孩子们也望着我，那是一种期待和渴望的目光。

我回到了讲台，朝孩子们挥挥刚才记故事的那张纸，"同学们，老师这儿记下的是袁源刚刚讲的故事。这个故事要是有个插图就更好了。谁能给这个故事加个小插图呢，为他画上一只小鸭子？"

孩子们你望望我，我望望你，还是有些局促。

约过了5秒钟，右前方那个齐耳短发的女孩子颤颤巍巍地举起了手，"老师，我想画。"

我把纸递给了她，小女孩分外认真地在纸上画起来。

班级安静极了，所有的孩子从背后望着她，同桌也围着她。我知道，我们一起在等待某个时刻的来临，仿佛在等待某个久违的使命一样。

几分钟后，小女孩把纸递到了我手中。这是一只漫话中的小鸭子，胖胖的身躯，圆圆的脑袋，还有微微张开的翅膀。有些稚嫩，但却是那样活灵活现。

我开心地朝她眨了眨眼睛，表示很满意。

对于孩子，不管你想要施与何种教育影响，走进他、欣赏他是第一步，也是一直需要做的一步。

"孩子们，今天你们特别棒，因为在这个班级里，有两个同学一起完成了一个伟大的创作：一个编写故事，一个完成插画。他们共同完成了一本属于自己的著作。也许这本书还不完美，也许它也不精致，但这是一个新的开始。它展示了你们的才华和勇气。这是由咱们三（3）班出版的第一本书。"我举起手中的纸给大家展示，"老师相信，三（3）班以后会出版更多更好的作品给大家看。我对你们充满信心！"

我说完这番话的时候心情激动万分。

孩子们不约而同地鼓起掌来，脸上绽放出了灿烂的笑容，激动地望着我。

这是一个幸福而温馨的时刻，每一个人都在其中找到了自己的角色。

我仿佛置身在一个充满蓬勃生命的花园里，春的气息扑面而来。 是的，任教以来我闻到了无数朵花的芬芳，每一朵都芬芳扑鼻且独特！ 孩子们或许会跌倒，但从来没有让我失望过。

我知道，新的生命际遇又要开始了，继续出发吧！

从 19 岁到今天，断断续续地在"教师"这个岗位上呆了近 25 年了。从刚从教时的天真烂漫、烦恼和头疼，到现在的成熟冷静、爱怜和珍惜，这份职业已经深深地嵌进了我的生命。我诠释着它，它重塑着我，生活因此而充满了新奇和光彩。

这就是我和教师职业的缘分吧。

第一章 我是条"鱼儿"

——如何以学科教学促进班级管理

——学校教育不仅仅要帮助学生学会解题、阅读的方法,而且要培养他们分析、解决将要面对的生活、社会及意识形态中问题的能力。

——教育要根据学生身心成长的特点和接受能力,从他们的思想实际和生活实际出发,深入浅出、寓教于乐、循序渐进,以喜闻乐见的形式,以生动典型的活动,增强工作的针对性和实效性,增强教育的吸引力和感染力。

——课堂教学不只是对学生成长的付出,不只是别人交付任务的完成,它同时也是自己生命价值和自身发展的体现。每一个热爱学生和自己生命、生活的教师,都不应该轻视作为生命实践组成部分的课堂教学,应自觉上好每一节课,使每一节课都能得到生命满足。

——学生自主学习意识的唤醒,单凭教师的说教是无效的,需要教师自身人格的影响,需要心灵的沟通和情感的交流。

——教育是需要"点"来支撑的。

有学者曾指出,一名优秀的教师不一定是一名优秀的班主任,而一名优秀的班主任一定是一名优秀的教师。这一点既指出了班级管理与教学工作的相通性,又指出了班级管理工作的独特性和包容性。在我国中小学,通常没有专职的班级管理人员,承担班主任工作的教师往往还担任着某一学科的教学任务。这种双重的责任,对一名教师来说,既是对其已有素质的挑战,也为其全方位的成长提供了有利契机。在我看来,班主任就像一条鱼儿,需要在学科教学与班级管理之间来回穿梭，既要有高瞻远瞩的班级领导风范，也要有精湛深邃的学科实干能力，从学识、态度、道德、情感、兴趣、方法等多方面给学生以良好的影响。事实上，班级管理与学科教学虽有差异，但并不矛盾，就其旨归来说，两者本是同一片"海洋"。班主任可以也必须在其中实现相互的滋养和融通，充分地利用两者之间的融合性和互补性，灵活机智地开展育人工作，做一条怡然自得的"小鱼儿"。

一、我这样看

（一）教会学生"三会"

该培养和造就什么样的人，这是我一直深深思考的一个问题。作为教师，我培养学生的目的是教他们"三会"——会做人、会做事、会学习。而这"三会"中，我认为"会做人"是基础和根本，它贯穿在"做事"和"学习"中，是学校、家庭教育应共同担负的首要责任。

学做什么样的人？对这个问题的回答，必须和时代与社会发展结合起来。在现代社会，培养健康乐观的生存态度是第一位的。对一个孩子来说，智慧和能力只有与良好的人格相结合才能为社会、为家庭做出贡献，也能使自己身心愉悦。因此，我们期望培养的孩子是有知识、有道德、有能力，能宽容，且精神饱满，举止动作受人欢迎的人。我们无法培养一个没有缺点的完人，但可以而且应该培养"全人"，一个身心健康的人。作为教师，我们无法给予孩子整个世界，但可以帮助孩子拥有整个世界的"阳光"。有阳光，人就健康、奔放，就有勇气面对挫折和不幸。

也许有人会问，为什么教师须要具有人才培养观？教师不具有人才培养观也能教学，为什么一位教师非得从人才培养观的角度来思考教学呢？

按通常的说法，教书育人是教师的职业使命。然而，教师如果单单是埋头教书育人，缺乏对时代精神的关照，没有不断进取的求知心和生存的危机感，没有对自己职业使命在时代转换下的深刻认识，那我们很难相信，这样的教师能长久地立足于教师行业，并从这个行业中获得持续的成就感和创造力，其教书育人的质量恐怕也值得怀疑。作为教师，虽不需要像决策者那样对人才培养有高远和深邃的洞见，然而一定需要有一种对社会变迁的关照，并在这样的变化背景中来定位自己的职业责任。这在一定意义上决定了教师的职业追求和人生境界。

其实，不管教师自己是否意识到，他总是有一个人才培养观的。这种有意识或无意识的人才培养观指引着他的教学，指引着他的职业发展。但一位优秀的教师、一位有着可持续发展能力的教师，他必定对自己的人才培养观有着较清醒的认识，也能在日常生活中以反思和警醒的态度来对待它。在这样的基础上，我们进行专业成长。

（二）课堂是一种生活

对于多数教师而言，教师职业就是我们的终身职业。很多人认为，课堂教学只是实现教育教学目标的手段。这种看法极大地阻碍了教师主体性的彰显和生命意义的实现。在我看来，课堂教学质量直接影响着教师个人的生命质量。课堂教学不只是为学生成长所做的努力，也不只是完成别人交付的任务，它同时也是自己生命价值和自身发展的体现。教学是一种生存方式。每一个热爱学生和自己生命、生活的教师，都不应该轻视作为生命实践组成部分的课堂教学，应自觉上好每一节课，使每一节课都能得到生命满足。

也许正是由于理解这一点，所以我十分珍视教学的价值，珍视教学之于我和孩子们的意义。我不仅自觉要求自己上好每一堂课，而且通过各种方式激发学生的主动性，让学生以积极的主体姿态融入课堂的互动中，共同营造一个有效的课堂，以一种负责任的态度来对待作为生命重要组成部分的课堂教学。对我而言，这是自身价值和人生意义的充盈；对学生而言，一个愉快和难忘的童年正在展开。当我和学生以这样的主体姿态自觉建构我们的生命时，我们的活力和创造性就会被极大地激发出来，课堂教学开展就会十分默契、流畅而舒展，就能取得极好的效果。而这种愉快的体验反过来又激励我们更自觉地行动。如此往复，形成一种良性的循环，我的生命、学生的生命、教学的生命真正融为一体了，我们达到了一种"共同体"的境界。

（三）教学里面有"教养"

教学永远具有教育性。 不管教师是否意识到，教学永远渗透着对学生的价值观、态度和人性的影响。 给学生以积极正面的价值引导和高尚的道德濡染，是教师的职责和义务所在，也正是学生来校接受教育的目的之一。 一个教师，只有清晰地认识到这一点，才可能有意识地去挖掘教育契机。 在关注学生知识的增长和能力发展的同时，还应注重利用本学科进行价值和德行的引导，促进学生人文灵性的培育。 教学的教养性质不仅体现在书本内容的讲授中，而且体现在教师言行对学生的耳濡目染中。 因为一个教师从来不能以一个"局外者"和价值中立的立场讲授其所宣扬的"道"，在这种"道"的讲解中总是融入了教师个人的认知和情意，融入了教师的生命体验。 因而，教师对自己的言行进行规约，努力提高自身修养，以一种负责任的态度对待自己的学科教学，在言传身教中给学生以积极的影响，是一个教师最基本的责任，也是职业角色对教师道德提出的要求。

我是教语文的。 语文是人类文化的重要组成部分，它对学生精神领域的影响是深广的，课文的字里行间蕴藏着深刻的人文内涵，对学生的感染和熏陶如细雨润物。 利用语文培养学生的人文精神品性，是我一直非常关注的方面。 在20多年的语文教学中，我很注重通过各种活动培养学生的人文修养。 比如，通过学习和自我摸索，我总结出了文本范读、诗歌美文创作、剧本编写与表演等一些方法。 通过精心设计和组织这些活动，我鼓励学生大胆提出自己的观点，尽情抒发自己的感情，时间不在长短，关键是带动他们勇于参与和积极表达。 我们班的"花开有声""春剧会"等活动就是在这样的目的下展开的。 通过这些活动的开展，学生不仅在语文知识面上越来越广，而且对祖国的语言文字和灿烂悠久的历史文化也有了较深的了解，一种民族自豪感和敬畏感油然而生，品性和修养也提升了，我的人文熏养目的也得以渐渐渗透。

（四）培养完整的人

教育是世界上最具生命关怀的事业之一，之所以这么说，是因为它引导着人生命的发展，培育人的德行、态度和创造幸福生活的能力。 这样培养出来的人不是一个舍弃人文或科学的"单眼人"，而是一个兼备理性思辨力和人文情怀的完整而丰富的人。 这样的人才可能有智慧去创造幸福生活，才可能为这个世界增添福祉。 对一个人的发展来说，人文精神与科学精神相辅相成、不可或缺。 缺失了人文精神，就犹如没有了眼睛，看不清前进的方向，就会陷入盲目；缺失了科学精神，就犹如扭伤了双脚，无法往前迈步，就达不成目的。 我们不仅要知道做什么，而且要知道如何做。 科学精神与人文精神是一个人平稳飞翔的两翼，唯有两者兼具，我们才能在天际中划出人生优美的弧线。

优秀的教学实质上是一种情感教育、道德教育，使学生的整个生命体验都被激活、被充盈，实现道德完善、情感增长和智力发展的统一。 作为一名语文教师，人文精神的培养一直是我关注的重点，正如上面所提到的，我很注重挖掘教学契机以实行价值教育，比如利用话题讨论培养学生的思考和判断能力，利用朗读培养学生对祖国文化的热爱之情，利用阅读养成学生良好的学习习惯和高尚的价值观，等等。 但我并不是一个"单眼人"，我同样关注科学精神的培育，希望能在教学中找到能把两者统一的实践契机。 在下文提到的《南辕北辙》这一课中，我跳出了教科书，鼓励学生大胆质疑，"不唯上，不唯书，只唯实"，提倡"实事求是"；在周五的活动课中，我改变了教学方式，引导学生考察岳飞典故，拜访岳飞古迹，鼓励学生开展探究；在假日实践中，我鼓励学生以科学和严谨的态度来开展对"西湖水"的调查，为改善我们的生活环境做一些力所能及的事……这些探索对于学生科学精神的培育，对于学生人文精神与科学精神的统一都是有裨益的。

二、 我这样做

（一）魅力朗读

从语文老师的角度出发，培养良好的学习习惯、提升课堂的人文品性，我首推教师的范读。 教师做好范读至关重要。 教材中有不少内容优美、语言生动的句子。 教学时,让学生从正确的语音、语调、节奏方面直接感受作品的内容,引起学生情感的共鸣,不仅有利于教学任务的完成,而且也极大地陶冶了学生的情操。

在范读时,要注意材料的选择。 只有材料合宜,才能激起学生的朗读兴趣。 诗歌、散文等这些都可以用于朗读。 在这方面,我深感诗歌的魅力无穷。 诗人顾城曾说过,每一个 16 岁的少年诗人,在其青春阶段对诗歌都应是热爱的,因其具有强烈的感情和鲜明的节奏。 通过朗诵最能体味这些作品的意境美、音乐美。 而且诗歌语句短小,朗朗上口,易于模仿。 因此,每周的"美文欣赏""经典回放"成了学生最期待的活动。

让学生爱上朗读,实际上是一个召唤学生爱上体验和表达的过程。 正如教育的真义是指向每个学生的发展一样,朗读也要使学生全面参与进来,这就很考验教师的功夫了。 教师需要对这些性格各异的学生有一定的了解,用多样化和差异化的方式来引领他们。 比如,很多学生会怯场,害怕当众朗读,那我们就要让学生充分准备,以增强信心,不仅要营造气氛使他们心情愉快,还要用热情鼓励,诱发他们的勇气。 例如,可以采用"整队喊口令"的方法:教师先通过观察,确定班里特别胆小内向的学生,请他来整队,渐渐地,待他能声音洪亮地指挥同学了,且站姿、声音都有了明显进步,那么这时的他就不会因为当众站立而感到亮嗓发声别扭了。

在这方面,我也做了一些实践上的探索,"声音的魅力"朗诵社团就是在这种兴趣和责任的驱使下成立的。 在这个朗诵社团中,学生用别人的话语来充沛地表达自己的生命体验,声音很稚嫩,理解可能也不深刻,但就是在这样一种移情的独特体验中,学生逐渐地实现着心理学上的"同化"和"顺应",内在的瑰丽世界得以一点一点地展开。 用一支桨拨动学生的心弦,让情感的涟漪荡漾,这是我的目的。

(二) 每天"三坚持"

"不积跬步,无以至千里;不积小流,无以成江海。"积少成多,滴水穿石,坚持的力量是巨大的。 作为一名小学教师,要深知自己教学影响的长远性。 如果可以,帮助学生培养尽可能多的良好习惯。 我在这方面做的,就是鼓励班上的每一个学生每天做到"三坚持"： 坚持收看半小时《新闻联播》，坚持翻阅一份报刊，坚持阅读 20 分钟书籍。 同时，我也充分利用"花开有声"（关于"花开有声"下文有具体的介绍）这样一个成人与孩子沟通的平台来引导孩子进行输出。

一个良好的学习习惯的形成一般需要 20 天，在这期间如果缺失了教师的鼓励，缺失了获得成就感和增强自信心的平台，那么学生即将形成的习惯可能又会倒退到之前的散漫状态。 小学阶段的孩子，其学习和坚持的动力往往来源于外部刺激的强化，教师的肯定、家长的表扬、同学的佩服等能逐渐提高孩子的自我成就感，如此一来，孩子良好的习惯就能得以维持，一种内在的兴趣、独特的优势和长处也就能慢慢展露出来。"三坚持"进行了一段时间后，我发现学生在表达上有了明显的差异分化，"花开"得十分灿烂。学有余力的学生尝试拓展话题，其中不乏涉及国际事务、校园小说、抒情散文的内容；学困生多列举学习上的困惑，心理的纠结和矛盾；心智成熟较早的学生喜欢写些成长的烦恼；善于思考的学生开始留心观察周围的事物。我尝试顺着学生的思路，根据不同的需求给予不同的指导。 在学生、家长允许的情况下，我还会将部分"花开"与"有声"推荐给其他学生。 渐渐地，学生的个性状态有了明显的变化，既"能说会道"，又富有思想性；既能各抒己见，又懂得倾听和尊重他人；既提升了概括力，又增强了理解力。

（三） 课堂上的"论见"

在现代社会，口语交际能力是一项必备的生存技能。 对于语文教学，培养口语交际能力尤其是一项重要的任务。 然而，"能说会道"并非是一朝一夕就能练成的，它需要从小就开始培养，还需要锻炼学生的胆量。 在这一点上，除了人们常说的榜样激励、游戏激发、合理评价等，我认为让学生回归生活常态，设计话题很重要。 为体现情境的真实性和意义性，需要设定一些学生普遍较感兴趣的话题。 比如，看一部动画片，让学生各抒己见，说说自己喜欢哪个角色，为什么喜欢；让学生说说最近让自己开心的事等。 由于这些话题符合学生的心理，又有一定的趣味性，往往能使学生兴趣高涨，踊跃发言。 长此以往，学生就对说话产生好感，进而"爱"上说话。

我们班"五三论见"的创立，就基于这种想法。其话题的选取，来源于学生的日常生活。例如，"男生危机真的来了吗""家养猫狗就是有爱心吗？""书都是良师诤友？""我看中国足球""手机带来学校，是弊大于利，还是利大于弊？"每周三的话题讨论，对学生的语言组织能力、口语表达能力、思想的创造空间都有积极的影响。

（四）班刊《花开有声》

我常常和学校年轻的教师交流，教育是需要"点"来支撑的。因为我们面对的学生来自不同的家庭，从小生活在不同的环境，家长的工作性质、信仰操守及学历各不相同，所以每个学生、每个家庭所产生的教育矛盾及问题也是有差异的。对同一个话题的探讨，应针对每一位学生找到不同的"教育点"，在宏观掌控的基础上，开展差异性的教育工作。如果说上文所提的课堂"论见"是口头的唇枪舌剑，那么"花开有声"则是我为培养学生的书面表达能力所进行的一个探索。

"花开有声"是我们班父母与孩子、教师与学生心灵沟通的一个载体。"花开"是孩子敞开心扉说事，"有声"是父母给予他们回应。在"花开有声"中，我结合每天"三坚持"学习习惯的培养，针对处于不同学习层次、不同个性类型的学生，给予不同的指导。我鼓励学有余力的学生拓展话题，鼓励学困生列举学习上的困惑，鼓励心智成熟较早的学生学会倾诉、写出成长的烦恼，鼓励善于思考、勤于动脑的学生多观察周围的事物……就这样，"花开"的内容越来越丰富，"声音"越来越美妙，从世界杯足球赛到世界气候大会，从低碳生活到夜间红绿灯的改置，从营养午餐不营养到参与家庭理财计划的制订，从班级故事《我们班里的"台湾岛"》到童话故事《苹果和花生的故事》，学生们既有写剧本的，又有写诗歌的；还有学生给市长写信，建议春节期间禁止在杭州市区燃放烟花爆竹；给校长写信，提出能否调整阳光体育运动时间等。弹性化的书面话题设置，给了每个学生展示独特的生活经历的机会，每个学生都能在其中找到自己的兴趣点，学生学习的积极性也有了很大的提高。我将这些成长和转变记录在册，最终汇聚成了班刊《花开有声》。

（五）让阅读为童年保鲜

身兼班主任与语文教师的我认为，抓住价值引导的契机非常重要。 其中一个潜移默化且十分重要的契机就是阅读物的选取。

现在市场上有大量的儿童书籍，如何给学生选择合适的书籍，是一门学问，选择书籍时一定要有一定的标准。 小学阶段是打根基的时候，我推荐学生读高雅一点但又不失趣味的书；对于奔放一点的学生，我推荐他们读龙应台、赵冰波的书；对于文静一点的学生，我就建议他们读曹文轩的书；对于五、六年级的学生，我给他们推荐的书有《爱的教育》《夏洛的网》《好兵帅克的奇遇》《西顿野生动物故事集》《屋顶上的小孩》《我要做好孩子》《十万个为什么》《汤姆叔叔的小屋》《天方夜谭》《哈利·波特与魔法石》《史记故事》《非法智慧》《蓝色的海豚岛》《小孩成群》。 当然，这对教师的阅读也是有要求的，教师也要做一名勤奋的阅读者。 不同的学生要读不同的书，有些学生喜欢古诗词，有些学生喜欢唯美的文章，我一年起码要读 30 本书，否则就"落伍"了。

在给学生推荐书籍的同时，还要给他们提供表达、交流和分享的机会，促进学生的自我消化。 因此，我每隔一段时间就会定期举行一次班级读书会。 这也是教师检查价值教育效果以及学生语文发展水平的一个重要途径。

有家长常常会提到小孩不爱做练习的问题，也常常询问我。 在我看来，童年时期培养孩子爱上阅读比让孩子多做练习更有益。 小学阶段，学生最需要的是积累，要大量地阅读，而不是大量地做课外习题。 所以，培养良好的学习习惯比买教辅书更重要。 与知识的传授相比，家长最应关注的是孩子的全面发展和健康人格的养成。 如果增加知识量是以牺牲兴趣、信息和健康人格为代价的，那是很不值得的。

（六）一分钟留白

教师的课堂的管理能力也是十分重要的。 良好的开端是成功的一半，教师抓好课前一分钟，就为这节课的成功打下了基础。 学生在课间充分释放情感，情绪上属于玩乐状态，注意力集中在课间活动上，上课伊始马上展开教学则不符合学生的心理发展规律，因为学生从一种状态过渡到另一种状态需要一定的时间。

因此，教师应当用一分钟的时间组织教学，让学生尽快从热闹的玩乐情绪转到积极的学习情绪。在这一分钟里，教师可以走上讲台，用专注的目光环视全体学生，查看每一个学生的精神状态，用眼神提醒一些学生做好上课准备，使学生感受到教师的等待，从而静下心来准备上课。在这一分钟里，教师还可以让学生闭上眼睛深呼吸几次，待心绪平静下来后开始上课。组织教学一分钟用得得当，往往能收到以静制动、无声胜有声的效果。

我们不要吝啬这一分钟的"空白"，正所谓"磨刀不误砍柴工"。

三、我的故事

【故事一】

"教"的思考

周一，上了一堂让我得意的课。我并非得意于我的授课，而是为我的学生能有精彩的思考而感到欢欣。

《南辕北辙》选自《战国策》，揭示的道理是，如果行动和目的相反，就永远达不到目的。我正按照教案设计教学：一、读课文，找感觉；二、品课文，悟道理；三、评人物……；结合课文插图理解"辕""辙"；读文，找出点明题目意思的句子；体会后，说说从中学到了什么……一切都在有条不紊地进行着。

这时，我突然闪过一个念头，思维力度该有所调整。因为在科技水平高度发展的现代社会，小学生已经获得了古人无法比拟的知识。我得试试他们对问题的思考力度和对问题的研究能力。"那么，这人真的到不了楚国吗?"我抛出了问题。王同学"噌"地站立起来，说"他还是能到达楚国的，因为地球是圆的。只是他会在路上多花些时间吧。"他的回答引起了大家极大的兴趣。"他在路上花的时间越多，就越可能到不了楚国。万一他的马车坏在了前不着村、后不着店,又是强盗出没的地方,那他平安到达的可能性就极小了。"吴同学若有所思地说着。这时,我们班的"浪漫小子"林晨不紧不慢地说道:"若我是那个楚国人,就会在盘缠充足的情况下,一路观光游览,吟诗作画。虽然花的时间较多,但精神挺丰富的,值得!"……

听着他们热烈的讨论,我感动于学生用所学的知识,以及学生学会了分析与思考。趁着他们如火如荼地评论,我又问道:"那人舍近求远地去楚国,值得吗?"这一问,让我们班的"经济学家"陈同学坐不住了,只见他边说边站立起来:"他的确带了充足的盘缠,但为何不让一定的资金产生更大的价值呢?更何况时间就是金钱,商机该牢牢把握呀!"我惊叹他的"鬼灵",但更佩服他的"商业头脑"。看到时机渐已成熟,我说:"学习就是要让我们用眼睛去看,用脑去思考。更重要的是把所学的知识融会贯通起来。今天,你们的表现让老师看到了你们不是人云亦云的'书呆子',而是有思考能力的学生,古人曰:'学而不思则罔'。"

从这节课上,让我明白了对"教"的研究是教师应该一直追求的。

【故事二】

在学习中启蒙智慧

—— 一位 2000 年毕业的学生的感言

周老师教的是语文,小学的语文虽然简单,却是生活的基础和求知的"钥匙"。低年级的语文重视的是对字词的认识和标准的发音,在课堂上,周老师特别注重用朗读的方式培养我们的语感,同时纠正我们的发音。因为我读课文的时候声音总是特别响亮而且感情丰富,所以每次周老师都让我领读,带领大家熟悉课文。小时候的我最以此为傲,所以每天回家我都会提前预习课文,把不认识的字词查出来,以便能够正确地领读而不出"洋相"。周老师的这个方法不但激发了我对朗读的热爱,而且令我从小就习惯了说标准的普通话。

除了上课的朗读外,周老师还特别重视激发我们的思维,重视我们保持一颗好问的心。在课堂的学习和课后的练习中,周老师从来都不希望我们被标准答案所束缚,她总是希望我们能够用自己的视角去发现一些细节问题,并提出来,再自己去寻找答案。因为她的激发,我和其他同学一样,总喜欢在下课缠着她问各种各样的问题,并且提出自己对某个问题的独特看法。每次提问,周老师总会表扬我们,说我们的想法很好,还鼓励我们继续这样学习。久而久之,好问成了我的一种习惯,不光在小学阶段,我将这个习惯一直延续至今,而我也相信我将一直带着疑问走向以后的工作岗位,走向社会。

写日记对于小学生来说是一项高要求的任务,特别是对于语言幼稚又害怕写作的我们。周老师了解我们的负担,她引导我们轻松率真地写作。对于我们的日记,她没有特别多的要求,只是希望我们能够记录生活中的点滴和自己思维的点滴。在周老师的鼓励下,大家都开始了写作。虽然刚开始避免不了流水账一样的文章,但一段时间以后,我突然发现自己会为了要写日记而关注生活的点滴和自己的感受。我的日记内容开始变得丰富多彩,因为都是发自内心的,所以充满了生活的气息和童趣。有时候我会写在雨天观察草丛中的蜗牛;有时候会写自己在坐公交回家时的一点感悟;有时候还会把自己的苦闷、不爽,把父母对自己的不理解写在日记里,希望老师给我一点意见。碰到实在没有内容写的时候我还会试着编奇幻小说,每天写一个篇章,让自己充分地幻想,陶醉在自己的精神世界里。就这样,从害怕写作到把写作看成一天当中最开心的事情,写日记成了我生活的一部分,更为我的童年留下了宝贵的记忆。

周老师不仅把语文的教学留在课堂,而且带到了我们的课余生活中。我记得每天午饭后都有一段班主任讲话时间,也许对别的班来说这是一段可有可无的空隙,但对我们班来说这是一个开阔视野的好时段。每天的这个时间,周老师总会拿着一张报纸来给我们讲一些新闻或发生在世界各地的奇事怪事。不论是她介绍的天空不明飞行物,还是关于埃及的木乃伊揭秘,抑或是她给我们讲的南斯拉夫大使馆被炸的消息都让我们对自然、对科学充满了兴趣,同时也对政治时事充满了关注。周老师对我们班的同学还有一个要求就是每天看《新闻联播》,关注国家大事。在课余的讨论中,我们不自觉地把自己融入了社会,把国家的责任担在了自己的肩上。我们从小就知道,我们是这个国家的一分子,我们的未来与这个国家的命运紧密相连。

📋【故事三】

美好归于声音的魅力

与我年龄相仿的朋友,在青葱岁月里,谁没有花一毛钱看过电影,或守着半导体收音机,在百无聊赖的午后听过录音剪辑呢?译制片用声音开启了一个时代。与其说邱岳峰们用声音塑造的人物给我们带来了新鲜的异域文化,不如说他们用声音为整个娱乐匮乏的年代注入了某种令人迷恋的气息。单调的岁月,因为有那些带点欧式腔调的中国话而生动,因为有带着典雅气质、轻松幽默的情节和精彩台词的电影而快乐。

在今天转头再看的时候,就像品尝陈年的老酒,或者翻开泛黄的相册,遥远的记忆在一瞬间变得无比清晰。那些声音,愈遥远,愈清晰,这就是声音的魅力吧。

作为一名语文教师,能带领学生亲近母语,感受母语,在潜移默化中触摸语言,感知文字的"质地"与"芳香",是件令人快乐的事。三年前,一个平常的春日里,"声音的魅力"组合社团成立了。这是一个校级综合性实践课程,从社团名字的确定,到社团的章程、制度、授课的方式和内容的设置等,都是我独自设计开发的。怀着虔诚之心,我从四个方面做了一些探索。

(一) 在生动有趣的故事中,享受语言文字的魅力

学生喜爱听故事,这是有利于我生动施教的条件。我认为,语文教师要有意识地收集与语言文字有关的故事,然后有选择地讲给学生听,既能培养他们的阅读兴趣,又是很好的朗诵指导。"美文欣赏"就是在这样的认识中产生的。每周一次,利用午间休息的半个小时,我将《读者》、名家散文、古诗词中的佳作读给他们听。渐渐地,就有学生主动请缨,要求也来做"推荐人"。这样,学生乐意看书阅读了,语感有了长足的进步。

(二) 在诗词歌赋的欣赏中,领略语言文字的魅力

通过多媒体平台,运用多种手段,充分展现经典美文的魅力,感受优美意境,品味清丽文辞,思索哲学意味,是我近些年来的尝试。在学习时,我充分利用互联网的优势,下载相关资料制作课件,进行配乐范读。从大量的教学实践中,我感悟到,范读往往起着许多教学手段不可替代的作用。范读课文,可以使学生直接感受到有声语言,领悟如何把无声的书面语言转化成有声的口头语言。在这当中,学生不仅为书面语言中所蕴含的情感所感染,而且伴随着有声的语言,脑海中浮现出生动的画面,更重要的是,汉语的韵之美、节奏之美潜移默化地影响着学生,从而提高学生的欣赏品味和文学素养。

(三) 在表演表达中,感受语言文字的魅力

为了满足学生那难能可贵的热情,提高其表达能力,我和学生还把那些耳熟能详的故事,或他们爱读的课文,改编成剧本,请名著中的人物走上了舞台,让学生的智慧和表演水平得到了酣畅淋漓的展现。

通过编演课本剧,达到寓教于乐的审美效果。我们还积极向学校和家长开放我们的课堂,请他们来欣赏,既锻炼了学生的胆量,也为我们社团提高了知名度。

2009年10月,学校对我带的社团——"声音的魅力"组合给予了充分的肯定与支持,我和我的学生代表学校参加了区七色花艺术节的比赛,荣获诗歌美文朗诵一等奖;我撰写的《"声音的魅力"课程开发与管理》被定为校精品课程的研究项目。2010年,我又带着学生参加了《钱江晚报》社组织的"春天花花美文朗诵会"活动,获得原创诗歌朗诵一等奖。2011年,我们应邀参加了民建杭州市委的国庆庆典……每当有演出活动时,都能得到校长、教导处和艺术老师的倾力支持。校长总能来为我们鼓劲,表达谢意;教导处合理调整课务,力争不让学生落下一节课;音乐老师帮着选挑配乐、刻盘;美术老师更是利用休息天给我们画布景,做道具。

(四) 在能言善言的思辨中,感悟语言文字的魅力

在近25年的语文教学中,我始终喜欢用有声的语言吸引学生,使其感受汉语的魅力。有了生动的故事积累,有了精彩的诗词美文的欣赏,我认为学生还需有理性的思考能力。因此,我给学生开设了"五三论见""六三论见说道"等谈话节目,让他们各抒己见。他们妙语连珠的发言,给课堂教学带来了期待,得到了许多夸赞。

在这里,我收获了理想和幸福,家长们收获了欣喜和惊讶,孩子们收获了成长和快乐。

让一颗颗童心去发现世界之大,感悟语言之美,创造理想的生活,这样的童年才是鲜活的,才是光鲜的,才是有意思的。

【故事四】

理想与实践的和谐统一

又到了周五活动课的时间,走进教室,我看到的是一双双期盼的眼睛,他们知道老师又会出人意料地带给他们一件"好事"。"机灵鬼"吴昊大胆地问道:"今天,我们是学诗,还是了解文人?"我故作神秘,压低嗓音说:"去寻宝。如今来杭州的旅客,又多了一处意味深长的景点,它与抗金将领——岳飞有关。"说到岳飞,孩子们兴趣盎然,七嘴八舌地议论开了。有的说能背诵他写的《满江红》,有的说他是被秦桧陷害而死的,还有的说我们学校所在的孝女路也与他有关……看着他们的兴奋劲儿,我说:"这会儿,我们再多个知识点,去寻找岳飞遇害的地方——风波亭。当然,我们可以用各种方式来了解。你们有何高见?"孩子们从未遇到过这样的问题,静静的教室又沸腾了……

实地考察,与想象相去甚远
——选自学生的周记

我们一路走,一路问,来到新建的湖滨景区。在杭州秀丽的西子湖畔,古时的钱塘门附近,在一片葱翠的树林中我们看到了"风波亭"三个字,眼前的二层亭子,八角翘檐向天,黑色的瓦,橙黄色的亭身,显得分外醒目。我无法与岳飞被害的现场联系起来,被害是那么的残酷和血腥,眼前的景致却是那么的幽静和美丽。这时,周老师告诉我们,八百多年前的这里是荒无人烟之地。随着新中国的成立和改革开放的建设,风波亭先后进行了好几次改造。我走近前,只见亭子正面的亭柱上高挂着一副对联:

有汉一人,有宋一人,百世清风关岳并

奇才绝代,奇冤绝代,千秋毅魄日星悬

这是清朝人沈衍所作的对联。周老师向我们解释道:"上联把关羽、岳飞并列,突出他俩的忠心耿耿、义薄云天的品格;下联指出杀害奇才岳飞是桩冤案,岳飞如太阳星星一样会高悬晴空。"在回家的路上,我脑海里不断地闪现风波亭和想象中的岳飞,他能在这么美的地方长眠,可以瞑目了。

网上查找,与感动存在距离

——摘自班里爱好上网的学生的"活动报告"

我们上网查找有关风波亭的资料得知,风波亭原是南宋时大理寺(当时的最高审判机关)狱中的亭名。1142 年,这里发生了震惊世人的大阴谋:宋高宗赵构听信奸相秦桧谗言,诬陷岳飞谋反,一代名将岳飞及其儿子岳云、部将张宪在风波亭内被杀害。岳飞被害前,在风波亭中写下 8 个绝笔字:"天日昭昭,天日昭昭。"意思是老天爷明白我岳飞精忠报国的一片忠心!岳飞被害后,狱卒隗顺冒着生命危险,将岳飞的遗体背出杭州城,埋在钱塘门外九曲丛祠旁。隗顺死前,又将此事告诉其儿,并说:"岳元帅精忠报国,今后必有给他昭雪冤案的一天!"岳飞沉冤 21 年后,宋孝宗昭雪了岳飞的冤案,并将岳飞遗骸迁葬到栖霞岭下,又将西湖显明寺改为祭祀岳飞的祠宇,也就是如今人们喜欢前往瞻仰的"岳王庙"。

风波亭由于历经战火而被焚毁。2003 年,在恢复杭州西湖湖滨景区的人文景观时,杭州市民纷纷向杭州市政府提出恢复风波亭遗址的要求。许多历史研究者和杭州市民认为,在杭州的历史文脉中,岳飞是非常重要的一环,今天我们不能淡忘岳飞的历史价值。

杭州市政府在充分听取多方面的意见后,按照宋代样式和风格在钱塘门附近重建了风波亭和风波桥,并在风波亭旁恢复纪念岳飞之女岳银瓶的孝女井,以此表达对岳飞的敬仰之情。

其实,周五活动课不仅丰富了学生的知识、开拓了他们的视野,更告诉我们教师,理论与实践和谐统一是何等的重要。所谓"实践出真知","纸上谈兵"是不行的。只有理论与实践的和谐统一,才能让学生受益。这,应该是我在"校本课程"研究和实施中努力的方向。

第二章 "两手抓"的魅力

——如何开展思想道德教育

——身教重于言教。作为班主任,应该努力用自身的言行、品德、素养去引导学生,尤其要做一个"真的人",不隐瞒自己的观点与主张,不掩饰自己的喜悦与忧虑,诚恳地与学生做心的交流,这也是教师高尚人格的体现。

——做老师需要智慧。"扯闲篇"是我喜欢的一种教育方式,寻找合适的契机,运用巧妙又富有感染力的语言开展教育活动,帮助学生改正不良的学习、生活习惯等。"闲篇"扯得好,我们的教育生涯无时不充满着惊喜。

——要努力用真心去听学生的心声,用爱心关注其成长,用热心满足其需求。

——我们的教育应该立足于道德和智慧。因为有了智慧支撑的道德,能防止自己遭到不道德的侵凌。作为老师,对学生要教之以德行,对家长要展之以德行,对自己要养之以德行。

《礼记》中有"富润屋,德润身"的说法,《左传》中也言"德,国家之基也"。 道德对于一个人的成长,乃至整个社会发展的重要性,我们不必多说。 育人以德行,这正是教育最重要的使命。 当下社会正处在一个多元文化交融的复杂转型期,民主和公平的呼声强烈,人们的思想道德与价值观也呈现出了这个时代的一些特征。 如何在新的时代背景下有效地开展道德教育,提升育人质量,这既考验着我们的行动能力,也锻造着我们的魄力和勇气。 我国自古以来就有着良好的修身传统,经过五千年的发展,在道德教育这一块更是形成了厚重的文化积淀，很多见解在今天来看来仍熠熠发光。古为今用，融合传统与现代的思想正是我所提倡的思想道德教育观念。 以这样一个观念为切口，我逐渐把握了一些更深刻的道德教育要领。 我把它们概括为"两手抓"意识——传统与现代相结合、道德培养与能力提升相结合、教学与生活相结合、学校与家庭相支撑、教育与社会双向互动、教师与学生共生。 我的一切思考与行为都力求贯穿这些"两手抓"意识。 我不知道它们是否在一定程度上接近了教育的真理，但我知道它们是我朝教育的真理靠近所做的不懈努力，我的目的只有一个：培养出具有良好德行与智慧的孩子。

一、 我这样看

（一） 传统与现代相结合的思想道德教育观

经济、科技的发展给我们带来了丰富的物质、精神文化生活，给个体的发展提供了前所未有的机遇和平台，然而也带来了东西文化、现代与传统的碰撞和冲击。 在这样一个现代性与后现代性交杂的复杂转型期，我们应如何对青少年进行价值引导？ 如何看待思想道德教育的地位？ 如何有效地开展思想道德教育，传承和弘扬我国的优秀传统价值观，使中华民族的道德根基在新的时代背景下得到充分滋养和稳固？ 这是时代给中国提出的一个严峻命题，也是每一个有责任感和使命感的教师应该慎重思考并力以践行的问题。

传统与现代相结合的思想道德教育观，是我在深入分析这一时代特点的基础上形成的。 现代社会虽然发生着很多后现代性变化，很多新的道德问题也由此产生。 然而，我们不可能摆脱已有的文化去进行新的创造，我们总是在某种基点上进行探索和变革。 中华民族五千年的文明史，为我们留下了一份厚重的道德遗产。"贫贱不能移，富贵不能淫，威武不能屈"，礼、义、仁、信……这类流传千古的品质是我们应追求的。 孝敬父母、尊敬师长、邻里和睦、拾金不昧、见义勇为……这些常常出于现代人之口的褒奖词，既是我们需要发扬光大的，也是我们思想道德中的精华部分。 在我看来，已有的文化既是历史，是资源，也是智慧和民族精神的根基。 可能和我从小受的文化濡染有关，也可能是由于语文教学的原因，"充分挖掘传统文化的道德教育价值"这一观念不自觉地进入了我的脑海中。

以这样的理念为指导，我进行了较多的实践摸索。《三字经》进课堂是融合传统与现代的一种较成功的试验。 从其结果来说，既弘扬了中国优秀的传统文化，也让学生在古典人文的熏陶中，践行着优秀的道德精神。

（二）从生活世界中寻找德育突破口

五彩缤纷的生活是教育的主题。 生活世界既是教育的源泉，也是教育应该回归的地方。 教育的目的就是帮助学生更好地理解生活，更好地融入和创造生活。 对于道德教育来说，要增强其实效性，切实地使学生在道德上发生知情意行的转变，必须立足于学生的日常生活来开展教育，从身边的小事抓起，随时随处地进行教育。 这需要教师具有敏感的问题意识，做生活的有心人，善于发现德育的契机。 同时教师也要灵活应变，根据情境和事件的性质，针对不同的对象，运用不同的方式开展道德教育，追求道德效果的"自然"和"天成"。 尤其要以一种发展的眼光对待学生的弱点和错误，避免用单一和僵化的方法处理道德问题，注重呵护学生潜在的积极品质，促进学生成长的最大化。

生活中德育的契机在哪里？ 什么时候教师该出手？ 什么时候教师又该留一手？ 我想，"度"的把握是最难的，这也是很多教师所困惑的。 什么时候应该介入情境以及介入情境多深，这需要我们的眼力和功夫。 结合我自己的经验，我觉得以下几件事情的处理就较好地切中了突破口。 在课间学生讨论"超女"时"乘虚而入""潜心打探"，抓住下午的主题班会进行"我们的榜样"评选活动，辨析中明了，讨论中升华，引导学生正确看待成功与名利，鼓励学生树立高远的志向，脚踏实地地付出努力。 在下文提到的"'扯闲篇'的魅力——也谈教师的语言"一例中，我找到午间吃饭、品社课、课间闲聊等契机，较巧妙地运用了富有感染力的语言开展了主题谈话活动，帮助学生改正不良的学习和生活习惯。 在"未来商人"一例中，我针对小宇不断膨胀的"虚荣心"，通过书信交流、课堂讨论等方法，采取一定的举措，引导其从狭隘的个人"虚荣心"中解脱出来，鼓励他用自己的与众不同，寻找更积极向上的情感体验。这既由点到面地开展了价值观教育，又呵护了小宇的经商天赋。此后，我们的师生关系更融洽了，我也体会到了一种积极的成就感。

功夫不是一朝一夕练成的，时间更能证明努力和信仰的力量。

（三）注重学生公民意识的养成

教育与社会是相辅相成、不可分割、连体共生的。教育作为社会的一个子系统，有自己的依赖性，需要从社会及其他子系统中获取一定的资源，维持自己的运转；教育也有自己的独立性，能作为相对独立的系统进行运转，发挥一定的独特功能。教育的基本功能是促进人的发展，教育的拓展功能是以人的发展促进社会的发展，这也是教育改造社会的功能。良性的社会必是教育与社会双向互动、双向服务、共同进步的社会。认识并充分利用教育与社会的互动性，借助社会的力量促进教育的发展，在实施教育的过程中改造社会，实现两者的双向互惠，对教育者而言是一项十分具有挑战性且非常有意义的工作。一个教育者若具有宏观的远略，从大处洞察，从小处着手，力主学生公民意识和公民德行的培养，那他就是一位站在时代和社会发展肩上有担当的、有良知的教育者。

对我来说，注重教育与社会的双向互动，集中体现在对学生公民意识的培养上。一个真正的公民，不仅能守护社会核心价值，能主动、广泛地参与社会事业和国家政治活动，而且能以批判和创新的态度审视和改造现有的文化，致力于社会民主和公正的形成。这样的公民是一个有担当、有能力的顶天立地的人，是一个真正的知识分子。慈善和公益活动是我这么多年来一直坚持做的，我认为它是培养公民意识的一种非常好的途径。学生也非常喜欢这样的活动。比如，开展义卖活动募集资金捐助盲童，既借助了社会力量对学生进行思想道德教育，培养了学生关怀弱势群体、坚持社会公平正义的人文情怀，又以思想道德教育促进了社会的公正和谐，培养了学生未来自立、有责任感、敢担当的品质。而紧密结合社会热点开展公益活动，则是使学生从社会需求和现实问题出发，充分利用所学服务于社会，是不断延展完善实践活动，培养学生社会公德意识的重要举措。这些活动若利用得好，对学生的成长是大有裨益的。

（四）建构师生双向"关系道德"

一种优秀的教学必是师生都能从中得到成长、共生的教学。好的道德教育也是如此。教师既是坚定的榜样，也是虔诚的学习者。教师不仅要求学生具有良好的品行，而且首先要求自身就是道德模范，以自身高尚的德行去培育学生的德行，通过学生的德行去反观自身的德行。我们常常感慨社会上缺少伟大的教师，殊不知，只要躬身践行，我们每个人都可以在一定程度上接近伟大。伟大的教师其伟大之处并不在于言行完美、不犯错误，而在于能够不断地从错误中学习，不断锻造自己的高洁品行，他们严于律己，善于反思和学习，能够以开放的心态面对和改正自己的错误。这种错误也往往在他们德行和智慧的加工中变成了加深师生关系和帮助学生成长的有利契机。反过来，在与教师打交道中，学生不自觉地会受到教师人格的薰陶，在行为中常常以一种模仿的方式再现出来。模仿是对教师品行的某种最真诚的认可。这种道德上的双向影响强有力地改变着师生的自我感觉和道德认识，改变着师生的个性并辐射到整个生命。这就是一种师生双方相互影响的"关系道德"。

之所以如此提倡构建师生双向的"关系道德"，是因为这和我自身的体验有着很大的关系。在我的班主任生涯中，迄今为止，再也没有比广播操比赛的"灵机一动"更让我刻骨铭心的了。这一事件，在下文中也会提到。学生当时站在队伍外落寞的眼神强烈地刺激了我，我感到羞愧难当。如果说这件事情值得拿出来与大家分享，那么唯一能让我稍稍心安的就是，我能够及时反省并深深悔过，并努力地去弥补我给学生造成的伤害。我深知教育影响的深远性，我希望自己的一言一行都能给学生正向、积极的影响。我想让学生知道，一个人的可贵之处不在于不犯错，而在于能改过。知错就改、率真担当，这是一种宝贵的品质，是我们每个人都应该极力去呵护并努力养成的。而学生在后来的表现也印证了我的这种影响是强烈而深远的，他们也从中获取了成人成事的价值。

（五）建设立体德育网络

中小学生正处在人生成长的关键阶段，其道德知识、道德辨识能力十分欠缺，道德意志薄弱，道德行为不稳定，情感、态度、人生价值观都处于形成塑造期。当下的学生，较多时间在题海和作业中挣扎。有多少时间能与莎士比亚、普希金展开心灵的对话，有多少时间能与贝多芬、李斯特展开情与情的交流，有多少时间与黑格尔、萨特展开思想与思想的碰撞……他们的生活少了诗歌、音乐和思想，少了精神的放牧。教育一旦少了人生的幸福，就有可能会因此而危及道德人格的生成。青少年的这些特点，要求我们整合家庭、学校、社会的各种资源，协调各方面力量形成合力，构建一个相互支持、相互影响、共同提升的三位一体德育网络。具体来说，就是要构建以学校教育和家庭教育为主体，以社区教育为辅助，教师的引导、家长的示范以及社会的支持相结合的网络。小环境与大环境共建，教师、家长与社会都要对孩子的成长承担责任。

对三位一体德育网络的倡导离不开对教育的认识，因为教育不是一个封闭的系统，学生生活的地盘也不仅仅限于学校。人的活动范围的多样性决定了其接受的影响是方方面面的。我们要想教育有实效，就需要以整体有机的视角来构建一致的教育影响，让良好的品德深深扎根在学生的心里。所以我很注重学校教育的内容务实和形式新颖；注重家校合作，注重对家长的引导和辐射；社区的力量也是我所看重的，如利用社会资源开展"家长课堂"等，只要有助于学生的发展，这些都是可以尝试的做法。

二、我这样做

（一）"五个一"工程

"五个一"工程是我根据上述的德育理念所提出的相对较具体的青少年思想道德建设举措。具体来说，就是要做到"五个一"：

一是人文、艺术一点。 教育应该密切联系生活，尤其要联系学生的生活，避免说教。 教育活动可以委婉些、平实些，可以挖掘传统道德中的精华和积淀，挖掘我国文化中的优秀元素。 具体可通过晨会、课堂教学、课外活动等多种途径，组织开展体现中华传统美德和革命传统的经典格言、诗词诵读活动；教唱以爱国主义为主旋律的歌曲，举行歌咏比赛和文艺演出等活动。

二是自信、自律一点。 班级是个小社会，我们可以比较独立地设计自己的教育内容，建立自己的教育体系，完善自己的教育思想。 立足自身，从小处做起，相信小环境也可以有大作为。 对学生的有效教育取决于班主任、家长的素养与道德水平，我们都应该相信自己能够给学生好的教育。

三是务实、持久一点。 小学是教育的启蒙阶段，必须尊重学生的身心特点，考虑对他们教育的实效性，通过务实的活动，充分调动学生的积极性、主动性和创造性。 如针对交通事故频发、公众场合吸烟等不良现象，通过发挥他们较强的是非、法制观念，让他们回家劝说家长酒后不驾车，要走人行道，不随处吸烟等，较好地宣传了法律法规。 另外，可以鼓励和引导学生在社会生活实际中身体力行，规范言行，充分利用各个假期，开展主题班队会。

四是差异、超前一点。 教育面对的是有差异的人，教育方式也该有差异。 对于不同年龄、不同个性、不同家庭的学生应有不同的教育策略，需要教育者用理性的眼光、科学的觉悟，去分析、对待他们。 当下，人生观、价值观、世界观伴随着学生身心发育的提前、社会大环境的变化而提前形成了，所以，教师更要有前瞻性、预见性地开展教育，让他们在人生的最初阶段形成良好的心理品质和道德规范意识。

五是社会、宏观一点。 要有针对性地加强道德、法制教育，提高学生自我保护能力；要宣传、推广健康向上的艺术作品，来丰富、陶冶学生的情操；要科学、规范地传授生理、自然、社会、法律知识。 我们还可以整合社区、学校、家庭的力量，举办各式各样的家长会，开办丰富多彩的家长课堂，开设有效实用的服务热线，构筑"学习共同体""帮困服务体"等。

（二）活动，活动，还是活动

小学阶段是德育的重要阶段，必须尊重儿童的身心特点，通过活动进行道德教育。作为一线的班主任，要有计划、有目的地制订活动目标，寻找德育的切入点。在我的经验中，以下几件事情的实施收到了颇好的德育效果。

1. 组织"自力更生"的活动

一次，我决定搞一个义卖活动来募集资金捐助盲童。为什么这么做呢？因为这里涉及经费筹集的问题。如果学生只是从自己的零花钱中拿出一部分，或者干脆向父母要，那么我认为这样的帮助不算是真正的帮助，我的目的是让他们通过活动，从心底去感受助人的快乐和珍惜现有的富足生活，而不仅限于捐钱这么简单。那么，资金从哪里来呢？我们进行了长时间的讨论和规划。义卖是我们共同想出来的办法，它既解决了资金问题，又培养了学生的集体凝聚力和组织能力。

在这样的活动中，我充分尊重每个学生的选择。活动是成功的，活动的过程让学生受益匪浅。他们在活动中遇到了各种不同的人，听到了各种不同的声音，有过各种不同的遭遇，也产生了各种不同的想法。学生通过付出自己的劳动，施展了自己的才华，自信心增强了，更加团结了，更加自立了，更加学会关心弱势人群了。

2. 紧密结合社会公益活动

活动和课堂就像两面不同的镜子，能够反映出学生不同的方面。而活动是需要不断延伸和更新的。在环保概念不断推出的今天，我让学生开展了一系列"环保护绿"活动。记得植树节那天，我和学生冒雨为学校种下了8棵树。从树苗选取、运输，到栽种，都是我们一起完成的。

渐渐地，学生把护绿的情感延伸到了社会。他们发现社会对环保不够重视，于是写信给报社，希望更多的市民一起为城市的环保出力，立即引起广泛的响应和支持。

3. 对社会热点问题进行大讨论

"童蒙养正，少年养志"，在教育实践中，需要班主任有随时随处进行教育的意识和敏锐地捕捉问题的能力。

上学期，在课间我偶尔听到几位学生在津津有味地谈论一夜成名的"超女"。 从她们的言谈中，我感觉到了她们的期待与羡慕。 在下午的班会课上，我提出了"我们的榜样"评选活动。 我语重心长地对学生说："老师不介意你们谈论'超女'。 但我不希望你们仅仅盯住的是她们现在的收入与名利，而希望你们看到她们为成功所付出的努力。 我们中华民族上下五千年，还有无数英雄楷模需要我们记住，你们能举些例子吗?"学生纷纷发表自己的观点，有的说："岳飞是学习的榜样，因为他骁勇善战。"有的说："雷锋是榜样，因为他乐于助人，乐于做颗螺丝钉。"……听着学生发自肺腑的话语，看到他们争先恐后地发言，我被感动了。"是的，志当存高远，老师期待着你们能向榜样那样去生活、去学习!"

4. 实现家校合力

一次，一位家长气呼呼地来到学校，要我好好教育她的孩子。 原因是，她让正在看电视的儿子看书，而儿子很不耐烦地说："你们一个是初中毕业，一个是高中毕业，我的遗传基因不好，为什么非要我读大学呢?"看着家长生气的样子，想到孩子"理直气壮"的回答，我说："你们生气，我能理解。 含辛茹苦地抚养孩子，不就希望他能出人头地吗? 但你们是否想过孩子的感受，你们每天不是打牌，就是看电视，孩子在那样的环境中能安心学习吗? 给孩子一个安静的学习环境，树立一个勤奋向上的家长形象对孩子来说很重要。"家长惭愧了……

从这以后，该学生父母的休闲活动少了，陪伴孩子读书、沟通的时间多了。 而我也特别关注这个学生的动向和情绪，并且时常家访，了解最新动态。 一段时间下来，学生的学习认真多了，和家长的关系也渐渐密切了。

由此可见，德育的实施需要一致的教育影响，需要家长密切配合。 因此，每次家长会，我都会把班级计划告诉他们，以寻求家长的支持和理解。 "沟通从心开始""看日出""拜访春天""生存训练"等活动都有家长的参与。 这样既创造了教师与家长沟通的机会，也让家长在活动中了解了学校教育的方向，更为学生的成长塑造了良好的环境。

（三）让自己充满"魅力"

身教重于言教。作为班主任，应该努力用自身的言行、品德、素养去引导学生，尤其要做一个"真的人"，不隐瞒自己的观点与主张，不掩饰自己的喜悦与忧虑，诚恳地与学生做心的交流，这也是教师高尚人格的体现。

有一次，学校组织广播操比赛，我班上的一位学生在这方面比较弱，我单独帮他练习了一周，但收效甚微。为了能获第一名，我当时"灵机一动"，让他请假不参加比赛。结果，我们班得了第一名。就在颁奖之际，我看到那位学生站在校园外，神情没落地看着全班同学，这个场景强烈地刺激了我，我因此感到深深的愧疚。是啊，如果那是我的孩子，我将如何面对？于是，几周后在班级的"新年联欢会"上，我当着全班学生和所有家长的面向那位学生道了歉，我诚恳地说："我的'灵机一动'，不仅是弄虚作假，更深深地伤害了这位同学。我希望能得到你们的原谅！"这时候，教室里响起了热烈的掌声，该学生已泪流满面，一些学生情不自禁地与他握手，这时的教室被掌声、欢呼声包围着，每个孩子的脸上洋溢着灿烂的笑容。由此，我意识到教育人的工作是特殊的，教师要尊重学生的情感，把理解学生、关心学生有机结合起来，才能收到良好的教育效果。

（四）借语文的"东风"

道德教育一直是我最关注的问题，我总想结合自己的学科教学来做点什么。说实话，在语文的课堂内，有太多的机会可以进行道德教育了，前面我的很多故事就融入了这样的德育目的。然而，抓住随时随处的契机进行道德教育却是一个较长的历练过程，它对人的经验提出了一定的要求。在教育中，还有一个方面，是我们每个人都能做到的，就是充分利用学校教育的独特性，也就是它育人的组织性、系统性和专门性。因而，在这里，我想着重谈谈我曾经实践过的一个较系统的、历时较长的德育举措，就是把《三字经》引进课堂。

这一举措是事出有因的。最早引发我思考的是学校里碰到的一些小事。 走廊里学生撞到老师，大大咧咧看上一眼，什么表示也没有就走掉了。
我一再被这种淡漠所刺痛。 平时，也经常有家长向我提起孩子如何不懂得
孝顺长辈，伤他们的心。

由此我想到，在经济迅速发展的今天，以自我为中心、忽视他人利益和
社会责任的思想有抬头之势，一些人的道德出现了滑坡。 在我们这个文明
古国，儒家伦理一直有其深厚悠远的历史和博大精深的修身价值，然而，由
于种种原因这种精神文化传统渐渐被忽视了。 小学生知道"忍者神龟"，却
不知道"孔融让梨"；清楚"名侦探柯南"，却不明白"贾逵隔篱听课"；喜
欢"灌篮高手"，却不了解"仓颉造字"……我并不反对学生吸收健康向上
的外来文化，但我认为现在的少年儿童无论对于传统文化还是现代时尚，都
应"取其精华，去其糟粕"。 当前，学校应该培养什么样的人，已成为摆在
全社会面前的重要课题。 我认为，健全的人格比考试得满分更重要，现代社
会需要具备诚实、守纪、宽容、豁达等品质的人。 由于传统文化情结的驱
使，几经思考，我在黑板上开辟了一个知识角，每天写上几句三字经。 每天
的晨课和午间谈话课、班会课，都向大家讲解里面涉及的历史、人文、地理
方面的故事，并要求学生熟读《三字经》甚至能背诵。

《三字经》进课堂的实践只是一个小小的试验，是否有用有待检验，但从
我个人的实践来看，我认为是成功的。 从学《三字经》以后，我教的这个班
级连续两年被评为杭州市上城区三好班级，外校的老师上公开课来我校借
班，我班的学生很受欢迎。 每次学校出游，我班所有的学生都会在车门口排
队等候着，等老师们上车坐下，才有秩序地上车。

学了"香九龄，能温席；孝于亲，所当执"后，学生主动提出，每年重
阳节和春节去敬老院慰问老人。 学生小杨的父母要离婚了，小杨感到很痛
苦，对母亲发脾气。 我告诉他："你要学会理解父母，学会独立、坚强，你
不要让父母担忧就是孝。"这年妇女节，他妈妈收到了自己儿子送的一束鲜
花，这位母亲流着泪连夜给我打电话："周老师，谢谢你，我儿子懂事了。"
两年里，学生先后三次在武林广场等地搞义卖，帮助三名因贫困面临失学的
学生重返课堂。

三、 我的故事

📋【故事一】

"扯闲篇"的魅力

——也谈教师的语言

小学阶段是给个人带来较大影响的一个阶段。理想的小学生活是充满生命力和活力的，应该是既培养学生个性、创造力，又能让他们在潜移默化中学到丰富的知识，并且形成健康向上、乐观、充满智慧的学习生活的过程。

想要达成这些教育目标，就要珍惜每一次教育契机。苏联教育家苏霍姆林斯基曾说："教育的艺术首先包括谈话的艺术。"说的是，教师教育学生在很大程度上取决于他的语言智慧和魅力。与学生的谈话机会无处不在，主题教育谈话是教师常用的方式。可是单纯、空洞的说教，只会让学生听得直打哈欠。当我们为了"讲道理"而"讲道理"，学生虽然顺从地听，但心里是抵触的。

"润物细无声"是一种高超的教育境界。因为教育看似循规蹈矩，但时时刻刻都会出现教师无法估计的"偶然"与"必然"。所以，我常说，做老师需要智慧。"扯闲篇"是我喜欢的一种教育方式，寻找合适的契机，运用巧妙又富有感染力的语言开展教育活动，帮助学生改正不良的学习、生活习惯等。"闲篇"扯得好，我们的教育生涯无时不充满着惊喜。

午间的"闲篇"

有人说，不少中国文化体现在餐桌上。你看，见着面，大家都喜欢习惯性地问一句："吃了吗？"到了大年三十，性价比高的饭店更是一个晚上要翻好几次桌。这也是我喜欢坐在教室里吃饭的原因，因为吃着聊着，学生和我的距离就能不断拉近，我的那些个"闲篇"也就是这样开始扯的。

这一天，我又端着饭菜坐进了教室。班级的"挑食鬼"凑过来看看我的饭菜，调皮地说："周老师，你今天的菜比我好！""是吗？"我已经听懂了他的意思，

"但是,你那个干菜蒸肉我喜欢,要不咱俩换换?"嘴上说着不好意思,但是他很快与我交换了菜盒。"周老师,今天我们聊会儿吗?"聊了几次,"精灵鬼"好像有些摸到我的"门道"了。"嗯,不过今天,我有个问题要请教大家。"我改变了进入话题的策略。"什么?"听到老师有问题要请教,大家的兴趣一下子来了。我接着咬了一口干菜蒸肉,"味道还不错。"孩子们听了,笑了。在宽松、放松的环境中,我开始慢慢进入主题。

我:我家邻居最近请教我一个问题:为什么他的孩子回家不肯马上做作业?

生:(七嘴八舌)我也是……我妈妈也常常这样批评我的……

我:那大家放学后回家马上做作业吗?

生:不做。(大多数举手示意)

我:那你们一般做什么?

生1:一边吃零食,一边看闲书。

生2:回家肚子就饿,我要先吃东西。

生3:我要出去玩一下,不过因为时间紧张,所以我都是边吃边玩。

我:哇,大家都是这样边吃边做些什么的啊。

我心里暗暗想,那就怪不得最近的作业本上,总是有油渍啊、饼干碎屑啊之类的东西。还有些写了一半的字,估计是吃完了点心洗手去,回来就忘记了之前的作业了。

生1:这样可以节约时间。休息15分钟后就能做家庭作业了。

生2:我更节约,一边做作业,一边吃点心。

生:(七嘴八舌)我也是这样的……我还一边做作业,一边喝牛奶呢!弄得我一会儿就想上厕所。

我:大家这么珍惜时间啊!可是,周老师认为15分钟太急了,你起码可以先休息30分钟再做。

生:真的啊?(兴奋、满足地笑)知道了。

我:不过听了大家的安排,最让我担心的是一边吃一边看闲书不利于消化;一边吃东西一边活动,更有害健康。这些安排都是不科学的。所以,以后千万不能这样。若以后遇到类似的情况,一定要大胆地跟老师或家长说"这是不科学的!"

机灵鬼:哦!那,周老师,一边吃东西,一边聊天健康吗?

我:那我赶紧撤了。大家专心用餐,祝大家胃口好!

我端着饭盒走出了教室,心满意足地吃完我的午餐。由"回家后就马上做作业吗?"这样一个很简单随意的问题引入谈话话题,引领学生一步步露出不良的学习习惯,从而很有说服力地很自然地提醒学生养成科学的学习生活习惯。同时,又鼓励学生坚持科学,有勇气、有胆量地去纠正长辈可能犯下的错误,潜移默化地培养学生的正气和个性。这个"闲篇"扯得挺自然,收效也很好。

课堂上的"闲篇"

教师语言作为课堂教学生活的重要形式之一,是沟通师生智慧、情感和态度的桥梁。有效的语言,可以很好地传授科学文化知识,培养学生各方面的能力和技巧,而且可以启迪学生心灵、陶冶情操。

在一次品德与社会课上,我与学生谈起爱心。

我:虽说爱应该是藏在心中的,但是今天的课上,我想让大家感受彼此的爱。

生1:我常常想着,要为班级、同学做些什么,所以当同学有困难的时候,我总会尽可能地帮助他们。

生2:我觉得要学会爱别人,首先要学会爱自己的亲人,我常常帮助爸爸妈妈做些力所能及的事,这是孝心,也是爱心。

……

学生各抒己见,"小胖子"站起来:我觉得自己做的最有爱心的事情,就是每天都把好的菜饭和食物分给我家的宠物狗吃。

教室开始有了窃窃私语。我听了也倍觉不是滋味。看看其他学生,他们的关注点也开始聚集到那只宠物狗上。

"我家也有只小狗。我爸说它吃得比人都好。"

"我家的宠物还有专门的小衣服呢!"

看着学生热烈的交谈,我想:这还真不是一个特例。看来,我要放下当下的教育内容,先解决这个问题。于是,我清了清嗓子,慢慢说道:"周老师觉得,应该放生宠物狗,让它回归自然,爱它就给它自由。"

班级里没有了交流声。我连忙上网,在百度搜寻图片。很快一张张图片展现在学生的面前。我放慢了语速:"你们看,如果把买狗粮的钱捐给贫穷山村,或资助非洲难民,有多少人会因为你而改变。为这个世界多做一些贡献,奉献你的爱心,那是一种大爱。"

说到这儿,我分明感到了全班学生的眼睛齐刷刷地看着我,那神情,那专注,是前所未有的震撼力!从一个学生喂狗粮的小事,可以延伸到为这个世界奉献爱心的大理想、大志愿。我觉得这一气呵成的话语,是源于现在社会上,有太多的人极力地炫富,而现代社会需要"穷则独善其身,达则兼济天下"的胸怀。"天下兴亡,匹夫有责。"如果一个民族的老师都没有这样的想法,那这个民族是可悲的。因为少年是祖国的未来,"少年强则国强"。想到这儿,我更激动了,我把"闲篇"扯得更远了。

"我们不能只关心自己的利益,要放眼世界,尽自己所能去助人。每一个人的能力或本事有大有小。有人成为科学家;有人遇到好机会,成为大企业家,或卓有成效的领导者;也有人一生命运不济,只能碌碌无为。然而,大部分人平平淡淡过一生。心中有大爱,乐于助人的人,他的生命之花一定绽放得美丽、灿烂,这样的人生才是有意义的!"

"啪啪啪……啪啪啪……"教室里顿时响起了掌声,学生为我喝彩。平时不善言辞的罗罗,倏地站了起来,"周老师,我对您肃然起敬!我要做个有利于他人的人。"学生们纷纷表达着自己的观点和想法……

"扯闲篇"的另一个魅力在于有的时候它可以震撼人的心灵。

课间的"闲篇"

一次,班级里来了几位实习老师。下课了,我听到几个学生和他们在闲聊,就不自觉地加入了他们。

有位学生提到自己的外公如何的威名远扬,创立了一家很大很出名的公司。看着他那洋洋得意的神态,再看看周围的同学一副副美慕得快流口水的样子,三位年轻的老师也瞪大了眼睛。

我走近一步,问道:"你们三位实习老师都是哪里人?"

"哦,周老师,我是……"

"那么，程老师，你听说过他外公的公司吗？"

那位年轻的老师遗憾地对我摇摇头，无辜地看着我。

"喔，没听说过真遗憾！"随着同学们"哈哈"的笑声，我对着那位学生说："程老师是衢州人，你外公的公司也在衢州。她没听说过，说明你外公的公司还得发展。"

我发现那位学生的脸通红，眼睛不敢看大家了。

我抬起他的头，慢慢地说："你外公创下的基业的确了不起。但是当今社会，讲的是高科技，用的是微电子，你外公年纪大了，他的公司，一定需要长大后的你去开拓啊！那么，你准备好了吗？"

只见那位学生满脸羞愧，若有所思地点着头。我周围聚集的学生越来越多，这个"闲篇"要扯得更有辐射力才好。于是我转向大家："家里人有多少成就，并不是你可以骄傲的资本，想要和你的家人一样有地位，就得看你有多少作为。"

听了我的话，三位实习老师开始在笔记本上唰唰地记录。而我呢，还继续和学生闲聊，这回聊的都是他们长大后的不同志向。

作为教师，说话总得有见地，既能让学生心悦诚服地接受，又能带给其心灵上的冲击，引领其真正成长。对学生的思想、习惯及态度上的缺憾，教师能顺应环境，基于人文，结合实际，很自然地予以回应，并使学生得到教育的提升。这是让学生对教师产生敬佩之心的条件。有的时候，"扯闲篇"是获得教育成功的润滑剂，您不妨一试。

【故事二】

未来商人

一盏心灯

"努力用真心去听心声，用爱心关注其成长，用热心满足其需求"，这是我在阅读了由杨连山先生和魏永田先生写的《施教先施爱——名师讲述班主任的核心教导力》一书后的心得。书中说，班主任工作的对象是千差万别的学生，其家庭背景、所受的家庭教育和社会影响各不相同，其个性差异很大，因此应变能力就成了班主任能力结构中,能够体现教育智慧的能力。

所谓的应变能力包括自控力、迅速而准确的判断力和审时度势的变通力。应变,是根据时代的变化、观念的变化,将我们的教育方法、手段做相应的调整和改变,及时、果断、能动地驾驭教育工作。

下面所叙述的故事,是在我班主任工作中,所遇到的一件意想不到的"插曲",也因此,让我收获了学生的尊敬、家长的信任。

在成人的世界中,也许很少有人憧憬未来。因为生活的种种压力常常让我们只顾得上现在。而对于孩子来说,未来是无限的,是令人期待的。

——题记

未来商人之内心纠结

"敬爱的周老师,您好!我想请教一个问题,有了'虚荣心'该怎么办?"这是一个学生寄给我的一封电子邮件。看着开头,我觉得很奇怪,对于"虚荣心"这么宽泛而深奥的话题,他竟然就这样直截了当地提出来了。我迫不及待地读了下去。

"当我看到喜欢的东西时,开始用零花钱满足;后来钱不够了,我就用积蓄填补;渐渐地,眼看着自己的"存款"直线下降,我心疼了。我也不好意思总是开口向爸爸妈妈要钱。这时,我想到,为什么我不能自己赚钱来满足我的'虚荣心'呢?可是我又很担心,害怕自己会像掉进了个'无底洞'。是啊,我要怎样才能把'洞'填满呢?现在我还这么小,对喜欢的东西就这么着迷了,那么,我的未来怎么办?我实在要崩溃了……"

看到这里,我不由得倒抽一口冷气。要不是自己亲眼读到,谁能想象这是出自一个五年级孩子之手啊!谁说孩子的世界只有天真与童趣?随着年龄的慢慢增长,孩子居然已经开始担心自己的现状会影响未来了。我定了定神,继续往下读。

"妈妈说,'虚荣心'是无止境的,总是一山看着一山高。周老师,我发现妈妈是对的。因为近来我的'虚荣心'更大了。以前放学回家的时候,我总是想,有根年糕吃就很不错了。现在,因为手上有些自己赚来的钱(相信那些赚钱的经历您都知道),我的要求也跟着不断地攀升。我不满足于要年糕,我想着要公仔,后来我又要一款新的模型,再后来我要玩具赛车,再然后我要了山地车,现在的我居然(想要)N97(一款 4000 多元的诺基亚智能手机)。从 0.5 元到 4230 元,这是一个多大的差距,整整 8460 倍哪!这恐怖的上升速度,使我难以接受。我的将来会是怎样?这样下去,我会成为一个怎样的人啊?"

读完这封信,我眼前就出现了一个人——小宇。我斟酌良久,给他写了封简短的回信:"谢谢你对我的坦率。对未来有期待的人,必能成大事!是的,一个人的渴望大了,他的追求自然会跟着变化,那不是坏事。但想法太多,压力也大了,我期待与你面对面的交流。"关闭了邮件,我又陷入了良久的思考。

小宇在班里有两个外号——"小精商""洛克菲勒二世"。他最成功的一次"经商",是去年暑假在小区制作寿司,为居民提供外送服务,赚了 1000 多元。这个五年级男生,学习平平,且少了那么点自觉性。平时在班里,他并不属于"万众瞩目"的人物。陡然间,却成了学校,乃至网络媒体的风云人物、采访对象。那是因为他能将寿司的利润率做到 150%。

未来商人之初展光芒

"我是咱小区的一个未来商人,想通过这次暑假实现我的第一笔交易。不是同学间的交换,也不是从同学那边收来的'贿赂',而是做一笔真正的交易。本店食材均采购于杭州大厦 D5 楼,采用顶级泰国大米,和正宗日本海苔。请拿起你手中的电话订购……"这是小宇向小区居民发的广告。

暑假,为了实现买山地车的愿望,小宇开始寻找他居住的小区里的"商机"。很快他就有了自己的观察结果:高档小区,但周边配套不行,没小吃店,再加上大家都比较'懒',不想烧饭,又不愿意出门。小宇想到餐饮这块"大肥肉"。但是烧饭炒菜太费时,且不容易操作,那么做些什么呢?小宇说自己平时很喜欢吃寿司,所以就想从做寿司、送外卖这个方面下手。

小宇想得很周到,他认为,原料要最好的,因为小区里的人家庭条件都好,千万不能因为贪图原料便宜,把大家吃得拉肚子。再者说,大家也都是邻居,也不能唯利是图。之后,小宇把想法告诉了妈妈,得到了家人的大力支持。于是,小宇的妈妈也给儿子的原料采购下了"血本",原料全是杭州大厦超市里买的。接着,小宇自己和家中的菲律宾阿姨达成协议,请她帮忙一起制作寿司,按售价六四分成。再之后便是设计、打印彩色广告,塞进小区每户人家的信箱。

　　为了让自己的生意做得更大,他还有更好、更多的点子。他发现有些人家不开信箱,干脆敲门推销。他还设计了不少促销方案,经常光顾者,加送生鱼片寿司、鲱鱼子寿司,或者西米露。他注重营销,推荐新顾客的老顾客,能获得更多的实惠。生意忙不过来了,他还"雇"表妹一起送外卖,工钱是5元一个上午,包一顿饭(寿司)。

　　"挺累的,顾客提前一天打电话来预定,我要采购原料,每天很早就要起床做寿司,还要送上门。"小宇说,"不过生意蛮好的,每天至少有五六家订户,做寿司最少的日子,一天也要做60个,曾经收到的最大的一笔订单,是800元。"

　　暑假结束了,小宇用400元的寿司成本,赚了1000多元,利润率150%。他说,用自己的辛劳,满足了新的虚荣——山地车。这件事情开学之后传开了,被不少同学写进了周记,大家都佩服他的经商才能。

　　作为老师的我,也非常高兴,我最欣赏的是小宇有良好的"行动意识":他没有随便向爸爸妈妈要钱买山地车,而是依靠自己的诚实劳动换取酬劳。而且,想到了就去放手做,实践能力非常强。通观整个事件,从策划到组织,从困难到突破,从动机到行动,有太多让我惊叹的地方。此时展现在我眼前的是一个睿智机警而又灵活变通、善良可爱而又吃苦耐劳的好孩子。我也将他的暑期生活在班级、校园进行了推广与宣传。希望更多的孩子投身社会实践的大舞台,锻炼自己,成就将来。

　　最后,小宇还拍了骑着山地车的帅照给我留念,作为回礼,我为他亲手制作了一张祝贺成功的卡片,并在上面风趣地写了一句:"以后盈利,还要记得纳税哦! 嘿嘿!"我想,"规则意识"应该时时刻刻地渗透在对孩子的教育中。

未来商人之"无良"暴利

　　可能是正面的宣传与表扬,使得小宇"经商"的细胞不断凸显与增长。他面对任何对象,似乎都能敏锐地发现"商机",甚至是到他家打麻将的社区阿姨们。

　　在他的日记里,记录了这么一件事:某个周末,家里聚集了许多打麻将的阿姨,他发现打麻将者"兴致勃勃,顾不上吃饭"。于是他就和小区里的孩子一起制作烧烤,打印出菜单价格,提供"送餐上桌"服务。

　　"一根烤年糕(能)卖到8元呢。"小宇日记里说。

在批改这篇日记的时候，我隐隐感到一丝担忧。于是，写给小宇一段话：生活中仅有钱是不够的，还需互助、友情，作为家里的主人，热情款待朋友，不值得吗？我很担心小宇被自己所谓的不断膨胀的"虚荣心"蒙蔽，让"经商"的思维在生活的每一处"开花"。虽然，不随便向父母伸手开口，通过自己的努力赚钱存钱，买自己想要的东西，这是小宇一个很大的优点，且这让我明显感觉到，小宇在经营方面，天赋异禀，在同龄孩子当中的确非常少见。但是，这个年纪的孩子，世界观、人生观还未全部形成，太多的"铜臭味"会提前毁掉他美好的未来。幸好，小宇之后的日记便再也没有提及类似的事情，可是"风暴"并没有过去。

其实班级同学叫小宇"小精商"，有两方面的意思，除了"经商"有道，还指他赚钱不分对象，有时连同学的钱也赚。这是怎么一回事？

有段时间，男孩中正在流行一种叫"爆丸"的机器人模型玩具，随着同名动画片的播出，男孩都希望收集到动画片中最厉害、当红的那个"爆丸"机器人。

小宇买到了学校周边店里最后一个当红"爆丸"，7元。接着他到班里寻找买家，立刻有同学表示，愿意以35元钱购买。已经赚了不少了，本想着他应该满足，但是达成意向之后，他又有点后悔，觉得或许还有同学会以更高价格购买。那么，怎么把价格炒上去呢？

小宇又在班级寻找合作的伙伴，引入了另一个同学进行竞价。这个合作的伙伴也就是大家平时所说的"托儿"，在事情成功之后，小宇跟他商定好要和他进行利润分成。于是，一出好戏上演，小宇和"托儿"一唱一和，本着"谁能出更高的价，爆丸就是谁的"这一口号，将原本想要以35元出价的同学，"忽悠"到以50元把"爆丸"买走了。

"其实那个竞价的同学，我已经和他说好了，他每抬5元，提成1元。"小宇回去兴致勃勃地告诉妈妈。孩子们眼中很成功的"哄抬"却让小宇妈妈开始担忧了，她不希望孩子过早地谋划这些"成人手段"，沉浸在"商人"的无限畅想中。

晚上，我接到了小宇妈妈的电话。第二天，我让所有参与交易的孩子取消了交易，并要孩子们思考：金钱和友情，哪个重要？除了做买卖，朋友之间，是不是还应该有分享？

"希望你能看到自身的优势和擅长行动的优点,但是你也要清醒地认识到自己需要改进的地方。"从那以后,我们交流了多次。

未来商人之无限未来

说实话,当时阻止小宇卖"爆丸",是希望让小宇了解友情比金钱更重要。同学之间,人与人之间,存在的不仅仅是利益交换关系。在商品经济社会,从小培养孩子理财、公平交易的意识,这没错,但如果造成孩子过分看重金钱的后果,会影响孩子正常的人际交往。更严重的,会扰乱孩子的良好生活习惯、思维习惯,以及思考问题的方法。

不过,就此埋没孩子的天赋,或强行压制他们的兴趣,也是我不忍心的。让孩子对未来有些美好的期待,是每一个老师应该努力尝试的。此后不久,我拿着早报给"小精商"布置了一个新任务——用自己赚来的钱帮助贫困女孩。

对于这次扶贫活动,我定下了一个目标:全班同学和一个永康贫困家庭的3岁女孩结对子,所有同学不能做"伸手派",要通过自己的努力捐款捐物,多少不计。而对于小宇,我有一个特别的目标给他:作为有特别"经商"才能的人,要通过自己的"经商"特长,为这个小女孩做一些自己力所能及的事。

我希望小宇能把自己的目标定得再远大一些,更有"大爱情怀"。也希望在不断的活动和实践中,能让他从狭隘的个人的"虚荣心"中解脱出,用自己的与众不同,寻找更积极向上的情感体验。

"穷则独善其身,达则兼济天下。"孩子的未来,有无限的可能。辛勤的老师需要在他们不同的航道上,随时掌舵。

【故事三】

为心灵保鲜

"咳……咳……"我不停地咳着。讲台下的学生目不转睛地望着我,显得不安。这边有学生轻轻地说:"老师,您还是坐着上课吧。"那边有个学生悄悄地说:"我去拿杯水给您。"每每听到这些,我的心里便会泛起阵阵暖意,学生真好!

年纪越小,想法越是单纯。可转眼到了六年级,当类似的事再次发生时,我居然听到了个别学生低声议论——拍马屁。我愕然,很痛心。看来,学校这方净土也不如想象中的纯洁了。社会上的一些不正之风正慢慢进入孩子们的视野。或许,美好的师生情,在他们的眼里也早已有些"走味"。

我一直不主张孩子过早地进入成人的世界。一来是觉得童年可贵,毕竟每个人成年后的路远比童年长得多。二来,如果孩子过早地以怀疑、否定,甚至狭隘的眼光去观察事物,那么必定给自己背上沉重的负担。我们常常觉得,读书时的伙伴,情感最深,也大概是基于彼此的天真、纯洁吧。

想到这些,我不由得有些担忧。其实,孩子对于什么样的行为是拍马屁,什么样的行为是尊重,并没有形成一个比较成熟的、正确的评判标准。他们的概念有些模糊。但是为什么会这样说呢?我想,一方面不可否认的,是因为受到外界(成人)因素的干扰。另一方面,和孩子们的发育有关。现在的孩子,因为营养良好,往往会提前进入青春期。于是,他们的情感、情绪、心理都开始有了微妙的变化。然而教育最终的目的是教会人明辨善恶及真伪,并使人向往善与真,排斥恶与伪。看来,现在的孩子,需要从小为心灵保鲜。

那天中午的谈话课,我将话题抛给了学生,让大家来谈谈"校园里的公关"。

小季向来是班里男生中最有思想的一个,他首先自信满怀地站了起来,说:"我认为,当老师上课口渴时,我们递上一杯水;当老师生病了,我们请她坐着上课;当老师有事需要我们帮助,我们主动答应;节日里,送老师一束鲜花,一块巧克力……这样的表现,绝对不能说是拍马屁。"

坐在下面听的有几个同学脸上露出了不屑的神情。我没有制止,只是让学生继续阐述自己的观点。随父母在德国生活了多年,五年级转校就读的笑梦站了起来说:"有同学经常在上课前主动把黑板擦得干干净净,当老师走进教室,就能看到一尘不染的讲台和黑板,脸上有笑容,有了这样的好心情,她一定会把课上得更好。这是服务大家啊,也不能算是拍马屁。"

我试着归纳了一下前面两位同学的发言。"同学们都说得挺好。我整理了刚才两位同学的意见:做一些力所能及的事情,不能算是拍马屁;做一些有利于大众的事情,也不能算是拍马屁。"

津津是班里特别懂事的孩子,在她的身上,较少有独生子女的"娇"和

"作"。我的话音刚落，她紧接着站起来讲了前不久发生的事。"前些日子，周老师病了，看到她苍白的脸，听到她沙哑的嗓音，我心里很难过。回家后，我想是不是给周老师送盒金嗓子喉宝，表示自己的一份关心呢？可是又非常担心被同学看见了，说我是拍马屁。矛盾的心理让我犹豫不决。这时，妈妈看出了我的心事，说：'人字是一撇一捺相互支撑起来的，我们做人亦一样，要互相关心，互相帮助。尊敬老师是从小就该具备的品质。你想为周老师送药，这很好。那不是拍马屁，而是关心老师。'听了妈妈的话，我心中的结终于解开了，原来我们的生活就需要大家的关心。所以，关心老师别犹豫。"顿时，教室里响起了掌声。这掌声是对津津的肯定，这掌声也是学生对讨论的认可。

我听了津津的话，在感动之余，说出了自己的见解。"孩子们，我们都在长大。有一些想法，有一些犹豫，有一些矛盾，都是很正常的现象。"我发现那几个孩子听得挺认真，就向他们投去了赞许的目光。"关键是看，做这件事的意愿，是不是发自你的内心。"我停顿了许久，孩子们也都陷入了思考。"如果你对别人说了违心的话，做了违心的事，就会让人感觉你在拍马屁。反之，如果本着关心、帮助的思想，那么你就能给别人最温暖的感受。纯洁的心，是老师对大家的期望，也是对大家的要求。"

"我提议，我们班级来一次'为心灵保鲜'的主题队会，如何？"小季很激动。"好啊！"大家都附议。于是班上的同学开始分小队，热烈地讨论起班队活动的内容来。看到孩子们积极讨论，热情参与，我又想到了很多很多……

亲爱的朋友，你曾经为家长送礼的事而苦恼吗？我想，我们的教育应该立足于道德和智慧。因为有了智慧支撑的道德，能防止自己遭到不道德的侵凌。如果说，老师对学生要教之以德行，那么对家长要展之以德行，对自己要养之以德行。为心灵保鲜，为孩子的，也为你的和我的。

第三章 学生的良师益友

——如何进行心理辅导

——教育是一门"慢"的艺术。在与学生的交流中,适当的沉默与期待非常重要。虽然这个社会有些浮躁,但是我以为,对待学生,教师一定要慢得下脚步。

——我常常会想,要是这个时候,我也是学生中的一员,我会怎样想?会希望老师怎样说?有的时候,"不忍心",在教育中不是坏事,反而能逼着教师优化自己的工作。

——教师到底该教什么?也许能教的知识,真的是有限的。无痕地留下教育的美好,才是每一位教师的追求。抱着一颗真诚的心,能以如亲身经历一般的同感,去理解、走进学生的心灵。

——抓住任何教育契机,不气馁地坚持对每一个学生"扬长补短",这才是教育守护者该做的事。

——每一个学生都是活生生的个体,当教育与他现有的状态发生冲突时,我想他们需要一点时间沉淀,因为教育的成效是看谁能让这些积淀深深地沉入学生的心里。

一个人有什么样的心境,就会看见什么样的世界,也会以相应的行为作用于这个世界,所谓的"境由心生"就是这个意思。 只有美的心灵才能像磁石一样吸引美的世界。 教人以善,教师应用高尚、清灵的情怀与行动去滋润学生的心田,帮助学生应对成长过程中的心灵挑战,渡过心理难关,建立积极健康的人生态度，这是班主任的重要使命。 小学阶段的学生，正处于一个由家庭走向更大社群的过渡期，伴随着人际交往的增多，以及对成人世界价值观的接触，不可避免地会产生种种心理困惑和矛盾。 然而，学生的人生观、价值观正处于形成和塑造时期，缺乏必要的辨识能力，自我约束、调整、反思和保护能力都较弱，极易受到外界环境的影响。 若良好的人生品性与态度根基打不实，很容易在其心中留下伤疤，对未来的生活产生负面影响。 对班主任来说，适切的心理干预在这个阶段尤为重要。

具有一颗爱与同情之心，做学生的良师益友，是我多年心理辅导工作的总结。 话虽简单，但要把工作真正做出实效，却不是一件容易的事。 在本章中，我将与大家分享如何在贴近学生内心世界的过程中，守护住他们最宝贵的儿童世界。

一、 我这样看

（一） 教育是爱的教育

雅斯贝尔斯说，"教育意味着一棵树摇动另一棵树，一朵云推动另一朵云，一个灵魂唤醒另一个灵魂"。 教育是爱的教育。 爱是教育得以展开的基础，也是教育取得成功的前提。 一个教师只有爱学生，才会舍得花时间、花精力去了解学生，走进学生的生活世界，深入学生的内心，去关注他们的体验和真正需求，去想办法解决问题，会利用一切机会促成学生最大的发展。 对我们来说，爱一些学生很容易，因为这些学生身上总是会有某种东西打动我们，我们会对他们产生一种先于交往和互动的本能的关怀，这是一种非理性的爱。 然而，一个教育者最难能可贵的地方在于，他能爱所有的学生，超越了先在的非理性因素而走向一种更博大、更深层、更无私的爱，这是站在高处的一种理性的爱，内含着一种促成学生积极生存和成长的教育学意向。 正是这种教育之爱鼓励着教师不断学习和进取，不断反思和探索，不断超越自己，不断地向教育智慧靠近，追求高尚的人生境界。 教育爱是一个教师之为教师的本性所在。

在我的执教生涯中，我始终认为，对一名教师来说，爱学生是第一位的，要把别人的孩子当成自己的孩子来看、来爱，这是教育的根基。 我这样看，也努力这样做，我希望在每一次活动中，在每一次与学生的交流中，在每一个眼神、每一个手势中，学生都能感受到我的爱意。 这既是一种广泛的、没有血缘关系的爱，又是一种严慈相济的爱。 正是这种爱，使我不断地去质问和追求教育的真谛，不断地去探索最佳的教育方式，不断地要求自己成为更好的老师；也正是这种爱，促进了学生的成人和成才，影响着学生的身心发展和人格形成，甚至使学生受益终身。

（二）在同情中实现自我超越

"同情"，这是几乎我们每一个人都很熟悉的字眼，但其含义却远非日常生活中的怜悯感那么简单。 理解同情的深层含义，有助于我们更好地走近学生、走进学生，在与学生相处的过程中做出恰当的教育举动。 舍勒的情感现象学认为，同情指共同感受和共同情感，泛指人们对同一情感的分享或对他人情感的参与，包括了情感共有、情感参与、情绪感染和情感认同几种形式。 我们虽受到了情绪感染，有某种情感参与，但不一定能实现情感认同，更难以达到情感共有。 同情也是有程度之分的。

对一名教师来说，受到学生的情绪感染并不难，喜悦的、欢快的、悲伤的、愤怒的、嫉妒的、冷漠的……我们时常能在教育中感受到不同学生及其同伴群体的种种情感。 然而，要走入学生的内心，从一个学生的角度真正认同这种情感，并能从一个师者的角度尊重、呵护和引领这种情感，实现一种相互交融的情感认同，这对教师的人格、能力是有挑战的。 真正的同情要求一个人自身与他者的距离，既不陷于"孩子中心"，也不陷于"自我中心"，然而在这样一个移情性的过程中，教师对学生、对自我的认识都有了长进，我们仿佛在某种程度上领略到了万物和宇宙的一体感。 同情孩子，实际上就是同情我们自己，同情童年，同情人性，同情自然母体。 这是由同情出发所达到的一种境界，一个人真正的自我超越在其中得以实现。

而在现实生活中，我们往往是在进入学生内心世界的路上还没有走多远，就自以为得到要领，退回来了；我们往往是在同一条路上多走了几趟，就变得麻木，丧失耐心了。 爱的缺乏阻断了我们在同情路上对超越境界的追求。 一方面，爱学生，对学生充满兴趣，是一种能够让急躁的社会降下温来的理性能力。 另一方面，深度的同情又加深了我们对这个世界的热爱。爱与同情互相支撑，不可分割。 我以为，这是一名教师最重要的两种品质。

（三）信任是生存方式

信任是教育得以展开的基础，也是师生关系建立的前提。 没有信任，教师和学生就失去了"本体性安全"，就陷入"存在性焦虑"，就偏离了本真的教育。 信任意味着放心和托付，牵连着良心和责任。 对一个学生来说，信任意味着把自己的未来交给了一个会引导自己走向完美世界的引路人手中，意味着一颗惴惴不安的心在一个坚实的基点上开始了探险。 学生对教师的信任是教师影响发生的前提，"亲其师"才能"信其道"，也是教师不断地提升自我、完善自我的动力。 同样，教师对学生对教师的信任则意味着相信学生有热爱真善美、追求成功的愿望以及自主发展的能力，这是教师具有教育爱、倾其心力于教育事业的基础。 值得指出的是，教师对学生的信任极大地引导和培育着学生的信任，因而在一定程度上更显珍贵。 信任之于教师，应是一种生存方式。

当然，一种健康的"双向信任"的建立不是一蹴而就的。 对信任的培育也不是基于一种控制对方的工具性取向，而是来自对学生更好地成人成事的价值关怀和期待，来自心底最神圣的职业使命。 教师需要具备深切的教育情怀和敏感的问题意识，能聆听学生内心的呼唤，通过情感经营、理智引导和道德约束等多种手段，不断去唤起学生的信任。 正如范梅南所说，"不管我们的自信可能会受到多少次失望的检验，我们始终相信孩子会向我们展示他将如何生活"。 我在上一章中提到了"未来商人"小宇，在这一章中还将提到苏苏、小妍和小也，这些孩子，每一个都是那么独特、让人头疼却又需要呵护。 抱着真诚关心和主动接纳的心态与学生打交道，营造一个安全、稳定和支持的环境，在持续的努力中，我们就会逐渐贴近他们的内心世界，发现一种积极蓬勃的生长力。 虽任重道远，但教人以事以理，引导学生开启更好的生活，是教师神圣的权利。 信任，在这里，成了一种直面学生的生存方式。

（四） 发展亲密私人关系

每一个学生都是独一无二的个体，他们带着自己独特的生活经验和对未来世界的憧憬来到课堂，期待着自己人生的幸福之路和对美好世界的探寻之旅。 对学生现实生活背景、当下体验和发展需求的把握，既是在找寻教育的起点，也是对学生作为人的独特性的尊重。 对人作为一个独立个体的关怀，需要教师尊重和理解学生在知识、兴趣、生活方式等各方面的特殊性，与学生建立一种亲密的私人关系。 这种私人关系，交流方式随意轻松，交流内容自由开放，从知识授受、答疑解惑到兴趣爱好、生活经验等的分享，教师和学生真实、独特和完整的自我在这种交流中自然流露出来，双方独特的诸如心理、情感、道德等方面的需要也在其中得到满足，教育的影响得以无声无息地渗透。 这种以说服而非强迫和压制为主要方式的师生亲密交往，更容易形成深度的交流和对话，对师生产生独特而强劲的影响。 师生在这一相互影响中得以走向更深层次的自我，发展出一种更深的、更相互体贴的、更成熟的关系。

值得指出的是，与每个学生保持一种亲密的接触，这在当前以班级授课为主要教学组织形式的背景下，对教师而言是一个很大的挑战，但这并不意味着教师可以放弃朝这个方向努力的责任。 对学生而言，教师至少应该以其个人的亲切方式出现在他们面前，以其坦诚和开放的心态与他们打交道。这种亲密关系的建立其影响是双向的，也应该是双向的。 就我自身而言，通过与学生的个性化交往，我既达到了心理辅导的目的，同时也从学生的成长和蜕变中，获取了新的教育灵感和思想，作为教师的自我价值感得以增强，对自己职业使命的认识也日益深刻、坚定。 我们都"长大"了。

二、 我这样做

在我看来，教师能教的知识真的有限，而更多的是对学生心灵的影响和灵魂的培育，让学生学着体会，学着观察，学着思考。 无痕地留下教育的美好，给学生一颗健康的心，这是教育者该做的事。 事实上，心理健康教育不仅仅是对心理问题进行辅导，从更宽泛的意义上讲，我们在与学生打交道过程中所做的每一件事，都是在进行心理教育，我们的一举一动、一颦一笑都有可能浸染学生的心灵。 我们以自己活生生的形象诠释着何为心理健康。

（一）是良师，亦是益友

我崇尚的是一种传统与现代相结合的思想观。"弟子不必不如师，师不必贤于弟子。"教师不用摆出一副事事都懂、处处高明的架势，时常把自己的弱点和对事物的感受掩藏起来。 教育是一种真、善、美的传递，对学生人格形成有重大的影响，班主任尤其要做一个"真的人"，不隐瞒自己的观点与主张，不掩饰自己的喜悦与忧虑，诚恳地与学生做心的交流，做一个人格高尚的人。 这是师者的节操与风范。

既要是师者，又要是益友。 这就要求我们走进学生的心灵，将心比心，以心换心。 我们应把与学生朋友式的交往作为自己生命活动中不可或缺的一部分。 要敢于在交往中暴露自己的不足，不耻下问，放下师长的架子，与学生一起"摸爬滚打"，了解学生成长过程中的困惑和烦恼，真诚地倾听他们的心声，做他们信赖的朋友。

随着与学生接触了解的增加，学生的错误、问题也就会自然地暴露出来。 这时，教师应有一颗宽容之心，善待学生，也要有谋略和远见，多看到学生的闪光之处，站在促进学生发展的高度有远见地进行价值引导，巧妙而恰当地处理问题。 既要有朋友般的平等亲切，"融得进去"，也要有师长应有的洞察能力和谋略，"跳得出来"。

良师益友，这便是班主任在对学生进行心理健康教育时所应扮演的角色，也是心理问题处理得好所带来的效果。

（二）具备"学生的心灵"

我认为，一名优秀的教师所具有的最大品质就是尽力使自己具备"学生的心灵"，用"学生的大脑"去思考，用"学生的眼光"去看待，用"学生的情感"去体验，用"学生的兴趣"去热爱。 也就是说，教师要抱着一颗真诚的心，能以如亲身经历一般的同感，去理解、走进学生的心灵。 我们有同感地理解学生，欣赏他们的问题表现，有了同感的基础后，学生也才会打开心灵的窗户，与老师做坦诚的交流。

要真正地走进学生的心灵，离不开对学生心理发展需求的了解。 拿我们班来说，我班学生的家庭物质生活条件大多比较好，家长受教育程度也较高，比较重视家庭教育和对孩子的情感投入。 但因独生子女等方面的原因，这些学生的心理往往比较脆弱，情感的依赖比较强。 不少学生与家长交流的共同语言在减少，同时逐渐进入了"心理断乳期"，自我的独立性确立起来了，他们渴望着自己的老师，既是师长，又是朋友，期望与心目中尊敬的老师有朋友式的感情交流。 这种学习主体性的形成，既是教育的目的，也是教育的条件。

学生自主学习意识的唤醒，单凭教师的说教是无效的，需要教师自身人格的影响，需要心灵的沟通和情感的交流。 我们应转变观念，具体来说，一要做到以学生为主体。 以学生为主体，就是在学生管理工作中，教师不但要做好教育人、引导人、鼓舞人和鞭策人的工作，而且要从人文关怀的角度出发，做到尊重人、理解人、关心人和帮助人。 二要建立民主平等的新型师生关系。"随风潜入夜，润物细无声。"在学生的心中，需要的正是这种春雨式的滋润和慈母般的关爱。 我们要尽力为学生创造宽松和谐的教学环境，使学生在教师的关爱中，体味学习的温情和乐趣，使我们在塑造学生健全人格的同时，不断实现自我人格的塑造。

（三）扬其长，补其短

每一个学生都有其擅长的地方，也有其不太擅长的地方。 扬长补短，让孩子的特殊才能发展到极致，让孩子的短板得到补足，实现"保底"基础上的"超越"，这就是教育公平。 我以为一个人完整而个性化的生活就来源于此。

扬长补短意味着要以发展的眼光看待学生的问题，具体问题具体分析，考虑学生的性格气质及禀赋天性，有差异、有针对性地进行引导。 尤其是对一些错误不要盲目否定，学会挖掘学生潜在的禀赋，具有远见地对待其弱点，保护其纯真善良的品性。 比如，在处理"未来商人"小宇一类的事情时，就需要我们具有长远的眼光、果断而迅捷的问题处理能力，针对学生的独特之处开展适合学生的教育。 同时，不能亲一批、疏一批，更不能把学习成绩好的学生视为"上宾"，而把成绩或者品行较差的学生视为"眼中钉"，因为越是后进的学生，越需要师长的关爱。 我们要抓住一切教育契机，不气馁地坚持对每一位学生扬长补短，努力让每一位学生都有不同程度的发展。

（四）"疏"而不"堵"

在心理健康教育中，教师除了在角色和情感上对自己要有正确的认知，还要提供一定的平台，鼓励和引导学生倾诉，以便及早发现问题，进而采取适当的方法控制和转化问题，也就是"疏"而不"堵"。

教师要具有敏锐的问题意识，善于发现问题。 如借助 QQ、电子邮箱等网络技术手段给学生提供多种联系与交流的渠道；通过批改日记、主题班会、谈话课以及与学生的日常交往等途径捕捉学生的心理困惑。 当教师发现问题或者收到学生的求助之后，要以一种朋友式的亲切和信任来帮助学生处理问题，呵护学生的秘密，抓住合适的场合及时地进行心理干预。 同时，教师还要注意学生心理问题的反复性，通过私下交流、家访等途径持久地关注学生的发展，保证心理辅导的成效。

心理学将人际关系定义为人与人在交往中建立的直接的心理上的联系。美国学者舒茨认为，个体都有三种基本的人际需要，其中的包容需要与他人即接触、交往和相容。 在和谐的氛围中，教师、学生、家长都收获了美好的感觉。

（五）等一会，再等一会

教育是一门"慢"的艺术。 在与学生的交流中，适当的沉默与期待非常重要。 虽然这个社会有些浮躁，但是我以为，对待学生，教师一定要慢得下脚步。 因为我们面对的学生是多种多样的。 有的活泼外向，容易融合；有的害羞内向，需要引导。 而对于后者来说，真诚的期待远比言语的说教效果好。

我常常记起毕淑敏曾说的一段话，"树木不可生长得太快。 一年生当柴，三年五年生当桌椅，十年百年的才能长成栋梁。 故要养深积厚，等待时日"。 教书育人更是如此。 成长需要时间，给学生一点时间积淀，也给我们自己一点时间冷静。 在等待中，我们更能认清自己，也更能读懂对方。教育急不得。

三、 我的故事

【故事一】

紫色的希望

我喜欢漫步在西湖边上，端着一杯咖啡，边走边欣赏一路的美景。 走累了，便在凳子上坐坐。 因为我觉得，在美丽的地方总能邂逅美好的事物。

的确，生活的美好，你我都在追求，更何况那些听着童话歌谣、享受父母关爱、慢慢长大的孩子们呢？ 再看看当下热门的教育话题：家校的教育冲突、师生的矛盾对立、生生的情感冷漠……似乎，在教育的范畴中，大家已经看不到美好的事物。

我常常在想，教育不该是这个世上最美好的事情吗？ 我追求教育的美好，享受教育的美好，也愿用我的智慧、热情开启与学生的美好。 这几年，每每到了春季，我就会和一个女孩，相约去寻找一份属于我俩的"紫色希望"。

杭州花圃在西山路（现杨公堤）上，园内有花，有树，有池，有台。 平日里鸟鸣声声，风景怡人，一到春天就更是百花争艳、百鸟齐鸣了。 正好那天下午没课，我想，就带学生去"疯"一回吧！ 当然，我的另一个计划，也正悄无声息地展开。

一路上，阳光很灿烂。 桥旁的柳树早已生出了嫩芽儿，桃花的花苞胀鼓鼓的，远山倒映在漾漾的湖水里。 我的目光也被这美好的春景吸引了，学生更别提有多兴奋了。 这不，刚出校门还是整齐的两行队伍，现早已三五成群，结伴向前了。 我刚想张口提醒大家注意纪律，但是看着他们幸福的脸庞，实在不忍用那些条框将他们束缚。 我常常会想，要是这个时候，我也是学生中的一员，我会怎样想？ 会希望老师怎样说？ 有的时候，"不忍心"，在教育中不是坏事，反而能逼着教师优化自己的工作。不能要求他们得有一定的队形，但又担心着他们的安全。我索性让他们组成临时小组，并再一次强调行路的安全。学生继续快乐前行，我呢，不停地瞻前顾后，跑上跑下，真希望此刻的自己有三头六臂，具有耳听八方的特异功能。

大概是脱离队形的束缚激发了学生的热情，也可能是大自然的美好打开了他们的神经细胞。瞧，张凌、长弓、超超，追逐着、欢跳着；小叶子、宁宁等一些女孩在断桥上上演着搞笑版的"断桥相会"。这一群可爱的学生呦，惹得路人频频回眸、驻足观看。我看着阳光下那一张张笑脸，有一种美好荡漾在我的心里。纯真年代，真好！想着，想着，我的眼光不由地落在苏苏身上。她也正看着同学们的表演，微微泛红的脸上带着一抹淡淡的笑容。大概是发觉了我的注视，她避开我的目光，又往同学身边靠去。

"哎，我们来唱首歌吧。"不知是谁的提议，引得热烈的掌声。"好！""耶！"

"那，谁先唱呢？""苏苏，你嗓子好，又是草根歌星，你先来吧。"女孩不约而同地指向了苏苏。这回她更是两颊绯红，一下子躲在朱姑娘的背后，窃窃地笑着。我冲着她眨眨眼，"苏苏，唱吧，为大家助助兴。"我示意大家安静，并一起期待着。我们的教育需要期待。虽然这个社会有些浮躁，但是我以为，对待学生，教师一定要慢得下脚步。因为我们面对的学生是多种多样的。有的活泼外向，容易融合；有的害羞内向，需要引导。而对于后者来说，真诚的期待远比言语的说教效果好。等了一会儿，终于……

"这里是一座大大的森林，这里有一片浓浓的绿荫，这里是小鸟快乐的天堂，这里有家，给我永远的温馨……"苏苏的声音真好听！听着苏苏的歌，一阵爱怜油然而生。在她刚出生不久，父亲因病永远离开了她。从那以后，她母亲一直未再嫁，怕委屈了女儿。这位坚强的母亲，把全部的爱和心血都倾注在女儿的身上。学美术、练钢琴、做奥数、讲英语……寒来暑往，春雨秋风，只要女儿喜欢的，她都毫无怨言、任劳任怨。在与母亲相依相伴的十年里，她变得比同龄的孩子更懂事、更成熟。事实上，一直以来，苏苏的表现也都还不错。她并不是最出挑的，但是她也有自己的一技之长；她并不是最热情的，但是她总是默默地关心着班级；她并不是最聪明的，但是她在学习上很努力。可是，就是这样一个乖巧、懂事的小女孩，最近的表现却下滑得厉害。我找她谈过，询问原因,但却并没有什么结果。

没想到上个礼拜,她居然通过日记向我吐露了心声。她坦率而真诚地希望我能帮帮她,因为她恋爱了,而且是单相思。那篇日记我读了又读,因为我相信,当她决定把它放在我的桌上时,一定是下了很大的决心,对于里面的措辞与表达,也一定是反复斟酌的。"周老师,我想我最近的表现一定很让您生气。前几天,当您和我谈心时,我真的没有勇气告诉您。回家后,我想了又想,我决定极其认真、极其认真地告诉您一件事——我有了初恋!他是……每当听到他的发言,都会让我的小心脏像揣着小白兔似的。假期,是我最不愿过的,因为我不能见到他了。周老师,这就是暗恋吧?!我该怎么办?帮帮我吧!"看着苏苏的日记,我既欣慰,又难过。欣慰的是,她如此信任我;难过的是,初恋竟让她那么苦涩,忐忑不安。

回想自己的青葱岁月,也有着至今仍能感怀的隐隐的涩和淡淡的伤……那就怪不得最近的她,总是丢三落四,魂不附体的,作业马马虎虎,应付了事,原来是……其实,我这个老师也不够仔细,没有及时与她进行深入的交流。我还曾批评她,甚至"威胁"她要请家长来校面谈呢!我为自己的疏忽大意而懊恼。所幸的是,她还是鼓起勇气,在日记中向我诉说了心事,可爱又可怜的女孩。

想到这些,我马上提笔给她写了回信。在日记中,我首先谢谢她对我的信任,同时,帮她分析了现在恋爱有百害无一利的状况,并希望她能"把爱冬眠起来",待到"山花烂漫,艳阳高照"之时,再全身心地投入……在意料之中,我的回信立刻又得到了她的回应。我想,苦闷的她终于找到可以倾诉的对象。真的很高兴,那个对象是我!之后的几次日记交流,让我感觉自己不是老师,而是一位母亲。虽然我自己有一个儿子,但是大概是因为孩子性别的不同,我从未如此掏心掏肺地与孩子说一些属于女孩的小心思。我的努力更加拉近了彼此间的距离,我更想要做的是,保护那颗纯洁的心不受到伤害。

我深深地明白,这样的思想工作,并不能让她立刻就"不爱了",也不可能"不恋"了,那么怎么办?分散注意力,创设一些活动,让她紧张的神经和心境得以舒缓和释放,这不失为一个妙计。所以,才有了前文所提及的我要完成的另一个计划。那就是让苏苏带上满怀的好心情,在自由的、自然的空间里,静静地放松与享受。

一曲唱了，掌声四起，几个"调皮鬼"开始起哄："献花，献花！"几个女孩也马上找到了路边的野花。苏苏显然也被这情景感染了，她和同学们一起拍手、欢呼。看着他们手中美丽的花束，我灵机一动，接过小花，转头对小蒙说："小蒙，快点献花呀！"我将学生采摘的一束紫色的野花递给了他。苏苏直直地看着我，怯怯地低下了头。只有我知道，在她心里的那个男孩，就是小蒙啊！也许，在很多人看来，学生有了这样的情愫，教师应该做的是避免两个人的接触，以免让他们越陷越深。但是人的叛逆心总是那么强烈，更何况懵懵懂懂的情感，其实总是带着很多的遐想，它往往只是一种信号，需要教师、家长去解读，而硬碰硬地隔离只会让他们的想象更丰富，陷得更深。这也是我坚持，情感只能"疏"而不能"堵"的原因。

小蒙并不知道他是苏苏喜欢的男生，所以，他大大咧咧地把花递给了羞羞答答的苏苏。一旁的"调皮鬼"，也抢来几朵，嚷着："我也献，我也献！"此刻的苏苏，两眼闪着莹莹的光彩，望着我，像是表示感激，像是表示满足……而我，也已忍不住将她深深地搂在了怀里……我们又上路了。走在路上，苏苏悄悄地告诉我，她要把花种下，就种在西湖边，柳树下。那束紫色的美丽的小花，就叫"紫色的希望"。我没有问她为什么要这样做，我想，在她的心中，一定有了自己的打算。

又到6月，又将送走一届学生。苏苏在给我的毕业留言中写道："朋友就像一本日记，有些人用感情写，有些人用岁月写，而我用真心来写，您用爱心去读。这是我金色童年的回忆，我将永远保存这本日记。"多少年过去了，虽然年纪在增长，虽然情感也在成熟，但是，苏苏还是会经常约我去西湖边寻找那份"紫色的希望"。按她的话说，那是她在寻找她童年的美好。西湖边的小花早已不在，但是苏苏告诉我，她一直记得那一天。

我常常在反思：教师到底该教什么？也许能教的知识，真的是有限的。无痕地留下教育的美好，才是每一位教师的追求。抱着一颗真诚的心，能以如亲身经历一般的同感，去理解、走进学生的心灵。我们有同感地理解学生，欣赏他们的问题表现，有了同感的基础后，学生也才会打开心灵的窗户，与老师做坦诚的交流。

【故事二】

教育的守护者

生活中的你我,总有自己守护的对象,他们或许是那些你特别在意的人。而我们作为教师,守护学生就是我们的职责。一句话,可能平平常常,但它却能带给学生前进的力量;一个举动,或许普普通通,但它却能让学生重拾信心;一个眼神,或许不足为道,但它却足以温暖学生的心灵。我是一名教育的守护者。

2009 年 12 月 26 日　天气:阴

在平安夜那天的下午,天阴冷阴冷的,但我们"声音的魅力"组合活动室里却热闹非凡。"同学们,今天我们来编排课本剧《七律·长征》。请你们把最好的水平发挥出来。可以从编排、舞美、配乐等方面下功夫,最精彩的小队将获最有创意奖!"老师一声令下,大家迅速地组好了队,排练了起来。起初,我和小金想加入小翁那一队,因为他们的实力强大,有擅长表演的小翁,有金嗓子吴姑娘,还有……他们刚好在组队,邀请了小金。所以,只剩下我一人在闲逛。其实我很想加入,可能是缺乏主动性或者是看他们已经在排练了,我始终没有勇气提出要加入他们。可是,我也觉得如果他们真的希望我加入的话,怎么会不邀请我呢?

说来也奇怪。平时英语课上,我也没有搭档,但并没有觉得有什么大不了的,又不是每个人都要表现,况且没有搭档的人也不止我一个。但这次却让我感觉到非常孤独。其他人都有搭档了,我沮丧极了。心想,这时只要有人发出邀请,哪怕是跑龙套,演小人物,我也会毫不犹豫地答应。要知道,我的嗓音、我的表演可是一直被周老师赞赏的。可这时……我怯怯地站在教室的一角,害怕被人看见我是多余的人,害怕被人问"你演什么角色?"想着想着,眼泪已在眼眶里打转了,我真想背上书包逃出教室啊!

正在这时,周老师走了过来,"孙妍,你怎么不开心?""我……我……"满满的委屈和伤心让我哽咽,叫我难以启齿。周老师拉着我坐下,掏出餐巾纸把我的眼泪轻轻擦去,"慢慢地说,也许我能帮你。"周老师像哄着孩子似的,和颜悦色地说着。渐渐地,我把自己没有搭档的事告诉了她。周老师听完后,温柔地安慰我,并说:"孙妍,其实,你应该感谢那些不让你参加的同学,是他们使你有了独自表演的机会。"

是啊!这句话让我想起了《通往广场的路不止一条》这篇课文。在"我"遇到困难和挫折时,灵感和勇气使"我"最后走出困境,取得了成功。今天,没有人邀请我,跟我抢角色,那么就让我来演主角,所有的同学不都把目光聚集到我的身上了。这是一种怎样的傲人机会啊!这句话打开了我的心扉,给了我无比的勇气。于是,我认真地投入了排练。其间,周老师还帮我设计、策划了剧本。

"同学们,开始表演节目了。"当最后一个"爆笑广告"结束后,我终于鼓起勇气举起了手。看着周老师鼓励的眼神,听到她带头鼓起的掌声,我信心百倍地走到了讲台上表演了起来。虽然不是很精彩,但同学们仍专心致志地听着。走下讲台,同学们都报以热烈的掌声。虽然不是那么惊天动地,但在我听来,却是那么充满羡慕和佩服。

回家的路上,天依然黑沉沉的,风还是冷飕飕的,但我一点儿也不觉得寒冷,脚步迈得特别轻快,一路总想高歌一曲。我特别感谢周老师和她的那句话:"应该感谢那些不让你参加的同学,是他们使你有了独自表演的机会。"这句话,带我走出了阴霾和忧伤,取而代之的是自信和勇气,更让我进一步了解了"通往广场的路不止一条"这句话的深刻含义。那一句话,给我留下了永久的回忆。

以上是我班小妍写的一则日记。小妍的为人就像她自己在日记提到的。关于她与同学交往的问题,我在很早就有了察觉。我总是鼓励她大胆地融入同学中去。我也会常常有意识地安排活泼的孩子和她一起,想要让她逐步放开自己,但是收效总不怎么好。我有些挫败感,宽慰自己,"江山易改,本性难移",说的大概就是她这种类型的孩子吧。其实,那天为她"解围",也是顺手做的一件事,起初,我并没有放在心上。没想到,那天晚上,我收到了她妈妈的短信:"孙妍睡前和我说了参加'声音的魅力'时发生的事。很感谢您对孩子的关心,尤其是您说'要感谢他们给了你单独表演的机会',您真像是孩子们的守护天使,几句话就化解了孩子的挫败感。孙妍这孩子比较单纯,有时我自己也觉得她太幼稚了,但也希望她能一直简单地快乐着。真的感谢您对孩子的呵护。平安夜快乐!"

读完家长的发来的短信,我感到被信任是幸福的。那个平安夜,我一直被震撼着。我以为,教育学生,是我的责任。我也认为,自己一直尽心尽力地帮助每一个学生成长。然而守护学生,是我不曾有的理念。虽然我坚持教育的持之以恒,但是遇到挫败,也会找各种理由平复。这真是一位了不起的家长。因为她的鼓励,让我重新审视了自己的教育工作;因为她的评价,让我重新评估了正在从事的工作。我开始深刻地反思:抓住任何教育契机,不气馁地坚持对每一个学生"扬长补短",这才是教育守护者该做的事。

于是,我开始奋笔疾书,梳理最近发生在小妍身上的事,课内课外、细细碎碎的事。我又仔细回想了小妍的那篇日记,并在一张新年贺卡上写道:"如果现在的挫折能给你未来带来幸福,请忍受它;如果现在的快乐会带给你日后的不幸,请抛弃它。记住:生命中的每一个挫折、每一个伤痛、每一个打击,都有它的意义。"写完之后,我又在下面加上一行小小的字:"如果你愿意,周一放学后,我们到阅读长廊来个私人小见面吧。"

明天,我会将贺卡放进小妍的抽屉。哦,明天会是一个新工作的开始。教育的守护者是崇高的,我会坚持我的坚持。

【故事三】

生命中的贵人
——我和小也的故事

上帝说,每一个孩子都是天使。有的孩子,看了就讨人喜爱;有的孩子,各方面表现顶呱呱;有的孩子,拥有自己的一技之长……而有的孩子,却让你"爱恨交杂"。您遇到过这样的孩子吗?

在我的台板下,至今仍保存着一张健身教练的名片,这位健身教练就是他——小也。如今的他,已是一名优秀的健身教练,自信、上进、乐于助人。每天开始工作前,我总习惯性地往名片上看两眼,这不由得让我回想起那些和他的故事……

在天长小学,小也算得上是个有名的"人物"。上五年级时,我们成了师生。他,顽皮淘气,打架斗殴,不爱学习,我行我素,更可气的是他对父母、老师的教育置若罔闻。每当想起他的这些,总能让我恨得牙痒痒的。然而,这样的他却极讲义气,满骨子热心劲儿,总像"老大"似的照顾着他认为应该要照顾的人,有的时候,甚至包括老师。"这是一个多么矛盾的孩子啊!"看着他倔强的背影,常常让我感到一丝丝的惆怅。虽然他总是显出一副满不在乎的样子,但是被认可、被关注、被温暖的渴望,在他的眼神里从来没有消退过。

(一)

每月的班会课,我总是会照例表扬一下班级的好人好事。那一次班会课上,我让学生评一评:在第一周,谁为我们这个班集体做的好事最多?

意料之中,不少学生都提到小也。有的说,放学后,他都主动留下来和值日生一起打扫教室;有的说,早晨,他总是早早地来到学校做早扫除;还有的说,班里的饮用水,每次都是他主动去抬来的;甚至有的说,有一次,小也从家里带来钉锤修理班上的椅子……

其实这些事情,我心里都知道。不过,我依然不动声色地听着学生的叙述。因为我很明白,后进生的转变,需要表扬这一针"强心剂"。想着,我把目光投向其他学生。表扬还在继续。坐在位置上的学生也有些忍不住了,他们甚至转身,重新打量起小也来。"班级舆论的导向对学生的影响还真不小。"我默默地想。

再看看小也。他红着脸,低着头,双手不安地一会儿放在桌上,一会儿又放到腿上。他低垂着脸颊,我却清晰地发觉他嘴角边挂着一丝微笑。我想,他现在一定很高兴,也一定在默默地下决心要继续保持下去。看到这里,我不由得松了一口气,真好!我也暗暗得意,这一年的感化教育果然出效果了。真希望他就这样一直保持下去,好下去。

"那么,让我们响起掌声,感谢小也同学。"我清了清嗓子。在同学们的掌声中,他慢慢地站起来,我示意学生安静。此时的他,有些局促不安。看着他的样子,我也有点疑惑了:这真的是那个曾经班级乃至全校"闻名"的"吵大王"吗?"大家看,只要付出努力,就会取得进步。小也,就是最好的例子。"我把手搭在小也的肩膀上,把气氛推向高潮。看着小也陶醉在掌声与惊叹中,我也有那么一点满足。

教育最让教师揪心的就是学生反复犯错。不过小也倒很争气，他继续热情地为大家服务。一天中午，琦俊神秘兮兮地走近我，附着我的耳朵说："周老师，你知道小也现在在干什么吗？"我批改着作业脱口而出："抬水去啦！"

"嘿，周老师，你上当了！他抬水不假，但真正的原因是逃避中午的作业订正。""什么？他会这样？"我惊诧极了，放开了作业本，直视着琦俊。迎接我的目光虽然有些怯生生的，但是眼底却是一片坦然。我猜想他说的一定是真的。"谢谢你，琦俊。"我很真诚地看着他的眼睛。我相信每一个孩子。因为在他们心中，一定有自己坚持的正义与原则。当他愿意将这些告诉老师时，一定是对老师有着极大的信任。我继续说："你来告诉老师，才是真正帮助同学。"琦俊腼腆地走开了。笑着的我却感觉心拔凉拔凉的。

唉，都怪我得意得太早了。如此顽劣的他，怎么会这么快乖乖听话？想着想着，我更郁闷了。真是不可教也！怎么有这样的孩子啊？气恼让我的火气一下子上来了，我扯大嗓门吩咐班长去把他找来。

时间一分一秒地过去了，我走进了办公室，为自己冲了一杯咖啡。每当我的情绪起伏比较大，我会做些自己喜欢的事情，平复一下自己。因为我一直认为气头上的教育，只会将情况越弄越糟。

一会儿，咖啡的回甘让我冷静不少。我开始盘算着与他谈话的开场白。是单刀直入、开门见山，还是欲擒故纵，引他从实招来？哎，他可是个不容易"对付"的人啊！根据我的经验，如果你态度强硬，他会誓不开口；如果你语气平和，他便会得寸进尺。头疼！我喝了一口咖啡。就这一会儿，他竟若无其事地，甩着双臂走进了办公室，嘴里还漫不经心地说着："周老师，你找我啊。"

"小也，你抬水去了？"我压制住怒火，平静地问道。"嗯。"他抹了一把汗，趁机逃开了我的目光。他的外表看似那么镇定，但是熟悉他的我明显已感受到了他的几分心虚。"抬水要去这么久？"我顺手拿了一张纸巾递给他，以守为攻，逼进正题。"哦……在抬水的时候，我玩了一会儿。"他支吾了一下。我又喝了一口咖啡，放下杯子，走到他的身旁，继续问："这是第几次了？""嗯……有四次了。"他的头开始不安地转动。

　　"是吗？那么你为什么要假借抬水名义逃避作业，去玩呢？"我两眼直视着他，直接挑明了问。他显然被我这突如其来的"捅破纸"惊了一下，随即又低下了头。我搭着他的肩膀，继续说："你知道吗？其实周老师真的很喜欢你。因为开学以来，你的自律性不断在加强，连班上的同学都为你的进步感到高兴。""周老师，我是想进步来着……"他费力地开了口，"但是，有的时候，要进步真的不容易啊，我不喜欢这些作业，它们总是烦着我，我宁可做其他的任何事情，我不是有意要欺骗你的。"听了小也的话，我不禁深深叹了口气。要养成一个良好的习惯是很不容易，但是如果要改变一个坏习惯，那更是难上加难啊！小也没有忽视我的叹气，他看着我，"周老师，我让您失望了。""哦，不。小也，我知道你的想法。"我专注地看着他，缓缓说，"今天我特别生气，是因为你打着做好事的旗号，实际却是为了过把玩的瘾。知道吗？人不能欺人，更不能自欺。你让我感到难堪，让我有了被欺骗的感觉。"说着说着，我的情绪又激动起来，"其实，老师正计划着向大队部推荐你做学习、品质进步快的标兵，但是你……"

　　办公室有一段时间的沉默，我和小也都若有所思。在进行学生的思想教育中，我很喜欢这样的沉默，我把它称之为"安静的力量"。毕竟每一个学生都是活生生的个体，当教育与他现有的状态发生冲突时，我想他们需要一点时间沉淀，因为教育的成效是看谁能让这些积淀深深地沉入学生的心里。

　　"周老师，我错了。为班级、为同学服务去抬水，真的是我想做的。我想这样来感谢大家对我的帮助，可是玩的念头又冲击着我，使我控制不住。周老师，再给我一次机会，我一定好好做，决不在校园里乱窜，而且做好所有该做的作业。"他开口了，说得很慢。"另外，我要用自己实际的表现，争取得到更多的表扬。"听着他那掷地有声的话语，我再次正视着他。我是多么喜欢在他眼中绽放的光彩啊！忍不住，我抬起手摸摸他的头。"只是，周老师，当我实在忍不住要玩的时候，你让我来找你，好不好？""好！"我爽快地应道，"要是你的表现还不错，我还可以特许你玩那么五分钟。""真的啊？"他的顽皮劲儿又上来了，"不过，您放心，我保证，不自欺，也不欺人。"

　　看到他一副认真的模样，我总算松了一口气，"我们一起去教室。""好。"他帅气地甩甩汗淋淋的头。"'逆水行舟，不进则退。'你一定要为自己争气呀。"

我边走边说。只见他使劲地点点头，回到座位上，提起笔，唰唰地写着……

教育的过程总是艰辛的。因为孩子们不断地有反复，不断地有新的问题出现。合理应用"智慧丸""平静水""爱心球"，孩子才会如"开玉"般，慢慢展现他的光彩，即使是最平凡的孩子。

（二）

下课铃刚响不久，办公室门口来了三位低年级的小女生。

"周老师，你们班里有两位哥哥打我们，还踢了我们两脚。"三个小女生异口同声地说道。"我们班里的同学，为什么要踢打你们呢？"我觉得很奇怪，因为对于弱小，班级从未出现过动手的现象。"刚才，在光荣榜前，我们说六（2）班的同学捐了250元，是全校第一名。然后那两位哥哥就动手了。"真的是这样吗？我心存疑惑。再看看她们三人飘闪不定的眼神，我有些明白，事情可能并非如她们所说，一定有隐情。

"走，一起去认认打你们的哥哥。"我边说边领着她们向教室走去。一路上，我猜测着可能会发生冲突的学生。刚到教室门口，还未等我开口，小也和小范就自觉站了起来，又是他们两人——班里的"吵大王"。

我仔细地观察了一下，发现他们并没有该有的羞愧之色。于是，我让三个小女生把事情的经过再说了一遍。三个小女生你一句我一句，把事情又大概地说了一下。没想到，话还没有说完，马上引来他俩的反驳："你们是说六（2）是二百五。"（"六（2）"用杭州方言来说有侮辱和骂人的意思）小也的话还透着愤怒，"有这样说的么？太不尊重我们班级了！我是实在听不下去才动手的。"班级里有几个同学开始窃笑，班长也生气了，"你们为什么辱骂我们班是'六二'？"指责声越来越多，"为什么对我们不尊重？"……

看着同学们"口诛笔伐"，我发现小也的脸上也带着一丝"胜利的微笑"。当发现我的目光时，小也马上收起了笑容，看着我，好像在问："周老师，这回你该怎么解决呢？"我示意孩子们安静，并转过身来，对三个小女生说："两位哥哥打你们是错的，但是因为你们不尊重别人，才招此恶果的，你们是否该检点一下自己的行为呢？"三个小女生脸唰地一下红了，快快而回。

接着，当着全班同学的面，我请小也、小范坐下。能够这样向着班集体，对于这些个"吵大王"来说真不容易，但是采用武力解决肯定不是最好的方法。

想着，我慢慢地说："今天小也、小范让周老师很感动，因为他们是为咱们六(2)班的名誉而战，这一仗打得好。"小也很惊奇地接嘴："周老师，我们踢人了，你居然不生气？""谁说的？接下去，我有句话送给大家，'君子动口不动手'。""哎，周老师，这个太不容易了！讲道理她们哪知道厉害，要是不让她们记牢，下次还会再这样说的。"

我微微沉默了一会，慢慢地说："周老师请同学们思考一个问题：我们作为高年级的哥哥姐姐，在碰到这种问题时，应该怎样做才能既解决问题，让她们心悦诚服地认识到自己的错误，又不伤和气，起到表率作用呢？"班里开始安静下来，小也和小范低下了头，若有所思。我们需要留给孩子们一定的时间，让他们自己去慢慢体会和反思。但是此时，我很清楚，在鼓励中进行引导比直接指出错误要好，孩子们的勇气和荣辱感是需要呵护的，哪怕只有一丁点，你也要加以捕捉和鼓励。于是我马上提高了音量，微笑着说："但是，今天，周老师非常感动，我真的要特别地表扬他们，因为他们为了维护班级的名誉挺身而出。只有具备了"我荣班级荣，我辱班级辱"的思想，我们的班级才会越来越好！"话音刚落，教室里响起了掌声，甚至还有几位同学紧紧地握住了他俩的手。

在掌声里，小也脸红了，说："周老师，没想到你真够朋友。下回，要是再遇此类事情，我会先思考一下后果，才决定行动。这个'君子动口不动手'难是难点，但是我会记住的。"我顺势引导："其实，学做君子是不容易的，这也是我们来到学校，在不断地经历不同的事件中要锤炼自己的地方。让我们感谢小也，带给我们大家深刻的一课。"

"听到没有啊？小也，你与周老师交朋友了。""不过，我觉得小也今天的表现的确挺不错的。"……孩子们的窃窃私语没有逃过我的耳朵。我也很高兴，真的。

"亲其师，信其道。"只有让学生喜欢你，他们才会心悦诚服地接受你的批评和教育。在当下社会中，人的价值观、思想观已发生了一定的变化，我们的观念也得与时俱进。班主任尤其要做个"真的人"，不隐瞒自己的观点和主张，不掩饰自己的喜悦与忧虑，诚恳地与学生做心的交流，这也是教师高尚人格的体现。

　　在小也的名片上，还写着"感谢生命中的贵人"这八个字。我一直觉得这八个字分量很重，所以每天工作前，都要好好回味一下。我很庆幸，自己以朋友的身份走进了一个个幼小的心灵。

　　教育是真、善、美的传递，做到这些，您也可以成为他们的贵人。

第四章　"穿针引线"掌舵人

——如何管理班级活动

——在教育孩子的阵地上,家长是教师最好的同盟军。我很尊重我的家长朋友,因为他们已经将此生最宝贵的财富——孩子交在了我的手上。今晚,他们着正装,精神饱满,坐在台下观看着演出,那其实就是对教师工作的一种最大的支持。

——实践是获取真知的源泉,它胜过教师的千言万语。

——教育是一个"大工程"。单靠一个人的力量,能做的事情很少,需要教育团队的协同与支持。

——作为教师,我一直坚信:任何事件,都可能成为学生蜕变的理由;任何机遇,都会为学生的成功做铺垫。

——我喜欢孩子,虽然他们并不是我自己班级的,但是面对他们,我一样有教师的责任与使命。

活动,是人的天性。 人在活动中认识自然、认识社会、认识自我,由此而发展出一种较和谐的物我关系、人我关系和我我关系。 人类社会就是在这样不断向上的活动中滚滚向前的。 在教育中,活动可以使学生张扬个性放飞梦想。 班级活动,作为一种有别于常规课堂教学的体验式学习,更容易使学生展现出真实的自我,唤醒学生对自然的贴近,对美好人生的期待,发展出更为多样和成熟的个性。 对很多学生而言,正是年幼时期那些丰富多彩的活动开启了他们对自然、对他人的探知,把他们引领到一个超越自我的新奇世界中来。

对于班主任来说，活动承载着多重的教育意义：既可进行学科教学，促进学生知识的增长和能力的增强，又可渗透思想道德教养，陶冶学生情操，还可以让学生接触社会，将课堂与生活、学校与社会联系起来，促进学生公民意识、社会实践能力等的提高。把握教育活动不同于其他活动的独特性，充分利用活动契机引导学生成长，这既是班主任义不容辞的责任，也考验着班主任的智慧和能力。在这方面，我认为，教师应起到"穿针引线"的作用，充分尊重学生的主体性，努力成为一个好的掌舵人。

一、我这样看

（一）在活动中"成人"

我国教育学家胡德海先生曾说，人是一种文化的存在，本质上是"文化＋动物"。文化性是人的非动物本性的彰显，其完成主要通过活动而实现。也就是说，活动是人改造物质世界、改造自我的一种方式，也是人成为人的方式。我们的日常生活就是由这样大大小小、无穷多样的活动构成的。

在教育领域中，活动的含义则更多的具有教育学的意义，这主要体现为活动的专门性、计划性、目的性乃至系统性。正是在这类活动中，我们赋予新生一代以集中的文化感知，培养他们的主体性，让他们更好地体验并创造文化，发掘自己的潜能，在丰富多彩的活动中获得全面发展，成为一个真正意义上的人。因而，重视有计划、有目的的活动，充分发挥这类活动促进学生成长的价值，把好奇、爱动和创造的天性还给学生，是教师在教育教学中应该积极践行的，也是教育的真谛所在。

作为一名小学班主任，我更多地从班级管理和教学成效的角度来考虑活动的开展，也一直在积极探索丰富多样的班级活动形式。从校内的主题班会、校级综合实践课到校外的各类竞赛、爱心扶贫、环保号召、社会调研，从平时的午间谈话到周末的远足登山、暑期实践，从诗歌朗读到组织义卖、实地考察撰写报告……在各种喜闻乐见的活动中，我力求寓教于乐，激发学生的主体性和创造性，让学生在丰富而有深度的体验中，增强对自我的认识，增强求知、做事与合作的能力。从小处来说，这是为了促进学生的发展；从大处来说，这是对人作为人的文化本性的尊重。

（二）利用活动养成关键能力

教育要遵循两个规律，一是社会的发展规律，二是人的发展规律。重视人的发展规律，意味着要关注学生已有的发展水平，尤其是心理发展水平，以及现实的发展需要。这是我们做好教育工作的前提。美国心理学家艾里克森认为，人的心理社会性发展分为八个阶段。在心理发展的每一个阶段，个体都会面临一个需要解决的心理社会问题，该问题会引起心理发展的矛盾与危机。如果个体能顺利解决每一个阶段所面临的矛盾和危机，个体的心理发展就会受到积极的影响；反之，则会受到消极的影响。同时，艾里克森也指出，个体每一个阶段危机的解决方式对其自我概念和价值观念有着重要影响。后一个阶段发展任务的完成依赖于前一个阶段（或前几个阶段）冲突的解决，而早期冲突也可能推迟到后期发展阶段中得到完全解决。如果个体发展的阶段性危机没有得到较好解决，就会影响个体的人格和社会性发展。

这是人的心理社会性发展的八阶段理论，它的直接借鉴意义在心理健康教育上。然而，除了这一点，我从其中还发现了另一重价值，这就是我对学生发展关键期的把握。在不同的年级阶段，学生应在知识、技能、心理发展及其他社会性能力中达到相应的水平。

这种能力的实现一方面有赖于日常的知识教学，另一方面则依赖于除知识教学之外的各种正式与非正式活动。利用活动，使学生在轻松自然的状态中，养成每一个阶段应有的良好生活习惯，达到相应的知识技能水平，解决该阶段最重要的社会性发展问题。从心理学的角度看，我觉得这就是活动最主要的意义。这具体可以体现为层层推进的目标教育。比如，在三年级的活动中着重培养学生良好的学习和生活习惯，在四年级的活动中着重培养学生的集体凝聚力，在五年级的活动中着重培养学生的行动意识与团队合作能力。当然，高年级的目标并不排斥较低年级的目标，有自己独特的着眼点的同时也包含和容纳较低年级的目标。 每个学生的发展程度不同，作为教师，既要把握重点也要纵观整体。

（三）过程即目的

自杜威明确提出"过程即目的""教育的目的就在教育过程之中"的观点以来，就受到了极大的倡导和重视。 将教育过程本身作为目的，也就是说，教育过程不应仅仅是达成未来目的的手段，不应仅仅指向将来的生活，因为教育过程本身就是目的，就是师生生命的重要组成部分，直接影响着师生的生命体验和生命质量。 对于教师来说，这就需要其看到现在的情境和学生的体验，珍惜它们的内在价值，积极唤醒并促成这种价值的最大化。 如英国哲学家、教育家怀特海所说，"不管学生对你的主题有什么兴趣，必须此刻就唤起它；不管你要加强学生什么样的能力，必须即刻就进行；不管你的教学给予精神生活什么潜在价值，你必须现在就展现它。 这是教育的金科玉律，也是一条很难遵守的规律"[1]。 重视学生当下的感知，引导学生在过程中学会体验，学会认识自己的生命意志与活动，学会从我我关系中洞悉物我关系、人我关系，进而提升我我关系，这是活动内在的目的，也是一个活动所应给予学生的最大价值。

我以为，不管我们头上顶着什么样的目标，期待着什么样的具体结果，如果省略了一种学在其中、乐在其中的丰富的体验，没有从过程当中找到它本身的乐趣，那么教育是失败的。 需要指出的是，以过程为目的，并不意味着对结果的排斥。 相反，结果和目标作为矫正过程发展方向的风向标而存在，为过程实现内在价值的最大化保驾护航。 最后的情况往往是，当我们超越一种功利性的目的，在努力地寻求活动本身的价值的过程中，我们原先一开始定的目标被重新定义，也被重新拓展了，我们到达了一个前所未有的新的高度，结果作为一种额外的惊喜而出现。

我力求将这种体验与生长的理念贯穿在所有的班级活动中，如一位我曾经教过的，后来又回母校实习的学生这样说道："在实习期间，有机会带班上

---

[1] 阿尔弗雷德·诺思·怀特海.教育的目的[M].徐汝舟,译.北京：生活·读书·新知三联书店,2002：11.

的孩子去参加浙江电视台的百校对抗赛。 从最开始的选拔、训练，周老师总是时刻关注着。 第一次接这么重大的任务，我心里有点发颤，怕让学校领导、老师们失望。 但周老师跟我说，名次不重要，重要的是有一个这样的过程，让孩子们去运动，去体会团队的力量，只要把他们安全地带去，安全地带回来，就成功了。"

在"妹妹不哭"爱心文艺会演中，我明确表达出了这样的意愿："正好新年快到了，我们就让学生们拿出自己的'十八般武艺'，以才艺表演等方式为途径，办一场热热闹闹的新年音乐会，当然也是一场募捐形式的音乐会。这样，既让孩子们的才艺得到展现，多了锻炼的机会；又可以通过实践，让孩子们明白，有了良好的愿望就要去实践。 更要紧的是，节目要以集体性的节目为主，因为排练是一个很好的过程，可以鼓励孩子们拿出自己的热诚，用实际行动表现自己的爱心。"我希望能从点点滴滴的小事和活动中，让学生得到愉悦和深刻的体验，快乐而健康地成长。

（四） 追求教育的实效性

课程理论专家拉尔夫·泰勒曾在其著作《课程与教学的基本原理》中归纳了两种实现教育目的的方式： 一种是聚合式，即多种教育内容实现一种教育目的；另一种是发散式，即一种教育内容实现多种教育目的。 不同课程、不同教学内容之间的相互联系和相互强化，使得我们能够大大缩短教学时间，节省精力，能够在相对较短的年限阶段内使学生成长为具备基本社会生存知识和技能的公民。 作为教师，利用教育的这种特性和功能，在平时的教育教学中，有意识地策划和改进自己的教学与管理，对实现教育目标大有裨益。

就本章的主题——活动来说，实践活动作为融认知与体验于一体的"大熔炉"，其较好地彰显了教育的这一特性，尤其在教育内容的发散式特点上体现得更加明显。 在我看来，一个有着自主发展能力的班主任，不仅应能在认识上灵敏地把握教育的这一特性，而且应能够依照它有效地开展实践活动。"十年树木，百年树人"，我们很多努力的效果可能没法及时显现，但这并不能成为我们懈怠和为自己开脱的理由。 虽不能至，心向往之，也应努力追寻之。 就我自己来说，我尽力在我的每一次活动中，让学生能学到尽可能多的东西，也让更多的人受到教育。"全面教育"不仅仅针对个人的全面发展，而且也让更多的群体感受到教育的积极力量。

我很注重活动中对这种教育实效性的挖掘，如"妹妹不哭"爱心文艺会演中的跨年级合作，高低年级互帮互学；"爱心义卖"中鼓励学生分成小组自己联系场地，学会分析问题、解决问题，增强行动能力，体验父母的不易和社会的冷暖；徒步登山中，学生以小组形式登山，邀请家长参与，这对学生团队意识、合作能力、互帮互爱品性的养成以及家校合力的形成都是非常有益的。同时，这些不同的活动对学生某一方面能力如团队合作能力的发展也起到了强化作用。辐射和聚焦教育力量，增强教育的实效性，我会一直行动下去。

二、我这样做

（一）顺势而"动"

对于小学阶段的学生来说，"爱动"是他们的天性，教育也要顺势而"动"。在活动中与学生交流，能让学生更易接受某种思想观念，教师也更容易利用契机进行随时随处的教育，促进学生的成长。我喜欢在活动中交流和认识学生。因为在开放的活动中，给予学生发现的快乐、创新的自由、合作的锻炼，是进一步巩固所学的知识，培养他们高尚品格的有效途径。创新不是自我封闭、自我孤立的活动，不应当局限于课堂上，束缚在教材的范围内，而应到社会实践中学习"活"的知识。这些知识是学生亲身感知和探求而来的，因而很多时候胜过教师的千言万语，且伴随着无穷的喜悦和内心的震颤。社会实践活动能引导学生从中发现自然的变化规律和人文的发展过程。学生在惊叹大自然的神奇变化、感受人文发展的巨大魅力、发现人与自然的密切联系时，我也深深地被学生的成长所打动，更加体会到了实践活动的重要性。

（二）大目标和小目标

在我看来，学校教育不仅要帮助学生学会解题、阅读的方法，而且要培养他们分析、解决将要面对的生活、社会及意识形态问题的能力。 活动作为学生教育生活的组成部分，对此更起着十分重要的作用。 教育的目的是促进学生向真善美发展，因而引导学生向善，培育学生拥有一颗健康积极及关爱自然、他人与社会的仁爱之心以及分析问题、解决问题的能力是我在各式各样的活动中一以贯之的宗旨。 这个目的是不分年级段的，我把这种目的渗透在我可以利用的大小活动中，利用一切机会对学生进行熏陶和教育。除了大目标之外，对不同年级段的学生，我会制订不同的阶段目标，活动的开展也是围绕着这些目标而进行的。 比如，对三年级的学生，我通过午间谈话课培养学生良好的学习生活习惯；对四年级的学生，我致力于促进班级向心力、凝聚力和集体荣辱感的形成；对五年级的学生，我则着力通过各种实践活动培养他们的团队合作能力；……大目标贯彻始终，小目标阶段支撑，大小目标结合融通，是我在班级活动中努力践行的。

（三）一个好汉三个帮

我始终认为，教育是一个"大工程"。 单靠一个人的力量，能做的事情很少，需要教育团队的协同与支持。"一个篱笆三个桩，一个好汉三个帮。"首先要获取学校领导的支持。 领导的支持在某方面既是对自己工作的肯定和鼓励，也给自己的工作提供了定力和环境。 其次要有自己志同道合的搭档，组建自己的合作团队，这点非常重要。 我很喜欢和年轻的班主任老师在一起，一起交流和分享，共同活动，在不停地思维碰撞中，让彼此都收获成功。 最后要鼓励家长积极参与活动。 这既是让家长了解学校、促成家校合作的好方法，又使亲子关系更加融洽。 一种相互信任、相互支持的良好环境，对学生的成长十分有利。

（四）有爱不分家

在活动的设计中，我十分注重辐射影响，鼓励不同年级的学生参与进来，尽量让更多的学生能够从这个活动中受益。 我喜欢孩子，虽然他们并不是我自己班级的，但是面对他们，我一样有教师的责任与使命。 一方面，这引导了学生主动向善，呵护了他们的热情和积极性；另一方面，在不同年级学生的合作中，低年级的学生可以向高年级的学生学习筹划、组织的方法，高年级的学生也通过这种"老师"似的角色得到了更好的反思和长进。 我以为教是学习的最好方法，生生之间互帮互助，共同进步。 因而，在我的活动团队中，不管是"妹妹不哭"的爱心文艺会演，还是暑期为外来人员子女制作地图的"小候鸟"实践等，总会有其他年级的学生参与进来。 当然，这也需要教师之间的合作，也就形成了教育团队。

（五） 既要有广度，也要有深度

让学生在丰富多彩的活动中得到成长，是我们开展活动的目的。 但不管这些主题多么不一样，活动形式有多么大的差异，我们总能在活动的广度和深度上予以把握。 驾好这两辆"马车"，我们的活动就是有价值的，就是值得坚持做的。

首先，面要广。 要尽量从课堂延展到生活，从校内延展到家庭、社会，从高年级扩展到低年级，周末和寒暑假并用，等等。 尽量融通学生的生活，辐射教育的影响。 比如，我组织的西湖水调研、植树环保、"妹妹不哭"爱心文艺会演、义卖助盲童活动等，就旨在打通学校、家庭与社会，联系教育与生活，丰富学生的课余生活。

其次，力要深，着力培养和拓展学生的各种能力。 从知识的识记到表达表演能力、动手操作能力、合作能力、科学探究能力、环保意识、社会公民意识的培养，力求培养多种能力。 比如，我开发的校级综合实践活动课程"声音的魅力"旨在让学生并用朗读与表演能力；鼓励学生自己联系场地义卖献爱心旨在让学生感受社会情势的同时，培养他们的行动能力、合作能力，分析和解决问题的能力。 作为班主任，需要提升自己的认识和引领能力，有了认识上的洞见，即使不能马上解决问题，也能降低活动的盲目性。

（六） 爱天，爱地，爱自己

活动中十分重要的一点，就是对学生兴趣的寻求，也就是依据学生感兴趣且有意义的话题来组织和策划活动。 只有这样，学生才能全身心地参与活动，也才能学得到东西。 我开展活动的灵感通常来源于三个方面。

一是自然——把童趣还给学生。我会在梅灵隧道刚刚完工的时候，利用寒假组织学生徒步走完隧道，走去云栖竹径打雪仗；我会在暑假带领学生去九溪玩水，一同穿越夏天的酷热与清凉；我会在半夜带领学生去登宝石山看日出，品尝山间草丛的露水，研究一路上的人儿与花草；会在某个没课的下午和学生一齐到西湖边"疯"一把，舒缓心情，想唱就唱。

二是社会——把责任扛到肩上。我会在周末让学生以卖报纸为途径体验谋生的艰苦与劳动的光荣；我会让学生分成小分队自己去联系活动场所为帮助贫困的儿童而进行义卖；我会在临近新年的时候举办一场跨年级的慈善音乐会，让学生以才艺表演的形式为有困难的儿童筹集钱款；我会在植树节的当天和学生一起在校园里种下爱心树，共同为绿色地球祈福；我会在暑假的时候陪同学生绘制杭州安全活动地图，为"小候鸟"们导航。我力求在这些实践活动中以当前社会热点问题和核心价值问题为导向，培养学生的社会责任感和对人类生存状况的关怀意识、担当意识和行动意识。

三是自我——把潜能挖掘出来。我会利用各种比赛，如唱歌比赛、演讲比赛、话剧表演、集体舞比赛等，让学生的才艺得到展示，学会应对竞争压力和各种挑战，学会在任何时候自信而从容地表达自己。学生对自己的认同感就是在这样一点一滴的挖掘和呵护中积累起来的。

三、 我的故事

📋【故事一】

为"小候鸟"导航

夏天的傍晚，火烧云上来了，天上的云从西边一直烧到东边，红彤彤的，好像是天空着了火。天空中一会儿红彤彤的，一会儿金灿灿的，风是热的，钱江新城金色海岸小区里，五个小学生揣着一打材料，不论是物业公司保安，还是保洁员，或是超市收银员，都被他们"骚扰"了。还有一个二年级小学生跟在后面"见习"。孩子们的家都在钱江新城一带，紧靠钱塘江。报纸上常说的"小候鸟",他们并没有见过。

　　"孩子们,到小区里找一找'小候鸟',他们的爸爸妈妈都在哪儿? 暑假了,大家可以为'小候鸟'做点什么?"当看到报纸、电视不断地报道农村孩子趁暑假来城市与爸爸妈妈团聚,因不熟悉周边环境而频频出现伤亡事故时,我想,杭州的"小主人"该为他们做些什么,这样既能充实学生的假期生活,又能帮助他们明白,在帮助别人时,不仅能收获微笑与感谢,而且能提高自己的行动能力。

　　下午四点,六个孩子在小翁家里集中。

　　自放假以来,已多日不见面的同学开心地打闹着。小翁拿着一叠复印的宣传单说:"我和楼晟宇用电脑整理了整整两天,从网上下载地图,钱江新城一带最危险的水域就是钱塘江。我们用红色的笔在图上圈了起来,做了一张'杭州城东危险地区安全地区显示图'。"

　　机灵的小胡忙不迭地想表现自己,说:"为了表达我们开放的胸怀和仁爱之心,我还特意写了一封感谢信,感谢'小候鸟'及他们的父母为杭州的繁荣、建设做出贡献。"

　　哈哈,我问"见习"的二年级学生瓜瓜:"让你离开爸爸妈妈十天半个月,你会很难过吧?"瓜瓜说:"会。""小区里的保安、保洁员很多都是外地过来工作的,夏天放假,他们的孩子才能过来和爸爸妈妈团聚,所以他们是'小候鸟'。"瓜瓜似懂非懂地说了声"哦",又问:"那冬天呢?""冬天过年了,'小候鸟'的爸爸妈妈回老家陪他们。"

　　"农村和咱们城市不一样,农村的池塘可以下水洗澡游泳的,可城里不行,比如钱塘江,有浪头,有暗潮,万一他们不知道,下水了,你说危险不危险?"

　　瓜瓜点着头,露出他常有的表情——挤着眉毛,若有所思地说:"是的。"

　　"那我们行动吧!"

遇见"小候鸟",开口就说起了英语

　　一下楼,在楼下便利店,"虎将"们发现柜台里坐着一个同龄女孩子,揣着资料在门口打了很久的腹稿,"虎将"一个个进了门。柜台里皮肤黑黑的小女孩奇怪地看着他们,柜台上还摊着作业本。"我们是天长小学五年级的学生。""虎将"们说完这句,发现小女孩没表态,就语塞了。

10秒钟后，一个女孩子终于勇敢地开口："My name is...",被旁边的同伴扯了扯衣服："不要说英语。"又过了10秒钟，有人决定用"活泼型"开场："呵呵呵呵，让我来自我介绍一下好了。其实呢，呵呵呵呵，我们呢……"柜台里小女孩的表情更奇怪了，自我介绍停止。

最后，个子最高的小翁终于磕磕绊绊地说明了来意，"这是我们小组做的小册子，把我们家附近、城东一些比较容易出事故的地段都标出来了。还有，钱江新城这边可以免费去图书馆看书的，如果有不明白的，可以打这个电话问我的。"说完把资料翻到最后一页，"我很热心的，哈哈。"

"啊，我们家电话?"事后，小翁妈才知道女儿把自家电话当成"小候鸟"求助热线都发出去了。

当柜台里的小女孩微笑着把资料接过去之后，"虎将"们大受鼓舞。

瓜瓜踮起脚问柜台里的女孩："你整天都在这里吗? 你怎么不出去玩呀?"女孩笑着不说话。

女孩爸爸福建人张先生说："不敢出去，钱江新城人这么少，女儿下个学期要读初三了，我们想送她上杭州的补习班，但没人接送，又远又危险，还是呆在店里做作业最安全了。"

如果每个城区都有这么一份材料，那该多好

胆子壮了，接下来的事就变得简单了许多。

"你好，请问你家有小孩吗?"六个孩子看到在小区里作业的工人就围上去问，"孩子今年暑假来杭州了吗? 我们这边有份资料你可以看下……"

来自湖南的绿化工小王替她妹妹的小孩要了份材料，"我妹妹他们在吴山广场那边，把孩子接来了，我自己小孩没接来，没空带呀。"

住在金色海岸小区的带着小孩的外国居民也要走了一份，说"这个好，这个好……"

物业公司的来自河南的李先生为六岁的儿子要了一份材料，还提了建议，"我家住城南，杭州交通最危险的地带，应该还有凤起路以北的地段，那里机动车道、人行道的标记不够清晰。你们只做了城东吗? 我觉得城南也可以做一下。如果每个城区都有这么一份材料，那该多好。谢谢你们这么有心。"

霞光照得孩子的脸红红的,他们笑得那么灿烂……

五位学生自制"小候鸟"安全册和城东危险区域图在七月的杭城引起了不小的轰动,《今日早报》连续三天进行了报道,杭州有许多小学生积极响应,从城东到城西,从城南到城北,最后一张为"小候鸟"绘制的安全地图也出炉了。

【故事二】

实践出真知

在开放合作的活动中,给予学生发现的快乐、创新的自由,这是进一步巩固所学的知识、促使他们探究学习的有效途径。因为创新不是自我封闭、自我孤立的活动,不应当局限于课堂上,束缚在教材的范围内,而应到社会实践中学习"活"的知识。我们住在天堂杭州,西湖滋养着我们,但对西湖我们了解多少呢?西湖的水是酸的还是甜的?是咸的还是淡的?所以,我们将目光定格在了"西湖水"的调查。为保证学生的安全,培养他们的合作能力,我班在活动时,多以"假日小队"为单位开展活动。

"钱塘江的水是怎样转化为西湖的清水的?""西湖水源的过去、今天的更新方法、周期有何不同?""西湖水的出入口过去和现在有何变化?"……好多的问题都出现在学生的脑海里,学生也为此制订了许多"研究计划"。其中,最让我感慨的是对西湖水源是否被污染的调查。

11月的一天,我们全班来到长桥公园观察西湖水草的生长情况。"我们发现水草因生长的环境不同而不同。有的水草长在湖中心,呈绿色;有的水草贴在岸边,呈红色……据了解,水草有100多种,各式各样,颜色不一。我们还发现有水草的湖水和没水草的湖水有很大的区别:有水草的湖水清澈见底,而没水草的湖水非常混浊,有些地方甚至还有死鱼。"听西湖综合保护工程项目部人员说,他们在西湖景区,种了许多水生植物,既增加了西湖的水景,又净化了水质。这些水草不仅可以吸附河床底的淤泥,而且还能吸收湖水中的有害重金属。"这是"彩虹"小队获得的认识。"然而,再往里走,看到的湖水呈灰色,浑浊不堪。靠近岸边的湖面上满是泡沫,和对岸清澈的湖水形成明显的对比,湖面上还漂浮着大量的水草,混杂着一些已经翻白了肚皮的鱼。这片水域附近的车流量大,汽车尾气混入大气后,造成空气污染,落到湖面上就变成一片片的油污。""金牛"小队在报告中继续写道,"水草疯长主要是由水太肥、营养过剩引起的。"还有很多学生举起了相机,拿起了事先准备好的试管等检测工具,把他们认为"重大"的发现一一记录下来。看着他们那充满热情的探究,我不禁被打动了,学生的探究欲正是开发原动力的最好时机。因此,我鼓励、引导道:"你们可以检测湖水是被工业污染的还是被食用油所污染的,查明原因,我们才可以向有关部门提建议啊。"

"对啊,我们说干就干。""是呀,我们怎么没想呢,我们可以与环保部门联系,请他们免费提供检测。""对了,若确实是食用油污染了水源,一定和湖边开的那么多的饭店、茶楼有关。到时,我们要给市长伯伯写信,用科学的证据向他说明,在西湖周边开设饭店、茶楼是不对的,是会影响西湖水质、污染环境的。"……看着、听着学生那稚嫩的推理和充满热情的期待,我以为,没有比在活动中更能激发他们的创造力和勇于探索实践的学习品质了。我被他们感动着、鼓舞着,忍不住告诉他们,我将全力支持!"西湖水草"的考察结束了,然而研究却在大家积极的投入和热切的期待中进行着。这次活动增进了学生的环保意识和对社会活动的参与意识。年底,我们交上了一份严谨的科考报告。

信步在湖边,观察大自然,感受季节的变化,发现环境保护的重要性;测量水质,绘制方案,呼吁保持生态平衡的必要性。这些社会实践活动,都能引导学生从中发现自然的变化规律和人文的发展过程。学生在惊叹大自然的神奇变化、感受人文发展的巨大魅力、发现人与自然的密切联系时,我深深体会到实践活动的重要性。实践是获取真知的源泉,它胜过教师的千言万语,放手让学生自己动手去发现、去获取、去创造吧!

【故事三】

山路弯弯,别样的童年幸福

学校是培养、造就人的地方,那么,该培养、造就什么样的人?我认为教孩子"学做人"是学校、家庭应共同担负的首要责任。在孩子成长发展的各个阶段,我们应该有一定的目标和要求。让孩子在活动中学会交往、学会合作是我在五年级教育中制订的目标。

转眼间，"六一"儿童节将至，它是让孩子们期待的节日。孩子们盼着能得到朝思暮想的礼物，想着能酣畅淋漓地踢球、赛跑，或是……我却决定在这半天时间里，带他们徒步从学校出发，翻越一座山，进行"生存训练"。

"六一"儿童节前一天，"同学们，明天下午，我们去生存训练——爬山。"话音刚落，教室已沸腾。尽管平时也常组织他们出去活动，甚至在双休日也会有出行，但每一次外出都能让他们兴奋不已。玩，是孩子的天性，大家一起玩，更能让他们感到群体的快乐，哪怕时不时有争吵。

"周老师，你太好了！我们又能出去玩了。"

"去哪玩？"

"出去最好搭帐篷，在外露营。"

……

"这次爬山地点是宝石山。天热爬山，我们该准备些啥？"看到孩子们七嘴八舌的议论，我就趁热打铁地问道，最重要的是让他们能在活动中学会独立。

"爬山就需要有好体力。瞧瞧，我这肌肉，随时可以调动，分分钟就可以出发。"敦实、滑头的小彧高声喊道。平时他可是懒得出奇的，懒得举手发言，因为发言要站立；懒得出操，因为出操要排队；懒得抬水，因为抬着一大桶水要走4层楼梯68级台阶，太累人。"我自己带水自己喝，不占大家的便宜哦。"每当其他同学邀他一起去抬水时，他都会发出这般"言论"，也因此，他在班里较为孤立，大家可不喜欢"自私鬼"。

这时孩子们的兴奋点都不在他身上，换在平时，一定会被大家调侃了。

"再带上一瓶水，就可以出发了。"小范稍微精明些，补充道。

环顾四周，有的同桌之间在商量着什么，有的学生已经"打起电话"讨论着。

"我想，天热爬山，得带上人丹、风油精。既能防暑，又能防止蚊虫叮咬。还有地图也是不能少的。"阿得的爸爸是心胸外科专家，平日里，做医生的父亲常常带她外出游玩，或钓鱼，或运动，所以她见多识广，合作能力强。

"瞧，三个臭皮匠……""顶个诸葛亮……哈哈……"

我的话音还没落，孩子们早已抢着大声喊道。孩子们真的好可爱，特别是做着他们想做的事,说着他们想说的话时。而此刻,正是教师最有说服力的时候。

"我们这次爬山,游戏规则有些变化。"我想让他们的注意更集中些,故意拖长了声音。的确,顿时教室里安静了下来,孩子们的眼睛都齐刷刷地看着我。"周老师,快说呀!你又有什么好玩的点子了?"在孩子的眼中,老师的力量是无穷的,能耐也是强大的。也正是为了他们,我不断地督促自己:学习,学习,再学习;更进,更进,要更进!

"这次活动,比赛是少不了的。但我们这次以小组为单位,只有在组员一个不少的条件下,一同到达目的地,才能算优胜。请注意,小组同伴不能自行组合,就以现在的座位划分。""啊!这样啊……"这一刻,孩子们的情绪稍稍有了变化。为了不让体质较弱的孩子难堪,我赶紧补充:"我们每一个人都有自己的能量,有的人身体棒些,有的人智慧多些,也有的人做事特别仔细。也许在单独时不够完美,但当我们是一个小小的团队时,每一个个体都集中在了一起,那么,就有可能发挥、组合到极致,那么,它的力量一定是最大的。这就是众人拾柴火焰高啊。"教室里静静的,孩子们的眼睛分明告诉着我,他们已经接受了我的建议。中队长阿蔚站了起来,"我们是一个集体,不应分彼此。我们是男子汉大丈夫,即使跑了第一名也不值得炫耀。我愿意和澄澄分一组。"

小也已经坐不住了,急着说道:"松,我带着你一起走。"(松,因误诊从小髋关节坏死,两条腿的长度有着明显的不同。他的父母带着他寻访了北京、上海等地的名医,收效甚微。)这时的松已笑得合不拢嘴,说:"我知道哥们你是不会不管我的。"看着他们深厚的友情,我为他们鼓起了掌。顷刻间,孩子们纷纷将体弱的同学拉进自己的小分队里。

"同学们,谢谢你们!你们的善良、豁达,一定能影响今后的发展。蒙童养正,少年养志。让我们一起把活动搞好吧!先分小组讨论明天活动该准备的物品。"我的总结发言刚说完,孩子们已迫不及待地聚拢到一起。这时的教室是温暖的。

晚上,我用短信平台,向家长们通报了活动的设想,并邀请有时间、有体力的家长一同前往,有八名家长立刻加入。让家长共同参与活动,一直是我所倡导的。现在,每个孩子基本都是独生子女,平时大人的活动安排得不少,可孩子总是不乐意参加，因为大人与孩子的活动内容总是不够合拍。特别是孩子进入五、六年级以后，与家长的沟通越来越少。随着孩子的体力逐渐充沛，父母渐渐力不从心。因此，孩子变得寡语，爱独处。其实，这时的孩子尤其应该得到父母的关注，因为他们的生理、心理发育都已开始，有许多困惑、烦恼，需要大人不留痕迹的开导和劝告，正所谓"落花无痕，润物无声"。

让家长一同参加活动，可以让家长观察自己的孩子在群体中的角色，若孩子显得刁蛮固执，家长则要教育孩子与人相处要豁达大度；若孩子表现得懦弱孤僻，那么，家长则要多鼓励孩子积极大胆地参与活动……总之，让家长积极参与到学校班级活动中来，既增进了亲子间的沟通，也使家校之间的关系更融洽了。

第二天下午三点半，全班同学分成七个小分队，整装待发。阿得的小队成员最"正点"，每人都背着水壶，左手臂上系着统一的红领巾；张凌一手拿着大号的地图，一手紧护胸前的望远镜，笑着问："周老师，我们的装备够时髦吧？"

"关键是人，不是装备。"其中一名家长忍不住笑着说。"把全身都武装起来，在气势上先压倒别的小分队。"机灵的张凌调皮地接上话茬。"集合了！集合了！"班里最弱的男生小朱跑前跑后地招呼着。

集合完毕后，我再次重申规则："今天的生存训练是有一定困难的，它将考验我们每一个人的意志品质。一路上，按地图标识的景点，每到一地，选择标志性的建筑物，小队全体队员合影；每人身上所带的钱不能超过五元；晚上七点前必须安全无误地到达目的地。注意，每个小分队六人必须同时到达，一个都不能少。"临行前，八名家长与我一同商量决定，由我和六名家长分别跟随七个小分队同行，另外两名家长在目的地等候、记录。

随后，"大部队"从学校出发了。每一个小分队都按事先查好的地图，选择了自认为的捷径前进。我跟随第一小分队，队长是大家推选的小也。他一马当先，像个领袖。小家伙真会照顾人，一会儿问："小琪，累不累，要不要我帮你背书包？"一会儿跑来问："周老师，你走得动吗？是否要放慢速度？""你是怕我跟不上吧？放心，我一定不会拖后腿的。"小也挠着脑袋，不好意思地傻笑着。

不过，他帮得最多的还是松。松努力迈着大步，因有腿疾，他走路的频率极高，走了不久，已大汗淋漓。平时里，母亲总觉亏欠他甚多，故对他宠爱有加,不,是溺爱有加。对学习、活动等,凡事由他定夺,只会做加法,绝不做减法,也因此让他变得较为偏执。但这孩子内心很善良,因喜欢看书,所以口才特好。"松,走得动吗?要不,周老师和你组成一组,我们慢慢走。"看着他,我心里特别难受,忍不住问道。"不,周老师,你别担心,我一定不会落下、掉队的。因为我有个心愿,只是现在还不能说。"松目视前方,一边迈着大步,一边认真地说着。"哦?秘密?好吧,我能为你做点什么吗?""噢,请您相信我,我一定能行!"此刻,我已不能说什么,唯有伸出手,扶着他,稳稳地向前走……

30分钟后,我们小分队站在了宝石山脚下,抬眼望去,层层台阶蜿蜒向上,山路两旁是茂密的竹林,竹子笔直青绿,竹叶在初夏的风中发出沙沙声,风吹得身上凉凉的,好惬意!

"松,坐一会儿我们再走。"小也关切地说道。

"不,不用了。我们快走吧。不然,别的小队都到了,我们就落后了。"松一点儿都不犹豫地回答。

"那……周老师,您坐一会儿吧?""我不累,向前!向前!"

"好!现在我们将翻越难度系数最大的山。若有人实在走不动了,要告诉我,好吗?""Yes, sir。"除了松,我们六人大声地回答,还向他行了个军礼。

我们拾级而上,抬脚,迈步,松也不落后,一直紧随其后。开始时还谈笑风生,这时已一言不发。我明白,通往山顶的道路是需要勇气和意志力的。

想着,想着,我看到有一个小小的弓着背的身影时不时地闪现着。定睛一看,是晓虞!只见她一手拿着塑料袋,一边弯腰捡着路人留下的垃圾。当我走到她身边时,她说:"周老师,你看,这么多的垃圾,捡干净了多好。""你这样捡垃圾,不是延迟了到达的时间吗?"我故意问道。"不,我跑得快些,既不浪费时间,又为景区的卫生做了贡献。"多么可爱的女孩啊!

……

终于,队员们陆陆续续地到达了终点。孩子们喘着粗气,摆着胜利的 V 形手势、相互扶持着向我们大部队靠过来,欢呼声此起彼伏。看着他们满是汗水的额头、红通通的脸庞,我和家长们心疼地问:"你们累不累?"孩子们擦擦脸上的汗水,爽朗地回答:"我们感到幸福!"

……

是啊，在衣食无忧的今天，孩子们需要的是什么？我们作为教师又能给予什么？

教育不需要太多的浮华雕饰，不需要太多的口号和宣扬，也许就是这样一种简单的户外徒步，让孩子们不仅从身体上回归了天地自然，而且也让心灵回归了自然。这是一种简单、自然，却颇有收获的教育。这样的教育让孩子们感到幸福，作为师者和家长的我们何尝不是如此呢？

【故事四】

从爱到爱的距离
——"妹妹不哭"联队活动

如果我们的内心就是一个花园，人生的哪一天不是最美的花季呢？

如果我们的内心春风洋溢，人生的哪一个时候不是最好的春天呢？

如果我们有着怜爱、珍惜、欣赏的心，即使在人生的无寸草处行走，也会有美丽神奇的一瞥。

——题记

人与人之间的距离到底有多远？我站在秋日的街头，醉人的桂花香沁人心脾。其实，每一朵桂花都小到很不起眼，但是簇拥在一起，却能给人如此美好的享受。我想，人心如桂，渴望簇拥，渴望温暖。

又是一阵秋风，深秋的夜晚真的有些冷了。我不自觉地地拉了拉衣襟，脑子里回想起班级学生一张张纯美的笑脸，突然之间有那么一些感慨：城市里的孩子，大都条件不错，他们已经习惯生活在温暖的环境中了。他们所谓的挫折、逆境，极有可能只是受到老师、家长的批评，或是在学习上碰到暂时的困难。只是，那真的能算是逆境、挫折吗？

我下意识地往手提包里望了一眼，里面有一张报纸。一周前，翻阅报纸的我，无意间被一篇报道吸引住了。一整版的篇幅，除了简单的文字介绍，还有一幅大大的照片，一位可怜楚楚的小女孩，蓬乱的头发，穿着破旧、不合身的衣服，蹬着一双露着棉絮的鞋子，两眼无助地看着前方，在她的脸上仿佛从未有过笑容……就是这张照片，一把揪住我的心。

我也是母亲，我也有孩子。只是没有想到，在离杭州仅三百多公里的永康，竟还有这般贫穷的家庭。在我周围的孩子都能穿着维尼小熊等品牌服饰时，她竟然只穿着邻居们送来的大大小小的衣服；在我周围的孩子在迷恋必胜客等餐厅时，她竟然连巧克力是什么都不知道；在我周围的孩子拥有各种各样漂亮的头饰时，她竟还没有梳子梳头；在我周围的孩子已能感受迪士尼带来的快乐时，她竟从未进过影院看过电影……

我一直对媒体工作者心存敬畏，我也常常提醒学生通过媒体，关注身边事、关注社会。"风声雨声读书声，声声入耳；家事国事天下事，事事关心。"我告诉学生，一个只关心自己、只会读书的人，对社会是没有用处的。那天，也就是与学生一起进行阅读的时候，我翻到了这则新闻。"帮帮她！"这个念头在我心中闪现后，再也挥之不去，释怀不了。

我把这张报纸放在了家里的茶几上，没想到刚上大学的儿子也翻到了。他是个内向、腼腆的孩子，没有多说什么，只是拿出了平时省下来的零花钱，简单地对我说："妈妈，这个孩子太可怜了，我们帮他一下。喏，什么时候我和你一起到报社去一趟。"虽说，在母亲的眼里，孩子永远是孩子。但是，看着说这话的，是我那个头已经一米八的儿子，我真的觉得他长大了。因为，我感觉到，他已经是一个对社会有担当的人了。看来，一直以来的教育对孩子的影响真的挺大的，由此，我更坚定了做下去的决心。

当然，寄去一些资金，以平复焦虑又隐隐作痛的心是可以做的，然而，我的儿子也好，我的学生也罢，都还未踏上工作的岗位，他们还未曾依靠自身努力，获得相应的劳动报酬，所以他们很难体会赚钱的辛劳与不易。让学生简单地捐钱，捐的也是爸爸妈妈的钱。无论是"一进"还是"一出"，对学生心灵的触动太少，也达不成教育的目的。怎样可以让活动开展得更扎实、更深入呢？我陷入了思考。"找个人一起商量一下吧。"我的脑海里出现了她。她是我"铁杆"的支持者和行动者，不需要我太多的解释说明，她总能义无反顾地站出来，带上她充满激情的智慧和永远认真的态度。有人说，"80后"以自我为中心，依赖性强，不会悦纳善意的建议。她是"80后"，独生女，可她善良本分，做事认真，为人爽直。工作投入的她，极其热爱教育事业，为了学生，舍得放弃自己的时间。我喜欢这样称呼她：丁。

　　我始终这样认为，教育是一个"大工程"。单靠一个人的力量能做的事情很少，需要教育团队的协同与支持。其实，我很喜欢和年轻的班主任老师在一起，因为不停地思维碰撞，能让彼此都收获成功。而学生呢？有的时候，换一个角色，换一种角度，他所呈现的行为就会完全不同。作为教师，我一直坚信：任何事件，都可能成为学生蜕变的理由；任何机遇，都会为学生的成功做铺垫。于是一个"大手拉小手"的跨年级联队活动设想，就在我的脑海中浮现。

　　"丁，我们两个班一起搞个活动吧？"我把活动的构想告诉了她。"太好了！我现在的班级正好是一年级，班级活动在组织上有些难度，能有高年级的同学带着，太好了！"她听了，很兴奋。"这样，半个月后就放寒假了，我们一起去送个'太阳'。"我边开着玩笑，边将报纸递给了她。"好！周老师，你说怎么做，我跟着做。"她郑重地点着头。

　　"我想，关爱弱小、培养行动意识应该是我们此次活动的主旨。正好新年快到了，我们就让学生拿出自己的"十八般武艺"，以才艺表演等方式为途径，办一场热热闹闹的新年音乐会，当然也是一场募捐形式的音乐会。这样，既让学生的才艺得到展现，多了锻炼的机会；又可以通过实践，让学生明白，有了良好的愿望就要去实践。更要紧的是，节目要以集体性的节目为主。鼓励学生拿出自己的热诚，用实际行动表现自己的爱心。""对对对……顺便让大哥哥、大姐姐教教一年级的小朋友，学习学习筹划、组织活动的方法。"我和丁相视一笑。瞧，在同一个教育团队，总会有相似的教育思想。

　　寒假第一天的晚上，天气并不好。窗外飘着冷雨，丁和两个班级的学生正在进行着最后的走台。校园里挺安静的，这个时候大家心里都该想着过年的事儿了吧。"嗯，希望这个可怜的妹妹，今年过年能开开心心的。"我望着窗外，想着。远处，已经有爸爸妈妈、爷爷奶奶撑着伞，向大礼堂走去。我连忙快步先走到礼堂门口，微笑着迎接每一位家长的到来。在教育孩子的阵地上，家长是教师最好的同盟军。我很尊重我的家长朋友，因为他们已将此生最宝贵的财富——孩子交在了我的手上。今晚，他们着正装，精神饱满，坐在台下观看着演出，那其实就是对教师工作的一种最大的支持。

　　六点半，"妹妹不哭"主题活动正式在学校大礼堂开始了。家长们几乎坐满了所有座位。"现在仍在开会，等下，我会来活动的现场，辛苦两位老师了！"

我的手机收到了楼校长的短信。楼校长的工作很繁忙,当时我也只是和他简单汇报了一下活动的大致构想。真没想到,他对我们的活动也这样支持。我有点紧张,也有点激动。

舞台灯光亮起来了,摄像机架起来了,背景音乐响起来了……学生的情绪一下就被提到了最高,大家已经做好了准备。我朝丁那里看去,听,她的嗓子又哑了,可是她仍在不停地提醒学生注意的地方。我走过去,拍拍她的肩,这个时候需要放松下来了。"周老师,你的腰怎样?你要不要先去坐着?"她一转头,看见了我,便问。我喜欢这样的工作氛围:大家彼此忙着,却又彼此关心着;大家为着同一个目标奋斗着,却又保留自己的个性。

为了排练这台节目,我们硬是从紧张的期末复习中"抢出了"时间。因为是爱心义演,我们变着法子鼓励学生,激发他们的潜能,为自己的"爱心"不断坚持。同时,为了让每一位学生的每一个表情都到位,既让他们拥有更多上台的机会,又要使穿插联队的集体项目的整体效果更好,多少晚反复推敲,多少次实地排练……嗓子沙哑了,腰酸腿疼,不过这些,都没能让我们退缩。

这天晚上,让学生高兴的是,观众都是他们的爸爸妈妈、爷爷奶奶、外公外婆。小主持人首先宣布活动开始。紧随其后的"模特走秀"像磁石一样吸引着大家的目光,掌声一阵高过一阵。大哥哥、大姐姐牵着一年级小弟弟、小妹妹的手,在《nobody》音乐的伴奏下,在温馨的背景板前,有模有样地走着。他们或是两人组合,或是多人组合,无论高矮胖瘦,都用肢体语言展示给大家一颗"爱心"。

歌声是世上最美妙的声音。"澎湖湾,澎湖湾,外婆的澎湖湾……"这声音比任何时刻都要响亮、柔美,学生把心中所有的感情都用歌声表达出来了。一年级的小朋友演唱的《闪烁的小星星》也博得了不少掌声。《天长,我的家》是一首联队合唱曲目,校长也在此时赶到了活动现场。他拿起话筒,和孩子们一起深情地唱着:"蓝天是白云的家,草原是马儿的家……天长是我们的家……"台下的家长朋友们也忍不住一同打起了节拍。台上,孩子们幸福的感觉溢于言表。

我们班的拿手好戏——诗朗诵《中华少年》终于登台了。同学们昂首挺胸,我也沉浸在诗中,为自己是一个中国人而自豪。家长们屏息凝神,目不转晴地盯着台上。为增加晚会的精彩程度,我还请来了我的好朋友——著名越剧演员邵雁为大家表演了好听的京剧和越剧。两位主持人随着邵雁阿姨的加入,也参与了活动。班上活泼可爱的翁珏把越剧唱得字正腔圆,活像个久经"台"场的老演员,观众席上的家长们频频鼓掌,笑声不断。

"我来自偶然,像一颗尘土……"当《感恩的心》熟悉的旋律响起时,所有的孩子都安静下来。在大屏幕的配合下,我又将事后了解到的关于这位妹妹的故事讲给在场的孩子们听。那些照片,其实,他们已经看过很多次。我讲的故事,有一部分孩子们也都是熟悉的。但是会场上依然很安静。在孩子们手语操的伴随下,无限的爱从一个个手语中倾泻出来。此时此刻,家长们正把一份份凝聚着爱的钱款投进募捐箱,一份,两份……

"妹妹,你有希望了! 最终,共募得人民币 5300 元。另外,还有同学们为你准备的满满两大桌的食品、文具、漂亮头饰。"我按捺不住自己激动的心情。看着眼前这群孩子,他们的脸上洋溢着热情,却也有些疲惫。"累吗?"我摸着一个一年级孩子的脸,有些心疼。"不累,我心情很好!"瞧,一年级的孩子总是这么直接表达自己的情感。"做好事么,献爱心么,总要有点付出的。"到了五年级了,孩子说话就有些"老道"。话说完,他们又开开心心地蹦在一起了。"哎,小不点,你别跳了,要不要去喝点水?"看角色一转变,连我班上的"调皮鬼"也不"皮"了,正忙着照顾小弟弟呢!

第二天,我、丁,还有两个班级的部分同学、家长代表一行来到了永康市舟山镇石塘徐村,看望报纸上的贫困儿童徐飞飞及其家人。同行的,还有我的儿子。他拿着最喜爱的相机,告诉我,连小学生都能为了献爱心做那么多事情,除了捐钱,他还要做些别的有意义的事情。

一路下着雨,道路泥泞。好在有楼校长的事先联系搭桥,我们顺利地来到了飞飞所在的学校。在与飞飞所在学校校长进行了简短的交流后,又驱车赴她的家。飞飞的家位于永康的大山之间,那儿山水虽好但经济并不发达,地处偏僻,很少有人问津。

一行人经过了近半小时的翻山越岭终于在下午抵达了她的家。一个瘦小,脸上长满了冻疮的小姑娘,首先扑入我的眼帘,她是徐飞飞的妹妹徐金铧。我拿了一颗巧克力送给了她,她快乐地笑了。"咔嚓咔嚓"儿子手中的相机响个不停。

我们慢慢走进房间,她们家十分简陋,墙壁上布满了霉印,屋里随意摆放着几件破旧的家具,简直可以用家徒四壁来形容。飞飞只能趴在床上画画。看着这一幕幕,我的心又一次收紧了。我赶紧拎出一袋糖果,说:"小妹妹,这是我们送你的糖果,希望你以后快乐地成长。"孩子毕竟还小,看着这么大一群的陌生人进了家,她有些害怕,又有些迟疑。我看着她的眼睛,却看到了——距离。

我赶紧对身边一起来的孩子说:"别呆着,给妹妹剥糖吃吧。"大大小小的孩子一起上前,大家拿出了新文具逗她,又帮她画了一个漂亮的洋娃娃。细心的女孩,小心地剥好了糖果,轻轻塞进了她的口中。飞飞笑了,尽管只是微微上扬了嘴角,虽然她的脸上挂着之前的泪水。我的学生笑了,尽管他们呆在这样的屋子里有些局促。"咔嚓咔嚓"相机的声音更让大家放松下来。屋外还在下着大雨,可是我却觉得内心暖洋洋的。

......

"赠人玫瑰,手有余香。"我想,人与人的距离,有的时候真的很远。然而爱到爱的距离,可以很近很近。儿子把照片洗出来了,他说,这是他给那个小女孩的礼物,取名叫做"微笑·永远"。

【故事五】

音乐播撒希望
——五(3)中队新年慈善音乐会

(一)

自觉合作是学生成长过程中重要的非智力因素,而此种因素也将在他们的人生之路上产生重要的作用。

首先,从国际大环境看,全球一体化及经济自由化趋势明朗,国际间的竞争更加激烈,但合作也更加广泛。于是,人才的竞争和合作精神从来没有像今天这样受重视,从跨国公司进入我国,以及我国企业走向世界看,不同肤色、不同文化背景、不同宗教信仰、不同政治观念的人在一起共事已成为事实。因此,只有善于求同存异、善于合作,做好工作、促进发展,才能具有更强的竞争力,这也是当今社会一个不争的事实。

其次,从社会化大分工的程度看,当今社会在行业上越分越细,在学科上越分越专,在创新上对各行业、各学科的综合能力要求越来越高,这也要求人们具有广泛的社会合作精神。

第三,从学生学习上来说,自觉合作是提高学生整体学习效能的一个重要方面,也是他们助人为乐,养成关心他人、关心团队的一种良好美德。

最后,从目前学生的生存环境现状看,我班90%以上的学生为独生子女,由于众所周知的原因,他们在合作上存在许多弱点,如:唯我独尊,目中无人;自私自利,缺乏爱心;性格怪异,不易相处;依赖性强,主动性差;缺乏责任心,做事随便;意志薄弱,怕苦怕累⋯⋯

因此,把自觉合作、自信交往、自我锻炼引入教育活动中,同时,在学生幼小的心灵中埋下"慈善"的种子,以"穷则独善其身,达则兼济天下"为行事做人的准则,更能凸显其深远的教育意义。

接手五(3)班已一年有余,随着对他们的整体了解的逐渐加深,我们师生间的关系愈来愈融洽。我想着在学期末,组织一次家校、社会的互动活动,促进学生成长与提高,以此来诠释作为教师的我的教育理念。

以这样一种想法为宗旨,我筹划了本次活动。

(二)

活动口号

帮朋友,就大家一起来,没有什么阻挡未来!

邀请函

当我们品尝着阅读的快乐时,当我们遨游在数字王国时,当我们享受着蓝天白云、碧水青山时⋯⋯还有一群小伙伴因为先天的疾病不能奔跑,没有欢笑⋯⋯让我们一起来帮助他们! 因为儿童是世界上一点一点的光,当他们汇聚在一起的时候,就像含笑的鲜花绽放。

伴随着冬日里温暖的阳光,2013 年的元旦如期而至。12 月 29 日 18 点 30

分,在天长小学校园里,我们将举办"让音乐播撒希望"新年慈善音乐会。

期待着您的到来,让音乐传递爱的正能量——为那些先天性心脏病患儿。

2013新年慈善音乐会活动方案

主题:让音乐播撒希望——五(3)中队新年慈善音乐会

时间:2012年12月29日18点30分

地点:杭州市天长小学阶梯教室

形式:音乐会(唱歌、舞蹈、器乐、朗诵、小品),募捐

活动目的:

(1)关爱先天性心脏病患儿,在这个活动中为他们筹集善款。

(2)自我锻炼,自觉合作,自信交往。

(3)做一个有爱、温暖的人。

活动准备:

(1)成立"音乐会筹委会",12月26日前,同学们先自主申报节目,后由"音乐会筹委会"统筹安排,经周老师审查后张贴通知。

(2)设计准备节目单和邀请函,请"家委会"成员印刷。

(3)安排做好场务、接待工作,制作音乐会的ppt,每户家庭发放一个信封,用于存放捐款,制作一个募捐箱。

(4)联系医院患儿,落实负责摄影的家长、学生,确定负责新闻报道的学生。

活动提示:

(1)每个家庭捐款数最高限额100元(人民币),不设保底,尽心就好。

(2)带着一颗火热的、真挚的、富有爱的心前往,正装出席为佳。

"音乐会筹委会"成员:

总监:周红老师

执行:周欣雨 杜逸恒

主持人:陈亦飏 黄思睿 孙其澈 张琛赢

摄影:陈廷宇爸爸 胡汶鑫

新闻报道:裘耀钧 杜可

接待:方未 王佳锴 王云 吴嘉怡

场记：谢哲骅　汤铭萱

舞美：顾歆怡　张灵

音响（DJ）：成昊臻

多媒体制作：冯一擎　黄思睿

善款管理学生代表：杨瀚尧　陈佳怡

（三）

因为活动的参与主体是学生，所以在慈善音乐会策划的前期，对学生进行活动意义的宣传、自我锻炼的教育以及自觉合作的方法指导显得尤为重要。学生得知要组织这次不一样的新年活动时，显得很兴奋。那段时间的课间和中午休息时间，总会看到他们聚在一起商量着节目的串词，也会看到他们召集组员设计活动文案、商讨捐款箱的 logo 等。

为了帮助他们顺利开展活动，我特地联络了在省儿童医院工作的家长，期待能实现圆满的合作。出乎意料的是，他们不仅积极参与，还额外为我们送上一堂讲座——心脏的秘密。这真是令人欢欣鼓舞的好兆头啊！接着，新年慈善音乐会方案"诞生"了。在这份文案中，通过学生的申报，择优录取，我们对整个活动有明确的责任分工，包干到人，同时要求班委统筹安排，积极协调。不久，在这些"工作人员"的密切配合下，"邀请函"新鲜出炉了。这份邀请函的字里行间透露着五(3)班学生的集体智慧和创意心思。

在教育孩子的阵地上，家长是教师最好的同盟军。瞧，皑皑白雪挡不住一串串爱的脚步，天寒地冻藏不住一颗颗炽热的心，家长们身着正装精神抖擞地朝晚会现场走来。12 月 29 日 18 点 30 分，在天长小学校园里，新年慈善音乐会在阶梯教室里徐徐地拉开帷幕……

"'在满满的坐席上，有我们白发苍苍的爷爷奶奶、外公外婆，有我们亲爱的爸爸妈妈和可爱的弟弟妹妹，还有我们和蔼可亲的楼校长、严肃认真的庞校长、宽厚仁爱的蒋校长……他们胸前贴着红红的爱心，面带暖暖的笑容，与我们五(3)大家庭融合在一起，凝结成一团爱的力量，坚不可摧！'当主持人用甜美清脆、感情饱满的声音宣布活动开始后，'一校之父'楼校长为我们讲话，他告诉我们，这样富有爱心的活动他非常地赞同和支持，天长的孩子是天长的骄傲,有爱心的孩子更是祖国的骄傲……我们认认真真地听着,心中受到了很大的鼓舞。此时,我看到了班主任周老师的脸上欣慰的笑容。是呀,我们敬爱的周老师,在传授我们知识的同时,总是不忘记教我们如何做个品质优秀的学生,是她点燃了我们心中闪闪发亮的爱心!

"不觉中,黄思睿那轻松愉快的钢琴演奏《喷泉》在我们耳边优美地响起;随之而来的是我们的集体朗诵《我和我的祖国》,我们声情并茂地读出了我们的心声;阿杜家庭秀——一首好听的《荷塘月色》把我们带入一个有着皎洁月光,飘着缕缕清香的夜晚;将气氛推向高潮的是郦爸爸的表演,他抱着吉他,用富有磁性的声音为我们所有的孩子唱了一首《我的宝贝》,那声音充满了深厚的父爱,犹如一泓清泉流入我们的心田,滋润我们一颗颗渴望爱的、稚嫩的心灵;曾在香港得过古筝'钻石奖'的黄依云献上了一曲《银河碧波》,悠扬清新的声音让我们如痴如醉……

"在一轮高过一轮的掌声中,卧虎藏龙的五(3)班如火如荼地进行着这场令人激动万分的活动,但我们没有忘记这场活动的目的:关爱先天性心脏病患儿,在这场活动中为他们筹集善款。

"红红的捐款箱放在了主席台上,捐款开始了。大人们拿着一个个装着钱的信封,庄重地放入箱子,无言地表达着一份真挚友善的心意;楼校长、庞校长、蒋校长、周老师他们更是以身作则,在捐款箱里投入无私的大爱,场上暖流滚动,正用爱谱写着一首生命的曲子。

"4690元,这是我们在这场活动中为先天性心脏病患儿募捐到的善款。它如一片冬日的阳光,使贫病交迫的人感受到人间的温暖;它如一泓出现在沙漠里的泉水,使濒临绝境的人重新看到生活的希望。"

这篇文章是我的一位学生写下的有关当天活动的情况。

余音袅袅,温暖回家。所有参加这场活动的人都为音乐会画上了美丽的感叹号。

(四)

苏格拉底说过,"教育不是灌输,而是点燃火焰"。通过此次活动,学生的自信交往、自觉合作的能力得到了提高。在活动的实施过程中,我们创设了一个宽松和谐的氛围，使他们心情舒畅、思维活跃，合作意识、合作能力得到提高。我放手而不放任地让学生自主管理，做活动的主人翁。尤其在活动文案的设计和操作中，他们制订出管理内容、目标，我只是启发、检查、督促。无论是主持串词的撰稿，还是晚会节目的落实，学生都表现出了充分的自觉合作和分工协作意识，音乐会也因此办得有声有色，互助友爱成了班级的新风尚。这也进一步启发我：只要我们针对某一特定的教育内容进行精心设计，积极组织，推陈出新，对品德教育进行优化重组，就可能提高学习和教育效能。

事后，庞校长也对我们本次活动给予了肯定：

"我一直在思考一个问题，似乎成功的教育都和表演有关，如第56号教室的莎士比亚、周恩来总理南开的话剧团。我对此的理解是，这些东西更多地接近于真实，在任务驱动下，学生的锻炼相对真实和全方位。

"从我的观察看，你的做法中，有'更多地要求孩子'的本质的追求在，我刚做老师的时候，曾经认真翻过苏霍姆林斯基的书，现在慢慢地明白，他不是说'更高地要求孩子'而是'更多地要求孩子'，是完全有道理的。'更多地要求孩子'实际上是寻求不同的通道帮助孩子发展。"

（五）

感　言

【杜可】外面大雪纷飞，隔着一扇窗，却荡漾着一股浓浓的暖意，每个人都觉得春就在身边，温暖随着爱心撒向人间，留在每个人的心里……

【黄思睿】帮朋友，就大家一起来，没有什么阻挡未来。

【王佳锴】这次活动不仅培养了我们的"三自"能力，而且让我明白了"穷则独善其身，达则兼济天下"的道理。长大了，我要争取做个能兼济天下的人。

【冯一擎】窗外大雪纷飞，室内温暖如春。此刻，爱的种子在这里埋下。跟着音乐，我们舞起来！

【裘耀钧】飞雪中流露出温暖，温暖中流淌着希望。让我们用爱心连成一串爱心链，为先天性心脏病患儿做些、再做些。活着就有希望！

【顾歆怡爸爸】音乐会很成功，瑞雪兆丰年！祝周老师新年快乐、身体健康！

【张琛赢爸爸】周老师,今天女儿的表现着实让我们为之一振,我想这不会是我一个人的感受,其他家长也一定有同感。孩子们的潜质、热情、爱心在这样的一次活动中得以表现、释放,这背后都有您这位总导演的辛勤汗水。今天坐在楼校长边上,我也表达了同样的意思,楼校长对五(3)班也予以了充分的肯定。感谢周老师!

【杜逸恒妈妈】感谢周老师的付出!今晚的活动精彩而感人。回来的路上,我和小杜聊起,我们碰见周老师是一种幸运。这是小杜第一次上台唱歌,他说下来后周老师给了他一个大拇指。他激动了半天,谢谢周老师点点滴滴的付出。杜妈随感而发。还有很多话期待着以后有机会和您说。

【王佳锴妈妈】今天晚上收获的是感动和快乐,千言万语凝结成一句话:谢谢您,周老师!周老师,您辛苦了!

【蒋校长】活动很精彩!特别是在活动的尾声,班主任老师做感言时,能表扬为晚会做出默默奉献的幕后同学,场面感人,影响深远。

【我】解读"十八大"报告——"美丽中国",我认为,美在山川、美在文化、美在历史,更美在人文,最美的是人。"美丽中国",没有了最美中国人,如无根之萍、无源之水,徒具美丽外表,不具美丽生命。而最美中国人,应该具备坚韧、勤劳、宽厚和善良的品质。"美丽中国"需要公益、慈善,公益、慈善应该成为我们的一种生活方式。

第五章　非常亲情，非常教育

——如何进行家庭教育与家校合作

——爱无处不在，它是学生性格发展的基础。在父母和周围人爱的浇灌下，学生的情感发育才能正常。这是一种特殊的教育方式。

——我坚持了几年，尝试了很多不同的方式，向您推荐书信这种沟通途径。从心理学的角度来讲，它能消除面对面的拘束感，排解压力与困扰；从学校教育的角度来说，它能维系并推进家校的共同教育；从语文教学来看，它能提高学生的写作、表达能力。

——在"有声"里，没有呵斥、责备、批评，只有宽容、尊重与引导。作为一名教师，我时而在"有声"里推波助澜，促进家校合力的形成；时而伴着"花开"，记录整理成长的点滴；时而倾听"花开有声"，感悟生命的美好。

从孩子呱呱坠地的那一刻起，孩子和成人间不可分割的、切实的亲子关系就从一种可能状态变成了现实状态。家庭影响也从这一刻开始，延展到孩子生活的方方面面。作为孩子迈向世界的第一步，家庭和家庭教育在孩子成长的过程中起着奠基性作用。良好的家庭教育不仅能为孩子的为人修养打下良好的根基，而且能消化和提升学校教育的影响。重视和积极利用家庭教育与学校教育间的互动，通过家校合作营造一致的教育影响，营造和谐的家庭氛围，促进孩子健康主动地发展，是非常有意义的。教育没有止境，对家庭教育的思索也不应有止境。作为一名母亲，我深知养儿的艰辛；作为一名班主任，我也深知家校合作的不易。本章中呈现的理论思索与教养方法也可以被看作是在我为人母、为人师的过程中一些较为有个性的经验总结。

一、我这样看

（一）认清家庭教育背景

当前，我国正处于社会转型的时期。 社会的转型使我国家庭教育中的传统观念与西方伦理思想发生了激烈的碰撞。 传统观念的某些积极因素被淡化，也出现了一些文化失范、社会道德滑坡的倾向，主要表现为对理想目标追求的短期庸俗，急功近利、拜金主义、享乐主义等。 这在很大程度上影响着处于道德社会化关键期的少年儿童，也使得在许多情况下作为教育者的家长一方面教育判断出现困难，其权威性极大减弱；另一方面，对教育内容的真理性心存疑虑，使家长在家庭教育实施中时常出现困惑，往往面临教育问题的两难选择。 这具体地表现在：

第一，网络传媒的影响，改变了教育社会化环境。 近年来，随着生产的发展和人民生活水平的提高，网络媒体以空前的速度大量进入家庭，在人们的日常生活中占有十分重要的地位。《中国数字鸿沟报告 2013》显示：2012年，全国城乡居民家庭平均每百户计算机拥有量达到 55.9 台，比 2011 年增加 5.2 台；全国居民家庭计算机保有量约为 2.5 亿台左右，比 2011 年增加约 2400 万台，增长 11％。 当今的孩子通过网络媒体获得各类信息，接受各种教化，这意味着他们教育社会化的环境与以往相比有了很大不同，正在发生着前所未有的改变。 对大量社会现实的调查分析表明，在家庭中，家长不再能垄断信息，网络媒体具有教育者的多重身份： 一是社会价值观念的传播者。 孩子喜欢的动画片、科幻片、侦探故事、儿童节目等，每天都在向他们传播各种社会价值观念，包括家长并不赞成的社会价值观念。 在家庭中，家长是儿童道德的主要教化者的地位发生了动摇。 二是信息和知识的重要来源。 通过网络媒体，孩子能迅速了解社会的各类信息，扩大了知识面，甚至在某些方面比家长了解得更多。 他们对家长老生常谈的东西不感兴趣，甚至产生抵触情绪。　三是社会学习的指导老师。　孩子的社会学习是他们学习适应社会环境的过程。　传媒是一个无形的指导老师，能给孩子提供丰富的社会环境，并以孩子们喜闻乐见的方式对他们进行适应社会的指导，而这些是家长难以做到的。　然而，孩子从网络中也学会了许多他们这个年龄段无须懂得的东西。　他们追求对成年人行为表面的模仿或学习，但在很多情况下，并没有领会其实质，而使童稚的心灵受到污染。　正是由于网络媒体广泛地进入家庭，削弱了孩子对家长的依赖，在一定程度上疏远了亲子之间的关系，使得家长履行向孩子传授社会教育规范的责任遭到削弱。

第二，社会转型时期，亲子关系出现新特点。　家长是家庭教育的主要执行者，这是他们在家庭中的特殊地位决定的。　但是随着社会的发展，社会化环境的改变，亲子关系出现了一些新的特点，家长在家庭中的权威地位在一定程度上受到冲击。　家庭结构发生变化，亲子互动不同于以往。　当前，由父母和孩子组成的三口之家，是城市独生子女家庭的典型模式。　在这样的家庭中，只存在夫妻关系、父子关系和母子关系。　对父母来说，无须同时关注几个孩子，经济上和精力上的负担大为减少，对孩子在生活抚养照顾以及在教育上、感情交流上所花费的时间相应增多。　这是家庭关系简单化对孩子的有利影响。　不利的方面是，亲子互动成为孩子在家庭中与他人交往的唯一方式，加重了相互之间的心理依恋。　一方面，父母对孩子的经济投入和精力投入过大，期望过高；另一方面，孩子在家庭中的中心地位得到强化，在一定程度上影响了孩子正确的角色认知，使其难以接受父母的正面教育，也影响了亲子关系的和谐。　孩子的自主意识增强，渴求亲子之间的平等交流。　在从传统到现代的更替中，亲子关系的特点也发生了相应的改变，在越来越多的事情上，子辈有权做出决定，亲子两代人在家庭中处于平等地位，生活上相互扶助，人格上相互尊重，情感上相互依托，心理上相互理解是当今亲子关系的主流。　尤其是改革开放和信息化社会的发展，使得现代的少年儿童已经不再是封闭、保守的社会状态下的孩子，他们通过耳闻目睹和各种媒介了解了许多社会现象，也了解了自身权益。　在家庭中家长说了算的传统已经不被现代的孩子所接受，他们渴求与父辈之间平等相处、平等交流。

第三，社会转型时期，家庭价值观西方化。 在中国各大城市中细细观察，会发现父母与他们孩子间的交流正越来越西方化，也就是父母通常不会试图在孩子面前摆出一副威严、不可亲近的样子，不会摆出一种从上至下的、命令式的姿态。 相反，你会看见，更多的父母以一种非常平等的方式与他们的孩子沟通，试图进行一种心对心的对话。 因为，当父母不再把孩子当作他们的养老保障、当作他们的投资载体时，他们没有必要担心：天啊，如果我的孩子现在就不听话，他将来怎么孝顺我呢？ 我在他身上的投资怎么会有回报呢？ 他们也就不会总是打骂孩子、压制孩子的天性，迫使孩子时时听话。 这些父母已为自己买好保险、养老基金等。 此后，从经济上，他们就没有依赖孩子的必要。 这样，跟孩子的关系主要集中在感情交流上，希望跟孩子在情感上靠得更近些。 他们意识到，如果你希望孩子在情感上和你靠得很近，你就不能逼迫他们"不管有理无理，都得听话"，而是更倾向于平等谈话。

（二）家庭教育是一项系统工程

我们所处的是社会转型时期，在审视家庭教育对孩子成长起的重要作用时，不能不对其未来的使命做一番认真的思考。 在家庭教育的内容上，社会主义市场经济呼唤家庭教育内容的更新。 因此，在弘扬传统教育的基础上，更要关注适应未来社会发展需要的人的品质培育，如自主意识、竞争意识、进取精神、合作精神、创新精神的培养等；在家庭教育方式上，说教式的、以规范约束为主的方式，已远不能适应当今的孩子主体意识发展的客观需要，而应当提倡开放式的教育，指导孩子通过接触社会，通过各类传媒在复杂多变的社会环境中领悟传统的精华，学习新的、具有生命力的社会道德规范，以提高其道德评价和道德选择的能力；在家庭教育的对象上，孩子是单一的教育对象，家长仅以教育者的身份面对孩子的情况，成为多年来家庭教育实效性欠佳的重要原因。"向孩子学习""父母与孩子一同成长"应当成为家庭教育的新观念。 在家庭中，亲子互为教育者。

第一，教子做人，是家庭教育的主要的和根本的任务，就是要十分重视子女思想品德教育。 很多家长由于不懂教学规律，不了解教学内容与方法，劲使不到点子上，而往往事与愿违。家长应注重对孩子做人的教育，发挥自身在家庭中教育孩子的独特功能，提供相当广阔的领域，进一步明确家庭教育的方向与重点。

第二，重视每个受教育者个体的发展，促使其潜能在自身原有基础上得到充分开发。个性教育的内涵主要包括培养学生独立人格、主体意识、创造性能力和和谐、完整的个性。在这方面，家庭教育有明显的优势。因为家庭教育不同于学校教育的突出特点之一是有鲜明的针对性，尤其在健全的独生子女家庭中，家长多于孩子，即教育者多于受教育者。这比在学校里一个教师面对几十个学生更能了解孩子的长处、短处，洞察孩子的思想、情绪变化。家长可以在日常生活中融入思想品德教育的内容，培养孩子的自主意识、自己动手做事的能力等。在宽松和谐的家庭环境中，孩子有比在学校充分得多的表现自己、自我实现的机会。这就要求家长转变教育观念，优化教育方式，充分利用家庭教育的这一优势，因材施教，最大限度地开发孩子的潜能。

第三，使家庭教育立体化、可操作化，从而更具实效性。家庭教育所应当承担的不仅仅是单一的思想品德教育，还包括孩子的身心健康指导、生存能力培养、交往能力培养、劳动技能培养等关系孩子整体素质的诸多方面。在社会转型时期，个人需要和社会需要已经成为一对主要矛盾，家庭教育也应遵循这一矛盾运动的原理来考虑其内容，既应有高层次的社会需要内容，又应有较低层次的个人需要内容，既要重视社会需要的决定作用，又要肯定个人需要的合理性及其对生产力发展的推动作用。这样才能建立切合实际、实事求是的教育内容体系。

第四，学校与家庭、社会结合起来进行教育，是一条极为重要的途径。人一开始就受到家庭的抚养，接着进入学校、社会，人的一生与家庭、学校和社会紧密联系在一起。因此，必须把家庭、学校、社会作为一个统一体看待，相互衔接，相互配合。因此，一方面，我们要在社会上造成舆论，重视家庭教育，把它看作一门科学，促使人们自觉掌握家庭教育规律。另一方面，要开办"家长学校"。有条件的地区，要将"家长学校"与婚前教育结合起来，目的是提高家庭教育质量，提高人的素质，让每个家长都掌握教育孩子的基本方法。

第五，社会教育是一个重要方面，它发挥着重大作用，但尚需完善。 首先，在社会上开展各种教育活动（或叫运动），如礼貌周、尊老敬贤周、和睦相处周、国家意识周、同心同德周等。 在公共场所，要利用博物馆、展览馆、纪念馆（"三馆"）等公共设施进行传统教育。 但是，目前我国"三馆"处于经费不足、难以维持的局面。 有些馆不得不出租一部分经商，甚至有的馆整体改作商城或饭店，使国家投资建设的"三馆"的教育功能丧失，本来就少的"三馆"变得更少。 发达国家"三馆"较多，而且颇具专科性，如历史、地理、科学、艺术、自然等种类。 截至 2016 年，上海市拥有近 60 座博物馆、收藏馆。 然而，参观人数远远低于饱和量，未能真正发挥其传播、教育的作用。 有人可能要问："三馆"数量少，可为什么还会出现"门庭冷落"现象呢？ 这只能从馆的自身找原因。 前些年，河北省省会石家庄市的一家展览馆搞了几个别出心裁的大型展览，参观人数之多是以前少有的，收到了良好的经济效益和社会效益。 当然，国家政策还应倾斜，尽快改变被动局面。

第六，加强国际交流，提高家长教育观念的科学性和先进性。 我们过去的研究工作多是通过各种学术团体进行的，应筹建一个全国范围的家庭教育研究所，对我国道德教育、家庭教育进行研究。 当代，在世界范围内，展开了许多家庭教育研究工作。 联合国教科文组织有专门的工作组，并对多种家庭教育进行科研立项。 亚太地区在 20 世纪 70 年代后期连续召开六次家庭教育研讨会，内容涉及道德教育问题。 另外，美国、日本、马来西亚、新加坡也积极进行家庭教育的调查，寻找道德教育、家庭教育的规律，试图解决本国道德教育、家庭教育存在的问题。 应加强国际合作与交流，把道德教育、家庭教育研究提高到一个新水平。

（三）走向理性的父母身份

"后喻社会"是指年轻一代人反哺老一代人，也就是老一代人向年轻一代学习的社会。 现今，由于社会物质文化的发展尤其是信息技术的发展，以及多元文化的碰撞，这种"后喻社会"的特征日益明显，即年轻一代不仅在新知识、新事物的接受上更快，而且其从小所接触的社会文化环境也比老一代人更为丰富和复杂，视野更为开阔，学习能力也更强。 他们不再满足于被动地听从父母的教诲，而更多地要求双向沟通与理解，希望能够获得展示与表达的机会，希望能够以平等的主体身份与父母交流，参与家庭事务的筹划和管理。 这种主体性的彰显既表明了时代的发展和整个社会的进步，同时也呼唤着家长们摆脱传统的权威型、放任型的教养方式，而建立一种以对话为主的民主型教养方式。 这种教养方式要求家长能够以平等的朋友身份走进孩子的内心世界，关注并尊重孩子的心声，善于反思与学习，与孩子一同成长，走向理性的父母身份。

从成为一个母亲以来，我就意识到我的角色与理念和以前有所不同了。孩子虽与我血肉相连，但他是一个独立的个体，是与我平等的主体，他的人格和品性的健全发展比什么都重要。 因而，我十分注重对孩子的言传身教，也积极探索教育的方法。 我希望自己是一个好母亲，也努力朝这个目标去做。 我也把这种母亲一样的关怀带到了我的教学、我的班主任工作中，我希望孩子们能够健康地成长，我希望家长们也能够给孩子提供这样的成长环境，对孩子有一个正确的期待。 因而，我会寻找各种途径来拉近亲子关系，"花开有声"栏目的亲子对话、作文教学中要求父母回顾孩子的成长经历等，都是我所做的一些尝试。 我希望我们成人在伴随孩子成长的过程中，也能获得沉甸甸的幸福感。

（四）不同角色相互滋养

对于一名教师来说，教师只是其诸多角色中的一种，除了教学这样一种职业生活以外，教师还有家庭生活、社交生活等其他的私人生活形式。 正是这诸种角色生活的总体构成了教师的完整生活，教师也在这诸多角色的连贯转化中形成了自己的同一性，成了一个完整的人。 因而，教学生活与其他生活并不是割裂的，而是紧密联系、相互影响的。 对不同的角色有自己清晰的认识并能实现灵活地转化与融通，是教师智慧生活的基础。 这需要教师具有一种自觉的反思、研究与行动能力。 尤其对于一个将教师作为其终身职业的人来说，要使教学生活保持长久的生命力与热情，要获得一种完整而幸福的人生，就必须认识到教学生活与其他生活的相通性、互补性，并自觉地以一种研究的态度去对待这两种生活或多种生活，学会融通，使其共同提升与相互滋养。这是教师生活的一种境界，可以称之为教师的智慧生活。

班主任工作其实也是如此，最能打动人的艺术莫过于教师自身的生活体验。在这一点上，我深有体会。在教养自己孩子的过程中，在与孩子朝夕相伴的过程中，我悟到了书信在亲子沟通中的魅力，悟到了言传身教、随时随处教育以及情感教育对于孩子成长的重要性。因而，作为一种契机，我将这种教养子女的艺术转移到了我日常的班主任工作中，转移到了家校合作中。这种尝试被证明是有用的，我也相信它是有用的，因为不论是教养孩子，还是教育学生，我们都是在抚育孩子，我们都是在承担为人父母的角色。或者是扮演有血缘关系的亲生父母角色，或者是扮演一种"替代父母"角色，两者本质上的一致性，使得一切指向孩子积极发展的探索都变得有意义。反过来，我在班主任角色上所做的探索，比如对团体活动重要性的强调也融入了我的家庭教育中，比如我常常会让我的孩子和其他孩子一起结伴出行，等等。有时候不同生活的界限不需要那么明显，跳出生活对生活的限制，以一种整体的视角来看待自己的日常活动以及自己所处的世界，把握诸者内在的统一性，我们的生命会因此而大放异彩，充满活力与乐趣。也许是由于这种信念的支撑，我的班主任工作、教学工作与我的家庭生活实现了很好的融通与提升。我想，这就是一种不同生活形式之间的相互滋养吧。

二、我这样做

（一）注重言传身教

家庭教育作为一种特殊的教育，对孩子的个性发展十分关键。要培养孩子健康乐观的生存态度，首先我们家长得有一个开朗乐观的心态，率先垂范，做好榜样。不要老是抱怨社会的不公，埋怨人际关系的复杂。不要把成人世界里阴暗、悲凉的纷繁展示和灌输给孩子。只要你不"吝啬"时间，加上爱心与耐心，多与他们相处，谈谈自己的工作，聊聊家常，让孩子觉得父母很重视自己，孩子的心里话会在漫不经心的聊天中说出来。 要把孩子当作朋友，当他准备向你倾诉时，父母最好能放下手头的工作或家务，一边注视着孩子的眼睛，一边倾听，让孩子感到父母重视自己的心声。 这样，孩子的自信与认同感就会逐渐培养起来。 言传身教，把对自身、对他人、对世界的爱带给孩子，我以为，这是孩子从家庭中获得的最宝贵的财富。 人生路上，当我们勇敢地面对生活、面对世界，能包容它的一切，热爱它的一切时，还有什么样的问题无法解决呢？ 快乐地迎接成功，快乐地接受挑战，快乐地引领一切，那么，任何艰难险阻都将望而却步。

（二）教育有契机

养育孩子的过程实际上是一个教育孩子的过程。 孩子，作为一个有思想的生命个体，仅仅给他吃饱穿暖并不够。 尤其是正处在人生观、世界观形成发展关键时期的小学阶段，孩子的可塑性特别强。 父母如果在这个时期抓好对孩子的教育，则有益于他一生的健康成长和发展。 在家庭生活中，把握好契机随时随处进行教育，会收到事半功倍的效果。

曾有一天，儿子捧着《成语典故》专注地读着，我一连叫了他几声，他才搭理，"儿子，早饭吃什么？""随便。"他漫不经心地答道。 过了一会儿，我端着一碗汤圆，让他吃下。 他慢吞吞地走到桌边坐下，两眼盯着书，一边往嘴里塞进一个汤圆，"呸，呸……"他忙不迭地从嘴里吐出汤圆，"妈妈，这是什么汤圆啊？ 酸酸甜甜，又带苦辣的，什么味啊？""这是随便汤圆呀。"我面无表情、慢条斯理地说着。 这时，他呆呆地看着那碗汤圆，说："这是我自找的'苦果'。 虽然，我心里是老大不高兴的，可我明白，你用这种方法告诉我，'随便'带来的是'苦果'。"我希望孩子懂得，无论在何时说话做事，都得有严谨的作风。

（三）包容弱点

孩子的成长就是一个不断战胜弱点的过程。 懂得一定的教养规律和教育技巧，理性地帮助孩子渡过成长的难关，是我们做父母的使命。 首先，当孩子感到委屈、遭遇挫折时，我们应表现出冷静、宽容和同情的态度，因势利导地给予辅导，为他创造宣泄的机会和环境。 这时，父母可以悄悄送上一张旋律优美、抒情的 CD，也可以安排一次远足郊游，并适时地介绍一些排解问题的方法，使他能尽早地走出"困境"。 孩子也会因此产生感激之情，易于化解不快，接受家长的告诫。 其次，在旁人处多展现孩子的长处，不对孩子的失败表现出瞧不起的态度，而应说"我也不会干这个"或"我也有失败的时候"等。 这样，孩子就有勇气走出困境和失败，以免迷失自己或自我否定。 最后，还要关注孩子心理发展的变化，要有预见性，提前做好应对的准备。 如当儿子进入少年时代，我买来《中国男孩》悄悄放在他的床边，帮助他平稳度过发展期，等等。

（四）　期待有度

许多父母往往为自己孩子的成绩不好而忧心忡忡，开始还稳得住，只是忙着买书和花钱请家教，或者陪读；如果效果不明显，他就急了，会动手体罚。 父母紧张兮兮地认为孩子应该怎样做才是最好的，希望孩子永远比别人先跑一步，一旦孩子没有出现预期中的表现，他们就乱了方寸，其实完全用不着如此。 在孩子的学习上，培养学习习惯，使他们养成良好的生活习惯和健康的心理更重要。 家长应全面了解自己孩子的智力水平和课堂表现，根据孩子的实际情况，与老师一起提出切实可行的要求，制定措施、指导落实。 同时，要鼓励他们不断战胜学习上的困难，给他们创造一个轻松自如的学习环境和心态环境。

孩子学习有个过程，要帮助他们分析功课不好的原因，对多数孩子来讲，仅仅是学习习惯和兴趣的问题。 更有甚者，孩子得了八九十分，父母还不满意，非要得一百分不可。 作为家长，这时该想想，自己小时候读书，每次都得一百分吗？ 一些家长望子成龙心切，提出了超越孩子思想水平、智力水平、心理能力，而使孩子不能承受的过分要求。 由于思想压力过大，学习负担过重，有的孩子身体垮了；有的产生了严重的厌学情绪，违反纪律、厌倦学习；有的不敢讲真话，报喜不报忧，当面一套，背后一套，欺骗父母和老师，变得不诚实；还有的由于学习成绩达不到父母的要求，害怕打骂或受到打骂后离家出走……我很庆幸，儿子从小学到中学一遇到的都是工作有责任心、生活充满爱心的好老师，在他们的悉心呵护下，我的孩子成长得健康、快乐，富有正气和活力。

（五）书信传情

在班级管理和家庭教育的探索中，我尝试了很多不同的方式，觉得书信是一种有效的沟通途径。 在孩子与成人的交流中，以书信来交流不仅能消除面对面的拘束感，排解压力与困扰，让孩子自由地表达自己，同时它也能提高孩子的写作、表达能力，维系并推进家校的共同教育。 在这方面，我有深切的体会。 我特别喜欢以写信或留条的方式来与儿子沟通。 记得在他小学毕业之际，我给他写了一封长信。 在信里，我肯定了他学习上的勤奋与努力，赞扬了他品行中的善良与孝顺。 当他顺利地考上重点高中时，我与他好好地交流了一番，更多的是告诫他，要给自己在学习上树立一个更加高远的目标，要学会观察与分析、沟通与表达、自信与坚毅；在为人品质上，要豁达和宽容，不要羡慕，更不能嫉妒别人的成绩，要多注意他们辛勤耕耘的过程……目的就是为让他有一个健康快乐的心态，只有这样，他才能拥有幸福的人生。

至于孩子发展如何，可从他初二时的一片习作片段中看到一些：

"母亲喜爱养花，家里只要有空地，她就摆上一盆，精心照料。 久而久之，家里的露台成了一个小花园，苍劲的竹子，硕大的石榴树、橘树，优雅的兰花等都成了客人称道的，我们引以为豪的东西。 有可能受她的影响，从小我也喜欢养些小花草。 那时的我不懂事，以为瓜子壳能长出向日葵来，便把瓜子壳种在土里，浇上水，耐心等待…… '好啊，那我就等着它们发芽吧。'母亲的话让我信心大增。 后来才知道，这开出来的向日葵是她后来播种长成的。 她所做的，是想保护我这颗充满童真的心，想让我明白，只要有信念，事情一定会成功。 母亲知道如何保护一颗纯真的心。 有播种就有收获。 母亲在我心里播下了理解、帮助别人的种子，我收获了理解、帮助别人的绿芽。"

在"爱"的氛围中，儿子特别善良。 我记得有一年暑假，为纪念抗日战争胜利60周年，我带领学生赴金华探望受日军侵华细菌战残害的两位老人。

儿子因上课不能前往，却一定让我带上 500 元给那两位贫困的老人。 他虽没有豪言壮语，但我明白，这 500 元奖学金是他曾计划购买心爱的模型飞机的。

（六）家长如同事

在教育活动中，家长是我们的同事，他们是家庭生活的教育者。 犹如同事的家长观的树立，拉近了我与家长的距离。

当然，要把家长集中起来有时候也不是那么容易，需要我们仔细地琢磨。 很重要的一点是尊重家长，在重大的班级活动和班级决策中，我们设身处地地为家长考虑，照顾到每个家长不同的价值观念、工作性质和所处的社会环境，在精神上给予他们应有的尊重，努力争取他们的信任。 只有这样，这种同事关系才能深入家长的心里，他们才会支持你的教育工作。 比如，在爱心会演募捐活动中，考虑到家长的职业性质和每个家庭的经济、生活状况以及家长个人的想法，我通常会给每个家庭发一个信封，让他们以匿名的形式把对孩子的爱、对班主任工作的支持、对社会的关怀融入这个信封里，捐钱的数额最高为 100 元，底数不限，表达一份爱心就好。 这种从家长角度出发的做法由于照顾了家庭的实际情况，也尊重了家长个人的想法，因而赢得了家长的支持，我与家长朋友之间的关系更加融洽了，我的工作也得以更顺利地展开。

三、 我的故事

📋【故事一】

非常亲情，非常教育

家长把孩子送进学校，更多的是希望学校承担起对孩子的认知教育，而当有意无意地忽略了情感教育时，残酷的惩罚就悄悄地来临。因为有些家长缺乏正确的教育目标，重智育轻德育，重言教轻身教；也有的家长对孩子的期望值比较高,把自己未实现的理想寄托在孩子身上,对孩子不断地施加压力,造成孩子较重的心理压力。因此,校园暴力、家庭悲剧频频出现。

这是一个竞争激烈的社会,繁忙的父母无暇照顾孩子已成为一种社会现象。很多问题,归根结底是因为家长没有在本质上对家庭教育的地位和作用有正确的认识。在教育实际中盲目行事,以致事倍功半,甚至事与愿违。有的孩子较敏感、冷漠孤僻,有的则娇气、霸道、任性、好吃懒做……是什么破坏了孩子的健康成长? 忽视或溺爱都是根源。作为教师,该给孩子怎样的亲情? 怎样的教育? 这一直以来都是我探索的方向。

眼见"五一"假期即将来临,家长想趁着长假,带孩子外出旅游,或走亲访友,以弥补平时疏于陪伴的遗憾。那么,作业如何布置? 是习作"五一"见闻,还是抄写、背诵? 不,不! 那向来不是我的教学风格。那么,我该为学生、为家长做点什么? 哦,就来个谈话作业——沟通从心开始。

"同学们,假期里与父母进行一次真诚、坦率的交流吧。可以从你出生那天开始谈;可以问问父亲,他第一眼看见你时,是怎样的一种心情;也可以了解一下父母在你未出生时,对你的美好遐想是什么,现实的你是否是他们理想中的孩子……总之,期待你们与父母之间有一个和谐的、像大人似的被尊重的沟通。"

啊? ……看到孩子们的表情,有的疑惑,有的不安,有的兴奋,有的茫然,我的确有些惴惴不安,孩子们能完成吗? 万一被家长草草打发了,岂不尴尬? 但是,有一点还是令孩子们高兴的,即假期里,没有别的作业。

这一独特的作业在假期结束后,让我收到了全班家长的来信,其中最长的一封有4000字,并提议,这一创意可以申报"诺贝尔家庭作业奖";一位家长说,她将在自己的公司里也布置一次类似的"作业"。

而有一封信,我记忆犹新。

"周老师,真没想到你会布置这样一份作业让我来完成,更没想到一个漫不经心的回答,让儿子记在了他的日记本里,我交了一份不合格的答案。吃晚饭时,儿子一本正经地要和我们谈天,问我们:'在我的成长过程中,你们印象最深的事是什么? 我出生时,你们对我的期望是什么?'

"从来没把他的话题当回事,自然应付了事,嘴里扒着饭,眼睛看着电视,应付了儿子两个问题。突然,他很得意地告诉我们,这就是假期作业。当时心里顿了一下，突然领悟了老师的用意：想通过此，来了解家庭中父母与孩子之间的交流情况。

"说实在的，平时忙于工作和家务，早就忽视了与孩子进行思想沟通。对孩子的关心更多的是放在生活上。一旦认为需要敲打一下孩子了，就以家长的姿态教训他：懂了吗？知道了吗？

"其实，我很愿意告诉他，在他成长的过程中给我们留下深刻印象的事实在太多了：你第一次从床上摔下来，第一次开口说话，第一次生病住院，第一次在幼儿园公开表演，第一次送你上学，第一次领回奖状……与孩子共同重温他走过的每一步，这是一个多么温馨的话题。"

为什么一次家庭作业会引起家长们这么大的反响？著名作家罗兰曾说过，"生命不是一个可以孤立成长的个体。它一面成长，一面收集着沿途的繁花茂叶"。

确实，爱无处不在，它是孩子性格发展的基础。在父母和周围人爱的浇灌下，孩子的情感发育才能正常，这是一种特殊的教育方式。

爱着我们的爱，成长着我们的成长，享受着我们弥足珍贵的享受。家庭亲情、同学亲情、朋友亲情、师生亲情，亲情是永恒的，也是我要努力去为孩子创设的。

【故事二】

给你——我亲爱的儿子

儿子小学毕业前夕，我给他写了一封信，这是我第一次郑重其事地给他写信。每个农夫、每个园丁都相当清楚，如果他想土豆丰收或者他想培养出美丽的玫瑰，他就不应错过时间，他会在挖土豆前或摘玫瑰前选择适当的肥料，给它施肥。就种土豆和玫瑰而言，每个人都明白这是常识，但是当涉及教育孩子时，我们多半连想都不会想。"幼儿养性，童蒙养正，少年养志。"作为母亲，我深知家庭是很重要的教育机构，家长是主要的启蒙教育者。

头头：

你好！

在不知不觉中，你长大了！今年的"六一"是你小学阶段的最后一个儿童节。过了今天,你是一名少年了,作为母亲,我要向你表示最衷心的祝贺!

作为母亲,我有太多的话要跟你说。自从生命里有了你,我有过太多的憧憬和期盼:我要伴着你读书识字,牵着你走过春夏秋冬,带着你徜徉在青山绿水间。在和你同行的日子里,我的确感受到了莫大的喜悦和安慰。

六年的小学生涯在弹指间一晃而过。这六年,你明白了祖国的含义,更加热爱养育你的一方热土;这六年,你懂得了仁爱的真谛,崇尚真善美;这六年,你学到了大量的知识,感悟了"一分耕耘,一分收获"的道理;这六年,你得到了锻炼,开阔了视野,不再言败;这六年,你深信,这个世界从不拒绝艳丽的鲜花,也不拒绝奋斗的眼泪。这六年是你人生的启蒙阶段,应该感谢老师、同学所给予的关心和支持,是所有爱护你的人,给予的宽容和理解,才让你感受到了温暖和愉悦。任何时候,都要珍惜这弥足珍贵的童年时代,不能忘记这纯真的闪亮的日子。

中学,是你人生道路上的又一个台阶。在崭新的日子里,应该为自己树立一个更加明确的目标。要知道学习是一种攀登,是一场拼搏。只要你学会观察与分析、沟通与表达、自信与坚毅,相信你一定能做个最好的自己。

"天道酬勤",请记住这句话。做人一定要豁达和宽容,不要羡慕,更不能嫉妒别人的成绩,多注意别人辛勤耕耘的过程,只有这样,你才能有心情去分享别人成功的喜悦。

作为母亲,期待着你在今后的人生道路上,走得从容,走得豪迈,走得奔放。

爱你的妈妈

2003 年 6 月

【故事三】

倾听"花开"的声音

依稀记得,那湖心,夏季的时候曾盛开一湖的睡莲。圆圆的叶片贴着湖面，安安静静的。晨光透过树梢撒下的时候，满湖的睡莲，叶子上都带着晶莹剔透的露珠，白色的花蕾点缀其中，一片，又一片。花开的声音，你听到了吗？

——题记

亲爱的教师朋友们，请问在平时，您与学生有心与心的沟通吗？也许您会说，一个班级有那么多的人，每一个都要心与心的交流，那工作怎么做得完呢？更何况，并不是每一个学生的内心，都是那么容易靠近的。

是呀，在一个三四十人的班级里，作为教师，要把工作做到每一个学生的心里，真的是件不容易的事。但是正因为是教师，如果不了解每一个学生，教育的起点又如何获得呢？学生的各种不同的情感需求和喜怒哀乐又怎样满足呢？

刚开始，每周三"花开"的时候，学生无话可说。想想也是一件奇怪的事，现在的孩子接收的信息多，见识的场面多，但是真正要他们写些观察与心得，他们就直摇脑袋。我想，这与对独生子女的教育，是很有关系的。他们对周围的事情总是显得不够关注，因为他们的关注点大都是在自己身上；他们所受的关注真的很多，但是这些关注大都被分配到了学业上。作为教师，我清楚地知道，知识只是我授教的一部分内容，更多地，要让学生学着体会、学着观察、学着思考。

于是，我开始有意识地引领话题：母亲节到了，写封信说说心里话；班干部竞选了，向父母及老师讨教经验；考砸了，要求大人给予鼓励和安慰；学校要举行活动了，给大队部出出主意；对同学之间的纷争，谈谈自己的想法……话题的设计从学生的学校生活出发，关注他们周围发生的各种事情，结合当下热门的讨论话题，辐射感恩、诚信等品德教育，并联系实际的家庭教育工作。我常常和学校年轻的老师交流，教育是需要"点"来支撑的。因为我们面对的学生来自不同的家庭，从小生活在不同的环境中，更关键的是家长的工作性质、信仰操守及学历各不相同，所以每个学生、每个家庭所产生的教育矛盾及问题也是有差异的。对同一话题的探讨，能让每一位教师找到不同的"教育点"，在宏观掌控的基础上，开展差异的教育工作。

同时，家长也积极参与其中。在"有声"里，没有呵斥、责备、批评，只有宽容、尊重与引导。作为一名教师，我时而在"有声"里推波助澜，促进家校合力的形成；时而伴着"花开"，记录整理成长的点滴；时而倾听"花开有声"，感悟生命的美好。

近几年来，班上的学生已将"花开有声"纳入了正常的学习之中。通过这一载体，提升了他们的写作、表达、创新的能力，唤醒了他们健康的个性和阳光的心态，师生、生生、家庭的多种情感更加融洽了，增强了班集体的凝聚力。"花开有声"是一只神奇的收藏袋，如果您有兴趣，可以和孩子、家长一起打开它。

下面是刚"开花"时的内容，虽稚嫩，却不失可爱。节选片段，以飨读者。

【齐元峻】亲爱的爸爸妈妈，我在学校里又长了一斤肉，因为今天的饭菜比前几天都多，差点把我的肚皮撑破。今天，周老师给我们讲了中国是怎样统一的，元朝是如何强大的等许多历史故事，可动听了。妈妈，您给我请的历史老师何时才能见面啊，我有好多问题要请教呢，谢谢！

【齐元峻家长】儿子，不好意思，忽略了你的心里话。很高兴，你在学校里健康地成长；很高兴，你还记得请教历史老师。明天，我会带你去参加活动，你会碰到好多历史老师，还能看到"印象西湖"，开心吗？

感谢老师给我们这样一个交流的机会。孩子对历史很感兴趣，尤其是周老师每天都讲的历史小故事，特别吸引他。他也知道许多历史故事，可以请他给同学讲讲。祝周老师教师节愉快！

【齐元峻】亲爱的爸爸妈妈，明天就是班干部改选的日子了，我的心里既紧张又激动。不知道谁能当上中队长。中队长是我一直以来都想当的职务，但两年了，还是没选上。这是第三次选举，我要抓住这次机会。爸爸妈妈，我想请教你们，我怎样才能当上一个称职的"好官"呢？

【齐元峻家长】"一个不想当将军的士兵就不是一个好士兵。"妈妈很高兴你有这样的上进心，也希望你能如愿。但是，班里的同学都很优秀，相信有许多同学都能成为称职的班干部。你很可能落选，所以，我要给你打好预防针：落选了，千万别哭，男子汉没有什么挫折是过不去的。只要努力就行。

【朱嘉铭】亲爱的爸爸，谢谢你的"大作"，这表现了您对我们学校的支持，请再接再厉。还有，您对我的要求，我会重视，加强数学基本功的训练，向孔润琪学习。妈妈，我会在家里做些家务活，不让您再那么累。祝重阳节快乐！

【朱嘉铭家长】亲爱的儿子，不用说"谢谢"，这都是我们大人应该做的。《三字经》里不是说"子不教，父之过"嘛。有时候爸爸妈妈向你发脾气是不应该的，但请你相信，那是因为爱你心切。今后我们之间要多理解、多沟通。

很高兴听到你自豪地说："我会背很多古诗了。"正如你所背的诗："学问勤中得，萤窗万卷书。"自古以来，读书都是辛苦的，勤学苦练才会有丰收的喜悦。希望你仔细体味诗中的意思，更专心、努力、刻苦地学习。

【陈睿】爸爸妈妈，今天第四单元的考试没有考好，对不起。我下次一定会非常努力！在校庆活动中，我有演出任务。这些天，我都在积极参加排练，还受到老师的表扬呢！

如果下次我考好了，您能让我多看五分钟的课外书吗？

爸爸，求您别老吸烟，吸烟会对肺有害处的。

【陈睿家长】宝贝，这次考试没考好，不代表什么，还有下次呢。只要你认真努力，上课专心，相信你会进步的。对了，爸爸吸烟的习惯是不好，我们已批评他了，但他就是改不掉，不过他也有进步呀，在家里基本做到不抽了。我们继续督促他，好吗？

【金彦颖】亲爱的妈妈，您好！又是一个宁静的下午，我们也该心连心地通次话了。首先，我要向您"申请"一下，星期天我想请李亚菲和曲家良到我们家来玩，您同意吗？此外，是否可以买些东西来招待他们？我非常想和他们痛痛快快地玩耍。家里有点乱，我们整理一下，可以吗？

另外，希望不要天天晚上让我做语数课外作业和练琴（偶尔做做也是可以的）。不然我会来不及看周老师推荐的课外书的。

【金彦颖家长】好啊。我非常乐意请你的伙伴来家里做客，我会买很多好吃的东西来招待他们的。欢迎你以后经常邀请同学来家里玩。你把我当作朋友看待，有事和我商量，我感到非常高兴，希望在你心中，我永远是可爱的妈妈。

看了你的建议,我和你爸爸决定采纳你的想法,暂时停止少年宫的美术课。之所以这么决定,是因为我们也认为双休日应该给你更多的时间休息、玩乐。不过,你画画不错,又学了四年,可不要轻易放弃哦。妈妈叫你有空时读读英语,做做语文、数学,都是为你好。天才来自勤奋,渊博的知识来自平时的积累。周老师推荐的书,当然要看了。你把自己的时间合理安排就行了。

周五晚上,我们一起整理房间。

【金彦颖】亲爱的妈妈,您好!阿太、大爷爷和大奶奶要来杭州了,我一定会夹紧自己的"狐狸尾巴"。我要提一个小要求:希望我睡觉时,不要把玩具小熊猫扔到地上。

亲爱的爸爸,您好!下星期就要数学考试了,数学是你的强项,所以请你帮我一起复习,每天晚上,可以为我出张数学能力卷或找一些奥数题做做。

【金彦颖家长】哈哈,"狐狸尾巴"是要夹紧,不要让阿太看到你乱发脾气就好了。要做个讲文明、懂礼貌的小学生。另外,要声明:我没有乱扔你的小熊猫,我只不过把它放在你的枕边,可能被你在梦中推下床去的。

爸爸也乐意为你在数学学习上提供帮助。

【李亚菲】爸爸,请您早点回家,一回到家也不要先看电视,晚上早点睡,养好精神。祝您事业顺利,出入平安!

妈妈,请您每天坚持锻炼身体。在您出差的日子里,我会好好学习,不会落下功课,不会让您失望的。

【李亚菲家长】懂事的阿菲,你一直都那么体贴,我会多锻炼身体。你也要早点做完作业,早点睡觉,做个"美丽的小天使"。同时,你要学会调节自己的心情,遇到不顺心的事,不要急,要有自信,相信经过自己的努力,一定能取得成功。

【李亚菲】妈妈,最近几天,您都在做馒头片给我吃,早晨起来得很早。我觉得您做得很好吃。爸爸出差了,压在您身上的负担可不轻,您辛苦了!不过,我会尽量减轻您的压力,自己管好自己。

【李亚菲家长】阿菲,你从小就懂事。我们希望你每天快乐,少一点烦恼。

我们每天为你忙碌着，但心里是非常幸福的。生活就是这样在忙碌中充实着。我们看到了你在一天天长大进步。现在，我想你能在这学期里把做作业的速度提高，也算是你给自己定的目标吧，克服三心二意的毛病，争取专心、快速、准确地完成自己的作业。期待这学期末，你能实现我的小愿望。

【钮宛成】爸爸妈妈，我希望在这次班干部改选中，能当上中队委员，为大家服务。

【钮宛成家长】"花开有声"，一个富有诗意的心灵园地。

女儿，从你直率天真的话语里，爸爸妈妈解读出你上进奋争的可爱心理。你是一朵尽力朝向太阳，倾心吸取雨露的美丽小花，相信在天长这个花园里，在老师们的辛勤哺育、浇灌下，定能茁壮成长。

班干部的竞选，你能积极参与，好，祝你成功！

【钮宛成】爸爸，下个星期三、四、五连着星期六、日放秋假。希望上次写的书法作品能得奖。我被选为运动会上的迎面接力赛手。今天是重阳节，也叫老人节，我要给爷爷、奶奶打个电话。

【钮宛成家长】女儿，书法慢慢练，别急于获奖。想要收获就须有付出。锻炼身体，为班争光，发挥跑步天赋，爸爸妈妈都支持你！保持每周问候爷爷奶奶一次，好吗？

【胡嘉辰】亲爱的爸爸妈妈，上周的登山活动非常有意思，既锻炼了身体，又让我们懂得了集体的力量最大。一个人只有与伙伴合作，才能获得成功。这次活动以后，你们就腰酸腿痛，周老师的脚也不行了。我建议你们大人要多多运动。

自从制订了奖学金计划以后，我就在行动上有了改变，做作业快了，脾气好了。希望能持续下去。

【胡嘉辰家长】有道理，好长时间不登山锻炼了，有点累。你的老师组织的登山活动很好，大小朋友都高兴。让我们履行"体"计划，加油！

【孙妍】妈妈，今天，周老师教了我们"通假字"。我在学校蛮好的，放心吧。我希望你们别再给我报名参加双休日班了。在学校里,老师对我挺关心的,不用担心。

【陆家豪】妈妈,您是世界上最好的人。我很喜欢您。我有一点小要求:请不要打我。我很喜欢您,因为我是您的宝贝儿子。

【沈思越】妈妈,人生最重要的事就是充满自信,做好自己。妈妈,我在努力,您看到了吗?

【袁稚庭】亲爱的妈妈,你为我付出那么多,我应该回报你为我付出的心血,今天我终于做到了。在这次期中考试中,我取得了 3 个 100 分,我有点高兴,也有点难过,高兴的是自己向前迈了一大步,难过的是自己没有做到最好,没有拿到 4 个 100 分。想到你在复习阶段为我出考卷,陪我一起复习,帮助我解决难题,我真想大声地说一声"谢谢你!"。妈妈,我发誓,后半学期我一定努力,牢记你给我的教导,时刻保持认真的学习态度。妈妈,看我的行动吧。

在和谐的氛围中,老师、学生、家长都体会到了美好的感觉。

齐元峻的妈妈说:

"我作为一名中学语文教师,经常要批改应试作文,看着几乎千篇一律的行文套路和大同小异的材料论据,不禁心生无奈。同样作为语文教师,周老师鼓励学生大胆写出心里话,我却很惭愧,因为在无情的应试面前,我只能让学生千万求稳,摈弃一切标新立异,或许把真情实感也一并压在了心底。所以,儿子的'花开有声'就像一阵清新的风迎面而来。稚嫩却真实,粗糙却感人。在给儿子写回信时,我也就在字里行间做回一个睿智、理性的母亲,而不是生活中那个只知道咋呼着'快点!'的坏脾气妈妈。我和儿子都爱上了'花开有声'。我想,孩子们终有一天会长大,种种原因会使他们的套话越讲越多,真情实感埋藏得越来越深。那么,就让他们在童年时代,有一片自由的天空可以快乐地翱翔,可以真正体会到'以我手写我心'的快感。感谢周老师让我们彼此聆听到了'花开'的声音!"

曲家良的妈妈也来信谈道：

"我是天长小学五年级三班的一位学生家长。由于平时比较忙,能真正跟孩子面对面坐下来认真交流的机会比较少。我的孩子在周老师的鼓励下,把内心的感受、所做的事,通过'花开有声'写下来了,我可以从中了解孩子的快乐是什么、烦恼有哪些,也可以把我的体会和建议写给孩子,加强了我和孩子间的情感交流。由于经常有这样的习作锻炼,孩子的观察能力和写作能力都得到了很大的提高。一件在我们看来比较平常的事,在孩子的笔下却可以有声有色。我要感谢周红老师,感谢'花开有声'!"

【故事四】

夜里,让红绿灯歇歇吧

夜深人静,一闪一闪的红绿灯勾起了孩子的思考;晚上偏僻路段的红绿灯能否定个时间关掉,然后在离红绿灯 10 米的地底下安装一个仪器,有汽车压过,红绿灯就开 1 分钟? 他给当交警的爸爸写了一封信。没想到他认真的爸爸,静静地给儿子回了一封长长的信。

亲爱的爸爸：

前天晚上 11 点多了,我辗转反侧睡不着,从 16 楼的卧室里俯瞰,发现楼下十字路口的红绿灯,红、黄、绿三种颜色不停地变动着,但很长时间一辆车也没有经过。

由此,我想到了省电的问题。一辆车都没有,而且是深夜,不如晚上把偏僻路段的红绿灯定个时间关掉,然后在离红绿灯 10 米的地底下安装一个仪器,有汽车压过,红绿灯就开 1 分钟。

我想：装这个仪器肯定不是件容易的事,但这样可以省下很多很多的电。节约用电,人人有责嘛!

本建议还有待完善,请科研所的叔叔们研究研究喽!

孔润琪

亲爱的儿子：

前天晚上我回来时,确实看到你在"痴情"地远眺和遐想,原来是在想红绿灯啊。任何发现和发明都是"大胆设想,小心求证"。这就是科学的态度和求实的动力。

回头评述一下你"无车歇灯"的设想。好处是:一是省电,节约能源;二是减少污染;三是延长信号灯仪器工作寿命。弊端是:如果没有车厢通过,但有非机动车和行人时,信号灯要不要亮?我建议可以广而告之,否则机动车和行人还以为信号灯坏了。

对技术进行研究,也就是怎么在 10 米以外装一个检测设备,让它来判断有无车辆经过。你能够想到地下安装一个仪器非常了不起,其实我们也是这么做的,通过安装仪器检测车辆通过流量和排队长度来控制和分配红绿灯,这就是红绿灯控制的基本原理。

你非常了不起的地方是,能想到通过这些设备来检测没有车辆通过时采用闭灯,此乃一大创造发明,可能会填补红绿灯设置技术的一个空白。

生活中有很多需要完善的地方,这就需要博学多才,需要坚韧不拔的勤奋努力,需要大胆和细心,让我们一起前进,为人类文明进步做出我们的贡献。

爱你的爸爸

(来自 2010 年 1 月 4 日《钱江晚报》的报道)

第六章　有爱才有"家"

——如何建设班级文化

　　——应培养孩子对生命价值的认识、对自然的亲近、对崇高事物的追求和向往。如果孩子没有敬畏感，就很可能成为一个无法无天的人，一个对自己的内心世界没有约束的人，一个缺少憧憬与精神追求的人。

　　——心中有目标，前进就会有盼头，被动的"要我学"才会转变为有主动意识的"我要学"。开学初，我会让每个学生订一个目标，不论是生活的，还是学习的，只要是有利于成长的好习惯，都可以成为努力的目标。

　　——我们的达人不需要很高大，我们的达人也不需要很完美，只要他是六(3)班制造的阳光少年，一样可以成为最闪亮的明星。

　　班级文化，也称为班风，"是一个班级具有自身特色的、稳定的集体作风，它是整个集体的精神面貌和道德风尚的反映，是班级所有成员在比较长期的交往中形成的一种共同的心理倾向。往往通过班级成员的思想、言行、风格、习惯等表现出来"[1]。良好的班风表现为导向正确的集体舆论，包括良好的学习氛围、自觉遵守组织纪律、批评与自我批评、团结友爱互助等。班风的形成实际上是一个班集体建设的过程。班集体的建设庞大而又细微，从班主任的角度来说，前面各章所涉及的以学科教学促进班级管理、思想道德教育、心理辅导、班级活动管理、家校合作等，都是班级文化建设

---

[1] 林岩.班主任工作的策略与艺术[M].北京：教育科学出版社,2011：52.

的具体途径。 之所以在本章将班级文化建设作为一个主题单独列出来，主要是为了说明前面几章未举但又重要之事，有不少是对细节的描述。 我以为，爱的凝练能让这种细节更紧凑，也更有意义。 有爱才有"家"，这是我引领班集体建设的肺腑之言。

一、 我这样看

（一） 注重集体教育

集体教育是苏联著名教育家马卡连柯提出的教育理论，其强调"在集体中，通过集体和为了集体"进行教育。 其主要方法是平行影响，也就是通过同辈群体的力量来带动学生的发展。 马卡连柯认为，通过个人影响个人，这种影响是狭隘和有限的，而应该把我们主要的精力放在同辈影响上，也就是集体建设上。 只有在集体中，个人才能够获得全面发展其才能的手段。 集体既是我们教育的对象，也是我们发展的手段，还是我们发展的目标。 强调在集体中进行教育，就是要把集体对个人的影响和个人对集体的影响良性地结合起来，最大限度地促进集体和个人的发展。 一个良性的班集体，既能通过良好的班风和优秀的榜样带动学生的发展，使每个学生得以在集体中找到自己的位置和独特价值，同时学生的发展也反过来能为集体的成长增添活力，促进集体目标的实现。 在集体和个人的良性互动中，一种严肃活泼、富有生机的健康氛围才可以形成。 从这点上看，我们应注重班集体的建设。 需要指出的是，集体力量的自发运用要在班集体成熟时，在班集体建设的初期，教师需要在风范的引领上多下功夫，把准班级发展的方向，警惕假集体主义。 同时，倡导集体教育并不意味着抹杀个别教育，教育的因材施教依然是十分必要的，应两者并行，方式的选取关键在于对教育情境和教育时机的把握。

选取一个别致的班名，制作一份个性化的毕业纪念册，营造一个横跨家校的温馨大家庭，用班集体舆论的正面导向作用来促成后进生的转化……在和学生一起建设班级的过程中，应考虑很多这样的细节。 也许我们无法感知它对学生成长的实际影响，但我们却能从自己儿童时代的印象中或对理想教育的憧憬中约莫把握到其中的教育学意义。 也许是有了这样一种教育学情怀，我才会不自觉地做出一些"特殊"的举动： 从学生具体动机和行为出发来弹性化地处理规则，从针对一个同学"争取"意识的教育上升到对全班同学维护自己正当发展权益的感召，呵护苏苏的小秘密、保护"未来商人"小宇的天赋……我希望能从学生的生活经历和个性特质出发做好个别教育，也希望学生能充分感受并享受这种集体带来的温情氛围，实现集体的"我"与个人的"我"的一同成长。

（二）具有教学敏感性

"社会可能发生剧烈的后现代变化，但是孩子们的天性依然不变，这是教育学的事实： 他们需要安全、稳定、指导、支持"[1]。 我们如何理解安全和稳定之于孩子发展的意义？ 我们明白这些需求对我们有什么要求吗？这些都需要教师具有教学的敏感性，面对教育情境能做出机智的行动。 教学机智离不开教学敏感。 一个优秀的教师，必定对学生的家庭背景、生活历史和具体的成长需求保持着清晰的敏感。 只有这样，我们才能从更广阔的生活背景中去理解孩子现在的行为，认识教育之于孩子的意义，才可能从心底包容和接纳孩子，不断地为孩子寻求稳定的环境和支撑资源，在与孩子的交往中做出恰当的教育举动，也才可能真正走进孩子。 正是这种教学的敏感性赋予了我们对自己的行动进行思考和调整的力量，让我们在持之以恒的实践和反思中引领孩子找到自己生活的方向，让他们能站在可靠和坚实的基点上大胆地冒险，追求自己的目标。 这是教师的职业使命。

我想，从某个角度说，前面《紫色的希望》一文中提到的"不忍心"，就是一种教学的敏感性。

以一种敏感的态度去对待孩子的生活经历和发展需求，去小心翼翼地呵护孩子身上的美好禀性和积极品质，力求在一点一滴微妙的人性影响中，促进教育在孩子身上的养成、在一群孩子身上的养成，这是班主任在引领班级建设中应有的气魄，也是应达到的力度。

---

[1] 马克斯·范梅南.教学机智——教育智慧的意蕴[M].李树英,译.北京:教育科学出版社,2001:73.

（三）形成积极的教育反思

在教育学意义上，反思含有对行动方案进行深思熟虑、选择和做出抉择的意味。因而，反思与行动实际上不能严格区分开来。教育反思是教师日常生活的重要组成部分，会反思也是优秀教师的重要特质。从时间维度划分，教育反思可以分为行动前的反思、行动中的反思（教育情境中的机智行动）和行动后的反思。

行动前的反思通常体现为教师的教学计划。这种计划将学生和教师自身客体化，在某种程度上能让我们以更加具有操纵性和可预见的方式对未来的场景加以考虑。从某个意义上说，当教师认真地为教育情境做计划时，这种计划就从教师的一种选择和一种义务，内化为了教师的心理关注，这就是对教育情境的期望性的想象。但行动前的反思永远不可能穷尽教育的确定性，教育情境中充满着种种可能性，因而对计划所隐含的对教师自由的剥夺保持敏感性，探寻教育情境中随时发生的教育时机，并机智地行动是非常必要的。

正是在这个意义上，我们倡导教育情境中教师的智慧行动。这种智慧性的行动往往是基于直觉和经验的，是一种在情境中的、瞬间的而非从情境中撤离出来的对当前行为和后果的反思。因此，对于教学情境中的机智性行动，可以说它是反思性的，但我们更倾向于认为它是一种全身心投入的智慧性行动，这是直觉行动的自然对话本性的体现。

行动后的反思则是回忆性的，是一种对行动的反思。在这种反思中，我们从一个旁观者和外围者的角度来反观我们之前的行为，不断地询问"我那样做是对的吗""我应该怎样做才是最好的"，一些琐碎的、看似无意义的行为也在我们的留意中变得富有教育意义起来。正是这种对教育应然取向的追问使我们期待在下次与学生的互动中做出更加机智的举动。

我想我对规则的处理，在一定程度上是行动前的反思、教育情境中的机智行动和行动后的反思相结合的较好例子。规则在某种程度上说就是一种计划，然而规则只是规定了教学确定性的那一部分，教学情境中无数的可能性则决定了我们需要灵活地对事先的计划加以调整。某种计划越严密，我们就越要对其对自由的限制保持敏感性，因为教育的目标不是拿学生去完成计划，而是用计划来辅助学生的成长，我们的目标应指向学生的健康生存和成长。 这也是为什么我会在对学生争取意识的培养上打破常规的原因，一旦学生缺失了这样的教育，我会通过某种途径尽我所能补足这种教育。 教师要有机智的行动。

（四） 创造性地利用师生冲突

正如氧气是我们生活不可缺少的一部分一样，师生冲突是师生生活的一部分，教师和学生接触越深，就越容易产生冲突，这是师生差异近距离碰撞带来的必然结果。 冲突的产生一方面表明了师生对彼此的依赖性在加深，对对方的影响在增强，是关系深入的显现；另一方面也凸显了师生互动中可调控的动态因子，是师生互动具有生命活力的标识。 如马克斯·范梅南所说，"这些矛盾也许可以更为恰当地看作是不可避免的对立的生活动力、价值或特点。 因此，我们不要诋毁或试图否认这些矛盾，相反，我们应该赞美它们。 正是它们给了生活前进的动力、规范性的结构和道德的本性"[1]。

师生冲突，从根本上来源于差异的过大化，教师对此需要具有敏感性和清晰的定位。 既要尊重差异，关注师生双方的个体需要，也要整合差异，对事物发展的过程进行潜在控制，对由差异过大带来的可能威胁进行适度的引导和转化，站在促成学生最大发展的价值层面上引导差异由形式上的"多"融合为力量上的"一"。 需要提及的是，就充分利用师生冲突的价值而言，教师还必须促使师生互动中的一些问题和刺激转化为师生冲突。 只有当冲突强大到给师生生活带来深层次的干扰时，教师和学生才有可能从内在的结构层次上反思自身观念和行为，从而在互动的模式上发生某种积极的、根本性的调整。 这样，"重组"发生了，师生互动得以上升到一个新的水平。 因此，有时候教师对师生冲突"睁一只眼，闭一只眼"也未必不是一种教育机智。 当然，对冲突的"包容"不能从根本上威胁到师生整体的存在，"重组"的意义只能是在水平转化而不是关系解体的层面上，教育契机的重要性

---

[1] 马克斯·范梅南.教学机智——教育智慧的意蕴[M].李树英,译.北京：教育科学出版社,2001：82-83.

由此凸显出来。

对这一点，我特别有感触，我想我下文所举的对学生争取意识的唤起这一例子就契合了这一理论：既有意制造矛盾让学生的弱点展露出来，又懂得控制冲突的尺度，呵护学生的自尊心，及时抓住契机对我和学生的互动进行调整，并将其扩展至对全班的教育上。在自由与纪律之间能否保持动态平衡，能否合理地应对与利用冲突，这既考验着教师个人的素养，也预示着教师育人水平可能达到的高度。

二、我这样做

（一）做人要顶天立地

对一个老师来说，与其说是教知识，不如说是教一种态度。在我看来，一个真正能给学生深远影响、让学生感念的老师，必定不是由于他教的某一种知识，因为知识是在不断更新的，而是他在教书、治学、为人上的一种态度、一种思想，这种影响才能深入学生的心里，带有激励人心的持久动力。而这就是我想带给学生的：真诚、阳光、自信，有勇气和胆识，有能力和智慧，有责任心和担当，胸怀宽广、为人豁达，做一个顶天立地的人。我觉得这是需要教的，也是值得教的。

在我的班主任工作中，我致力于培养学生这样一种大气的人生态度。我希望学生无论走到哪儿都有一种气场，举手投足之间都能由内而外地散发出为人处事的正能量。这样的人不仅能独善其身，而且能对社会有所担当。这种追求融入了我的日常工作中，包括每一次谈话、每一次主题班会、每一次班干部竞选、每一次课外活动，乃至我教学上的每一次作文训练、每一次范读。我希望通过细微、琐碎而平凡的工作，在班级中渗透这样一种人生态度，建立积极向上、健康活泼的氛围。氛围对学生的熏陶是无形的、潜移默化的，也是巨大的。我追求这样的人生境界，努力营造健康的氛围，同时我也努力去成为这样的人。因为我深知，在对学生的影响中，最具有力量的莫过于教师的言传身教。我希望学生成为这样的人，那我自己首先就必须是这样的人。 当教师所倡导的和他所做的是一致的时候，一种健康的舆论氛围就建立起来了。

当然，每个教师对班主任的职责和使命有不同的看法，每个人都有独特的优点可以吸收。 因此，我比较赞同在孩子的求学阶段，让孩子接触不同的班主任，领略不同班主任的风格和魅力，让不同的孩子找到自己的发展优势，让孩子的不同方面得到发展。 这对孩子的全面发展更有利，对不同孩子的发展也更公平一些，这在一定程度上来说也是一种差异教育。

（二）我荣班级荣，我辱班级辱

一个班级之所以欣欣向荣，是因为学生对这个班级有一种自我认同感，认为自己是这个班级的一员，并为班级的发展贡献自己的一份力量。 我希望每一个学生都能自信地生活在班集体中，有一种"我荣班级荣，我辱班级辱"的休戚相关感。 从小处来讲，这是一种班级荣辱感；从大处来讲，这就可拓展为一种学校荣辱感，乃至国家荣辱感。 因此，我很注重在班级文化的建设中对学生集体感和归属感的培养。 所以每接手一个班，我要做的第一件事就是建立一种积极向上、富有凝聚力的班级氛围，主要的途径是通过各种活动相互认识，拉近彼此之间的距离。 我认识学生，也让学生互相认识，或者重新认识，重新接纳和学习，形成一个互相学习、团结互助、充满活力的班级。

具体来说，一是利用平时的活动，对表现突出的学生及时鼓励，并利用主题班会、期末总结会等加以肯定和宣传。 优秀的学生需要表扬以树立榜样，一些学习稍微落后的学生更需要老师的肯定和班级同学的接纳。 有时候来自同学口中的肯定话语比老师的直接表扬更有用。 后进生能否被这个班级所接纳是体现这个班级成熟度的重要标志，也可以检验这个班级的文化氛围是否积极健康。 我觉得这是班级文化建设十分重要的一部分，也是教师要重点攻克的难关。 二是善于从学科教学中挖掘机会，给学生提供相互认识和深入了解的平台。 比如各学科的各种合作学习小组及平时的课外合作学习等。 结合我自己的语文教学，我觉得可以充分利用作文这一个平台。我就曾在自己的作文教学中，让学生描写在班集体中给自己留下深刻印象的同学，如"你心目中的达人"等。 这个方法很好，一方面加深了学生间的相互认识，活跃了班级氛围；另一方面也使学生有话可说，乐于写作，写出十分出彩的作品。

当然，这不是一件轻而易举的事情，因为要改变业已形成的班级氛围和相互的印象不是在短时间内可以完成的。 要引领一种健康积极的风尚，形成一种新的班风，让学生佩服和接纳你的管理，让家长尊重和支持你，也是需要过程的。 这汇聚在班主任平时的点滴行动中。 初步形成一个有凝聚力的班级，让大家对这个班级建立信任、充满希望，让班主任、家长、学生融为一体，差不多需要一年的过渡时间。 但要形成一个成熟的班集体，这个过程还远没有结束，这就需要落实在日常的班级管理中。

（三）行为上守纪，思想上创新

"行为上守纪，思想上创新"是我一直以来在班级建设中追求的目标。规则意识很重要，一个人的道德和行为必须有所约束。 这是一种责任，不仅仅是对自己，而且是对这个社会的责任。 一个社会的良性运行必定需要规则，否则这个社会就会陷入混乱，任何所谓的发展就成了纸上谈兵。 我们要培养的学生也必须是首先能适应社会，能了解社会的规则和态势，有能力和智慧立足于这个社会的人。 我认为，这是一个人生存的基础。 但光有行为上的守纪还远远不够，要想改进并引领社会发展，迫切需要思想上的创新。因而，在我的班级建设中，我维持规则，努力培养学生的规则意识，但从来不会不分情况地照搬规则。 我们一切的行动都应服务于学生的健康发展，能在互容、互律、互爱的氛围中快乐积极地学习和生活比什么都重要。

在这点上，我还想稍微详细地谈谈如何看待规则的问题。

规则往往是我们和学生共同制订并相约遵守的条例。 但作为班主任首先要明白，我们制订规则的目的是为了褒扬好的行为，杜绝不良行为，是想让学生获得更好的发展。 比如为了预防近视，必须要求家长认真督促和填写"每周视力家长监督表"，班里设视力卫生监督员，随时随地提醒大家保护视力，班级座位每周轮换一次，每张课桌都安上视力保护器等。 这些硬性工作是必须坚守的，因为这有利于学生的发展。 但如果有些学生没有遵守这些规定，或者故意捣乱，破坏课堂秩序，怎么办呢？ 教师是一棍子打死按惩罚条例对他进行处罚就结束了，还是需要更多地了解学生为什么会这么做的原因，再决定如何进行教育呢？ 我觉得，针对具体的情况，教师在某些时候可以也必须做出灵活的调整，比如在处罚条例上，我们不是为处罚而处罚，而是为了让学生减少甚至杜绝坏习惯。 所以当了解到学生为什么这么做的具体情境，了解到学生已经认识到错误，主动保证不再犯类似错误并有实际行动的时候，教师可以减轻、改换甚至免除处罚。 这是对学生的信任，也是教师人性化关怀的体现，这才是真正的教育。

再比如，就作文的发表这个事情，在我所带的班级中也有着特殊的故事。 我曾将我班的一位学生的作文投在了一个优秀的期刊上。 这位学生平时的语文水平以及他的学习态度都不尽如人意，且他特别不合群，上课经常捣乱。 后经了解，他在出生时，由于意外，大脑受到过伤害。 经过长期治疗和康复有了些改善，但还是不能像正常孩子那样感统协调、有完全的自制力。 而且，他们家的家庭矛盾也较为突出，这些都不利于孩子的健康成长。我该怎样帮助他呢？ 一次，在交谈中，我知道了他的爷爷曾经是一名消防员，还荣立过大功。 于是，我鼓励他把爷爷的故事写下来，并且帮他修改、投稿。 没想到，他写的《我自豪，我的爷爷是英雄》很快就发表在了《中国少年文摘》上。 我想，这对一个孩子的成长以及于一个家庭来说意义是重大的，自己的孙子健康成长、学业有成无疑是对老人最大的安慰。

还有个例子，也让我深有感触。 我们班有个男生，个人素质不错，父母也很关注教育。 但这个学生有时候自觉性不够，过于随意和率性，缺少那么一点积极主动性。 由于我比较了解该学生的父母，他父母对我的行事风格也比较了解，对班主任工作也非常支持，这就排除了心理顾忌和担忧，因此我就大胆地做了个决定，在轮到我们班值周的时候，我没有给这个学生安排任何的位置。 作为值周生，每天应早上七点半之前到学校，而我连续关注了这个学生三天，不仅到校时间晚，而且来了之后当大家打扫卫生时，他却无所事事，也没有主动来找我询问原因。 后来我就主动问这个学生："周老师没有请你做值周生，你有没有什么想法？"他憋了半天，脸涨得通红，欲言又止，最后支支吾吾地说："有。""那你怎么不过来问问周老师呢，为什么不过来主动争取一下自己的权益呢？”学生不作声了，我轻轻地摸了摸他的头。

学生离开的那一刹那，我陷入了沉思：在班级中，迄今为止好像还没一个学生来向我主动争取过发展的机会。这是一个学生的问题，还是大部分学生都存在着这个问题？我灵机一动，赶在上课前，在黑板的一角写下了“争取”二字。我对学生说：“周老师希望你们从小养成一种积极的争取意识，学会维护自己的正当权益。当你周围很多人都有进步和学习的机会时，如果你没有，那你一定要去主动争取。”我之所以如此看重争取意识，一是因为我坚持认为，在传道、授业、解惑中，传道始终是放在第一位的。而这种积极上进的争取意识无疑就是其中的“道”之一。对正当生存机会的争取既是一种自信的表现，同时也是一种良好的思考习惯，这对学生在未来社会中的生存是十分需要的。二是小学阶段是培养学生优良习惯的最佳时期，错过了这个关键期，再想培养学生的这种主动性就很难了。通过这件事我也反思了我的做法，是我平时教学和管理中存在一些疏漏，因而导致学生这种生存意识的缺乏，还是我平时过于严厉了导致学生不敢来找我？教育到底要教给学生一些什么呢？正是这种不断的思考，改进了我的管理，也促成了学生一种积极向上的进取意识的形成。

在我的班主任工作中碰到了很多这样的特殊情况，我并没有墨守成规，而是根据具体的情境做了灵活的处理，而最后的效果也证明这些调整对学生的成长是有益的，学生也成长得更有活力。

（四）“西厢房”

如何使学生爱上这个班级呢？从班级独特的地理位置或目标追求出发，给班级取个别致的名字，这是让学生形成归属感和向心力的一个很实用的办法。在我曾经所执教的一个班级中，由于教室单独坐落在校园的西边，背风向阳，夏天特别热，一丝风也没有，这不免让人烦躁不安，无法静心学习，学生也多有怨言。我想，要使学生喜欢这个地方，从对外在环境的过于关注转向静心学习，首先得从心理上引导他们认同这个地方，发现这个地方的不同处。于是我就鼓励学生一起为班级想个名字，“西厢房”，在我的引导下自然流出。这个名字既符合教室所处的地理位置，又颇有典籍古蕴和人文内涵，于是学生很自然地就喜欢上了这个地方。 这种独特的班级文化就像一股盼望已久的清凉之风拂荡在"西厢房"里，拂荡在每个人的嘴边、耳边，沁人心脾，学生从心里生出了深深的依恋之情。 后来我们制作的毕业纪念册就叫《看不见的风在西厢房里吹》。 虽然一段时间后学校为我们的教室添置了空调，学生的学习环境也更舒心了，但我想这种独特的班级文化的形成，对于学生来说，不仅是难以忘怀的成长经历，而且是一种良好的文化熏染，因为学生从中学会了鼓励、忍耐、坚持、转化和创新。

（五） 爸爸妈妈一起来

在班集体的建设中，家长的参与也是非常重要的。 良好的班级氛围不仅包括和谐的师生关系、生生关系，而且包括班主任与家长之间和谐的同事关系，以及家长和孩子之间亲密的朋友关系。 营造相互沟通、相互理解与支持的大环境，我们的工作可以开展得更稳健，也更有底气。 而且，我觉得只有真正营造出这种相互体贴、相亲相爱的大家庭氛围，班主任的工作才算做到了位。 家长的融入是班级文化建设十分重要的一部分，正如我在《从爱到爱距离》一文中所提到的： 在教育孩子的阵地上，家长是教师最好的同盟军。 我很尊重我的家长朋友，因为他们已将此生最宝贵的财富——孩子交在了我的手上。 因此，我会在每次活动前、每次重大的班级事务决策前，都以短信、电话等形式告知家长我们的活动，争取家长的理解、支持和积极参与。 我也利用自己的作文教学或者各种活动鼓励家长参与进来，引导他们与孩子进行坦诚的交流，尽力拉近家长与孩子之间的距离。 我很注重以书面形式将家长与孩子之间这些难得的对话记录下来，因此我在教室背后黑板的一角专门开辟了"孩子有话对你说"的"家书天地"。 我觉得不光对于孩子，对于家长本身来说，这也是一种成长的经历，在这样一个过程中我们见证了孩子的成长，也慢慢学着如何做一个更理性、更好的父母。 教育不应是单向的，而应是双向的。 因此，在每一届毕业班学生的毕业纪念册中，每一封"家书"都被我收录了进来。 我想，可能就是在对这些努力和亲情的点滴累积中，一个横跨家校的温情的班集体建立起来了，并且日益坚固。

（六）让爱有"结晶"

在良好班风的形成过程中，要注意"收尾"的效果。 一个好的"收尾"既能显现班集体建设的效果，也能提升班级文化，而且在很多时候是点睛之笔，这也是班主任和孩子们一路走来形成的爱的"结晶"。

我认为，教师既要充分运用总结的作用，也要善于总结，还要以学生喜闻乐见的形式把活动的成果展现出来。 总结的时间不限，只要有契机，教师就可以见缝插针地进行教育，这也是我所倡导的"随时随处教育"的体现。总结的形式也是多样化的。 就我自己而言，我觉得很有实效的形式，就是把学生的成长足迹记录下来集结成册，可以是一些活动照片，可以是一些优秀的作文，可以是家长的寄语，也可以是班级和个人的荣誉证书。 比如，我们班"花开有声"活动由于成果丰富，就出了好几本册子，名字也十分有寓意和新意，如《轻轻一碰就到了天堂》《童心雕龙——六三文集》（天长'西厢房'出版）。 我想，对年幼的孩子来说，集结"出版"他们自己的作品，无疑唤起了他们内心一种美好的愿望，也很好地提升了他们的成就感。

当然，这只是其中一种方式，教师可以充分运用自己的智慧，根据活动的类型以不同的形式总结和提升这些成果。 比如，如果是假期调研活动，像我前面提到的西湖水质勘测活动等，就可以鼓励学生利用调查报告向政府有关部门建言献策；如果是优秀的诗歌创作，就可以鼓励学生去参加电视台或报社举办的诗歌朗诵会等。 在丰富学生的生活中，学生的求知欲也得到了发展，语言的表达能力、判断是非的能力都有了长足的进步。 我们班的学生曾多次去浙江省广播电台、电视台参加制作和录播节目，甚至给杭州市政府写信，参与家乡的规划和建设，也曾收到浙江省政府和杭州市政府写来的感谢信。 鼓励学生参加这些活动，不在于能给他们带来多么大的奖项和荣耀，而是给他们这样一种过程，让他们去体验和经历，生发出对未来的期待和幻想，这对学生的成长来说是非常重要的。

对于毕业时的总结，我比较自豪的是毕业纪念册的制作。 这既是一个整理、总结和重温我与学生一路走来的过程，也是充分调动学生集体智慧、碰撞奇思妙想的过程。 从毕业纪念册名字的选取，如《看不见的风在西厢房里吹》《童梦奇缘——天鹅园里的孩子们》(我们学校有一个操场叫"天鹅园")到里面每一个专栏名字的设计都来自集体的智慧。 如《我们的红领巾时代》的版块就分为"集体照"、"老师卷首语"、"小小档案"(学生手工或电脑制作的各式各样的名片)、"六三达人秀"(学生眼中的他/她)、"成长足迹"(我们的活动照片)、"花开有声"(亲子留言及学生的优秀作文)、"荣誉"(班级及个人荣誉)、"一封家书"(毕业季家长给孩子的信)、"通信录",《看不见的风在西厢房里吹》的版块分为"爱的箴言"(毕业季家长给孩子的信)、"小荷尖尖角"(学生的优秀作文)、"欢歌笑语"(每位同学对老师、同学和自己的祝福)、"花的声音"(学生成长中的重要照片)、"我们的荣誉"(每年度班级荣誉和个人荣誉)及"追梦一族"(学生的通信录)。 这样一种留念的方式,营造了一种极强的归属氛围,使学生对老师、对班级、对学校、对自己的整个童年生活都充满了感情,给学生留下了一段美好的回忆。 一路过来,家长、我、学生都收获了美满。

除了总结,还可以让学生展望自己的未来,如在学期末让学生写下新年愿望,在毕业时让学生写下自己的人生梦想,相约 20 年后来母校拆封,等等,鼓励学生在新的学期和未来的人生路上奋勇前进、勇于开拓。

"收尾"的方式是多种多样的,只要我们乐于探索,就会发现生活的无限美好和教育的无限美好。

(七) 破冰之旅——转化后进生

后进生的转化既是一个道德教育问题,也是一个心理攻坚的过程。 一个班级如何对待后进生,直接体现着这个班级的班风是否优良。 运用适当的方式促成后进生的进步,对良好班集体的形成十分有益。

1. 不做气头上的教育

每一个孩子都是天使,守护孩子就是我们的天职。 对一个教师来说,需要有一种大爱情怀,真正地超越个人的好恶和偏见,把每一个学生都当成自己的孩子来疼。 说起来很容易,但当真正做起来的时候,却是一项极大的挑战。

与后进生打交道,尤其需要教师具备一种平和、包容的心态,要学会调控自己的情绪。"没有对学生的'恨铁不成钢'的焦虑,没有对学生'揠苗助长'的虚伪,没有对学生的错误耿耿于怀的刻薄,而是以一种平和、真挚的教育智慧,原谅他们目前的不足,用发展的眼光期待他们的成长。"这是杨连山先生和魏永田先生主编的《施教只施爱——名师讲述班主任的核心教导力》中的一段话,我也常常以这一段话自勉。 就我自己的体验来说,最挑战我们耐心的就是学生的错误行为又反复了,从这一点来说,教育真的是一个很艰难的过程,我们也常常因此而感到惆怅。 教师正在气头上的时候,最好避开对学生进行教育,冲动之下的处理方式可能会让情况更糟。 比较好的办法就是转移注意力,先让自己冷静下来,做做深呼吸,喝杯水或去操场散步,回顾一下该学生近来的积极变化,仔细地分析一下他的性格及可能的内隐原因,待自己心情平定、状态积极之后,再来处理学生的事,这时效果会更好些。 教师万不可进行气头上的教育。

2. 赞美的力量

后进生实际上并不难感化,因为每一个学生都期待成为一个更好的人,期待被人喜欢、被人肯定,因而只要教师善于抓住契机,合理运用语言和肢体艺术,营造出一种被接纳、被认可的氛围,学生就有可能发生积极的变化。 在我看来,利用集体的力量进行表扬十分重要,也很有效。 这一方面需要教师善于在平时的活动中发现并提升这些学生的闪光点,抓住一切机会肯定后进生的进步,让其他同学注意到它并肯定它;另一方面也需要教师寻找合适的机会把这种支持和鼓励的氛围扩大化,如利用主题班会、总结会让学生谈谈进步最大的同学,或者利用作文教学的机会引导学生进行观察,展开类似的人物描写等。 同辈群体是学生成长中的重要角色,因此从同学口中说出来的话不仅真诚,而且更有利于后进生在班级中打开自己的人际交往网络,形成积极的氛围。

3. 期待不应有停歇

我们常常说要以发展的眼光对待孩子,这对于学优生很容易做到,因为我们总是容易想到他们的积极面和优秀的地方,总是大度地包容他们的不足之处。 但对于后进生,可能就需要一番耐力了。 然而,等待对于后进的孩子来说是非常重要的。 我们需要原谅他们的不足,挖掘这些不足当中的可贵地方,在肯定中引导他们积极转变。 他们可能进步得慢一些,但同样在发生积极的变化。 我们要静下心来，耐心地等一等，给予他们成长的机会和时间。 这种等待有时可能是交流中的沉默，我称之为"安静的力量"，因为教育需要一点时间沉淀，教育的成效就是看谁能让这些积淀深深地沉入孩子的心里；也有可能是行为上的某种期待，这个过程可能更漫长一些，但教师应始终抱有期望。 正如我在《生命中的贵人——我和小也的故事》中提到的："教育的过程总是艰辛的。 因为孩子们不断地有反复，不断地有新的问题出现。 合理应用'智慧丸''平静水''爱心球'，孩子才会如'开玉'般，慢慢展现他的闪光，即使是最平凡的孩子。"等待孩子，既是对孩子的信任，也是对我们自己的信任。

4. 有目标，才有竞争力

目标教育不仅指向班集体，而且更重要的是应落实在每个学生具体的日常生活中。 在后进生的转化中，目标教育更显出了其功效。 后进生一般在学习习惯和自制力方面较薄弱，因此，教师的引导和外在的规约就非常重要了。我的做法是，依据每个阶段的大目标，制订每个人发展的小目标。 比如，我曾带一个五年级的班，我制订的目标是"让每个学生都能自信地生活在班集体中"。 在这样一个大目标下，每个人根据自己的情况在家长和老师的指导下，以榜样和对手为参照，制订比较具体的、适切的个人发展目标，师生彼此激励，以集体的氛围带动后进生的成长。 有人对比，有人引导，有人督促，有人鼓励，让学生体会到关注感和被认可感，感觉自己就是这个班级不可缺少的一分子，这样他们自我发展的动力就慢慢被激发出来了。

三、 我的故事

📋【故事一】

每一步都是你自己走的

我一直注重培养学生的自我价值感，很注重目标教育。

心中有目标，前进就会有盼头，被动的"要我学"才会转变为有主动意识的

"我要学"。开学初,我会让每个学生订一个目标,不论是生活的,还是学习的,只要是有利于成长的好习惯,都可以成为努力的目标。举一个例子:楼同学和王同学互以对方为目标,互比互超,比每天的作业完成情况,比学习的自觉性,比上课发言的次数,比考试成绩……若能坚持,期末奖励。"政策"一实施,学生积极了不少,学习自觉性大大增强了。其实,在确定个人目标之前我就告诉学生,我的目标是"让每个学生都能自信地生活在班集体中"。我们师生彼此激励。"今天,你努力了吗?"是本学期我班的"流行语"。

目标教育实施后,我对那次卖报活动记忆犹新。

记得那一段时间,我看到很多学生放学后的第一件事情就是奔向小店买零食,而且花钱大手大脚,毫无节制。虽然这些学生家境富裕,但是这样的习惯让我忧心忡忡。诸葛亮曾告诫自己的孩子"俭以养德",我又该如何让这些学生懂得勤俭的珍贵呢?理论的说教,他们肯定置若罔闻,我得想一个好的办法才行啊。下班后,我边走边想,当我经过卖报亭时,灵光一闪,计上心来。

第二天,我便向全班宣布进行卖报活动。学生一听,顿时炸开了锅,各种意见纷纷涌来。

"啊?卖报纸啊?没人买怎么办?"

"卖报纸很难为情的,我才不要去。"

"我们从来没有卖过,怎么卖啊?"

"听起来挺好玩的嘛!"

……

但最终,新鲜还是代替了烦恼,学生都兴致勃勃地参与了进来。

活动开始后不久,有着"六二军师"之称的"调皮大王"——沈同学,就兴奋地跑来说:"周老师,我初战告捷,10份报已经卖完了,再添加30份。"于是,沈同学迅速地领了30份,消失在我的视线中。不一会儿,沈同学又兴冲冲地跑来说都卖完了。周围的同学吃惊地望着他,"怎么可能?他的报纸卖得那么快?""是呀,不知道他又耍什么把戏,想在周老师面前表现。"要知道他们才卖出去几份啊。同学们疑惑又羡慕,惊讶又不信,就连我也充满了好奇。

沈同学似乎也感觉到了同学投来的不信任的目光。望着刚才还得意洋洋的他红着脸,尴尬地不知所措的样子,我微笑着招呼道:"来来来,我们请沈同学说说卖报窍门吧,看看他是如何大获全胜的。"沈同学一听,马上来了精神,清清嗓子,挺挺腰板,用平时少有的音量,一字一句地说道:"你们要找带孩子的家长推销呀,要去大人们坐着休息的地方,向他们推销;或找一对对的情侣,告诉他们,等你们有孩子了,这份报一定有用……"他的经验介绍引得同学们一阵大笑,刚才尴尬的气氛仿佛从未出现过。笑声中,传递的是同学们对沈同学的好感和佩服,而这是他平时渴望却又得不到的。

我趁机表扬,展开了教育:"是啊。好的习惯——乐于思考,好的行为——善于观察,好的品格——坚持不懈,都是他成功推销报纸的宝典。虽然,他的成绩不如好多同学,但是在今天,我看到了一个极具发展潜力的小沈。"说着,我回头望了望他,只见他痴痴地笑着,脸上充满着我从未见过的满足的笑意。"我们要以阳光的心态祝贺别人的成功,学习别人的长处。"在我的鼓动下,有几位男生上前拥抱了他,几位女生也大大方方地跟他握手,向他表示祝贺,表示敬佩。

整个上午,我看到好几个学生和沈同学一起在路上、公园里推销着,阳光洒在他们身上落下金黄的晕圈,衬托着他们炯炯有神的眼睛。

时间过得真快啊,学生手上的报纸越来越少,口袋越来越重。终于,我们全班卖完了原先预定的 300 份报纸,并将钱款及时送到了盲童的手中。

那天后,沈同学与同学间的关系更融洽了,就连学习也变得很有热情。他真的进步了不少。我欣慰地看着沈同学的变化和进步。

在"赠人玫瑰,手有余香"的班会活动中,"我的卖报经历"成了同学们交流的最佳内容。

走到讲台前,我轻轻地说道:"同学们,首先恭喜你们顺利完成任务,并通过自己的坚持与努力,帮助了需要帮助的人。周老师为你们感到骄傲!"台下响起雷鸣般的掌声,"好,卖报对你们来说肯定很特别,你们一定有很多感受想与大家分享。那周老师把剩下的时间交给主持人和你们。"掌声又一次如潮水般响起。

于是,同学们一个一个登台演讲,有班干部,也有平时很少敢走上讲台的学生。当沈同学走上讲台时，我看到他依然有些局促不安，但是很快地，他平静下来了，很流畅地说着自己的真实感受，特别是那一天，他传授经验的那一天。他说，当他高高兴兴地跑回来向老师要更多的报纸时，心中感到很得意，因为他看到其他同学才卖出去几份。但是看到同学们不相信的目光时，他很伤心、很尴尬。当他传授经验后，他看到的同学们敬佩、羡慕的神情，让他一辈子都不会忘记，因为这是同学们对他的信任，他感到十分高兴。所以接下来的时间，他卖得更起劲了，而且觉得自己特有成就感。回校上课后，走路的腰板也挺了不少，也不那么讨厌学习了。

接下来的演讲中，也有学生表达了这次活动的辛苦与辛酸。当人们对他们的行动不理解、不支持时，他难过；当看到熟人经过，惊讶地询问他时，他难为情；当看到别人手中的报纸越来越少，而自己手上的报纸依然没有变化时，他着急……

不论是哪一种感受，学生都体会到了卖报纸也不是一件容易的事，更了解了赚钱的辛苦、父母的辛苦。王同学说得很好，她说："平时我买一件衣服就好几百，但我从来没觉得这是一笔数目很大的钱，但是现在看到大家用汗水换来的几百元时，我才知道自己平时是多么浪费，也知道了爸爸妈妈赚钱的辛苦。我下次再也不会吵着要爸爸妈妈买名牌的衣服了。"

听着学生的肺腑之言，我知道，我的目标达成了，学生明白了勤俭的可贵，我也不再需要多说什么了。我相信，学生以后会懂得勤俭，不会再肆意浪费了。沈同学的变化，自然就更大了，大家都看在眼里。他的父母和我都感到很欣慰。

一个小小的活动，让平时的"调皮大王"转了性子，让全班同学受到了勤俭的教育，作为老师，我由衷地感到欣慰和喜悦。

期末的休业式上，沈同学被评为"阳光少年"和"进步生"。当他接过奖状时，激动地说："谢谢周老师的帮助！""每一步都是你自己走的。"这是我发自肺腑的话。

一个小小的目标，指引着学生走向更光明的人生，让他们有强大的动力前行，作为老师，我将继续寻找目标教育的契机，让更多的学生快乐成长。

【故事二】"西厢房达人秀"选登

不凡的美丽

——金彦颖

翁　珏

每当你笑着向我走来时,我总是感到一股莫名的魅力。我曾试图去寻找它的来源,但从没有得到过答案。

无论何时,你的头总是微微地低下,黑色的眼睛是那样的宁静、善良,没有一丝涟漪。在你那浅莲色的脸颊上,笑容是那样的明朗。在我的记忆中,你的脸上从没有落寞、无奈和阴霾,总是那样的开朗、向上。

你有一点含蓄。

你不爱说话,但你的声音很好听,清清脆脆,如山中破晓后的第一声鸟喧;你不爱张扬,但无论是你的作业,还是绘画、唱歌,总是在班里名列前茅,无人可及。

你是那样认真。

无论做什么事,你做的都是那样完美,一丝不苟。作业永远是工工整整的,衣服永远是大大方方的,桌面永远是干干净净的。你的一切都是那样无懈可击,惹得多少同学又是赞叹,又是羡慕。

你是如此诗意。

那栅栏旁的竹林小径中,我们总是手挽着手,一起唱歌,一起漫步。你会用你的奇思妙想编织一个又一个奇特的故事,如《山蛙王国的宝石广场》《兔兔山上的山兔兔》……每次,只要你开个头,我便会立即兴致勃勃地和你一起将故事编下去。你往往考虑得很周到,如每只"山兔兔"的长相和特点,每个"山蛙"家族的名字……等故事编完后,我们便在小径尽头的水槽里把手洗得干干净净,开开心心地跑回教室去。

我们总是乐此不疲地做着这个诗意的游戏,从未厌倦……

你的每篇作文,几乎都能得到五分三颗星。记得二年级的时候,你就写过一篇关于春柳的七律,当时连句子都写不清的我是何等的崇拜你啊!后来,你写的第一篇现代诗——《迷失的绿色》，让我忘了城市的喧嚣与嘈杂，安静下来，寻觅那片心中的美好。

……

我试图去寻找那种美丽的来源，但终未找到答案。渐渐地，渐渐地，经过六年的相处，度过六年的美好，我知道了世上还有一种眼睛看不见，心灵却能感触到的美丽。她含蓄、认真、诗意……而拥有那份美丽的人，就是你——亲爱的小金。

不是达人的"达人"
倪安琪

在《英国达人秀》中，苏珊大妈凭借天籁的嗓音一曲成名；在《中国达人秀》中，刘伟用自己的双脚弹奏出优美的钢琴曲，创造了不平凡；而在六(3)"西厢房达人秀"中，有"谷哥"之称的齐元峻，有超强的知识储存能力，真实而非同凡响。在那儿，还有一个人，她一直都很想成为一个"西厢房达人"。

她对自己的外貌评价是"圆圆的脸，大大的眼，长长的睫毛惹人怜"。而同学们对她的印象是"不吵不闹，不急不躁，与同学和睦相处"。

她写过这样一篇形容自己的文言文：

"自幼立志高远，誓曰：'穷则独善其身，达则兼济天下。'"

"时人谓之曰：'此女好学，亲仁，有鸿鹄之志。'"

"其母责其曰：'心宽体胖，少思惰行。'其对之曰：'人不可貌相，海水不可斗量。天生我材必有用，千金散尽还复来。'众人笑之。"

你能猜出她是谁了吗？如果还不行，且听一个例子吧。

在"我与声音的魅力有个约"活动中，她扮演的是一位很了不起的思想家——鲁迅先生。令人记忆犹新的是其中的两段表演。

"青山依旧在，几度夕阳红。三十年了，不知道闰土现在怎么样了。"只见她带着期望的眼神，多希望能见到多年未见的兄弟闰土啊。她的朗诵使大家身临其境。

"一晃三十年过去了，我与闰土之间已经隔了一层可悲的墙壁。但是，我们的后辈还是一气，宏儿不是正在想念水生么？"她将鲁迅对现实的无奈表现得淋漓尽致,同时对未来又有一份期待。她声情并茂的表演感染了在场的每一个人。

现在你知道她是谁了吧。文言文的最后一段是这样写的:"安琪者,吾也。对,这个人就是我。一个不是达人的'达人',但是,我在努力,争取成为'西厢房达人'中的一员。"

跨越平凡的闪耀
金彦颖

池塘边的杉树上,知了在声声叫着夏天;操场边的栏杆上,只有蝴蝶还停在上边。黑板上孟老师还在拼命写个不停,偶然地瞥见,靠窗的位置,那自信地举起的手……

定睛,浓眉闪现出非同寻常的坚定,炯炯有神的眼睛折射出奋进的热情。哦,那不是我们班的"数学天才"吗?

这可不是吹出来的,希望杯三等奖、挑战杯一等奖……随便翻翻奖状,这样的荣誉屡见不鲜。尽管如此,六(3)班还是强中自有强中手,他并不醒目。

然而最近,这位优秀的理科生却爆发出一种令人惊叹的积极性,教室内外上上下下都活跃着他的身影。你瞧,课堂上踊跃发言的是他,课间关心班级的是他,竞赛场上勇夺名次的还是他。只言片语说明不了什么,且让我带你走进周一早晨吧。

高树上郁郁葱葱的绿叶还拢在朦胧的睡梦中,老墙里蔓延的爬山虎正开始享受清凉的露珠。我低头一瞧,7点20分,这么早到校教室里一定没有几个人。我悠然自得地转过弯,寂静里传来热切的讨论声:"你觉得这一版好,还是反面那一版好?内容都是有关联的。"他专心致志地盯着标题,严肃的神情好像正在思考之中,手里还拿着精心折好的一叠报纸。"还是这版好吧,比较有政治意义,能发人深思。"齐元峻像是被报纸吸引了,缓缓地点了点头。"好,你扶住报纸,我来贴。"只见他目光片刻不离报纸,时而后退几步看看贴起来的效果,时而用手比画着。

我的目光紧随报纸,"与宇航员零距离""青番茄阅览室"……真可谓应有尽有、五花八门。为了丰富同学们的知识,他在双休日是多么用心!

"不行不行,歪了。嗯……那个角,对,这样好了。"我先前还没见过他那样细心。

看着他忙碌的身影,我不禁有些惭愧:他不是宣传委员,却每星期都拿报纸来;他只是普通同学,却如此认真负责。相比之下,我们这些宣传委员助手还要向他学习呢。

不仅这样,他自六年级以来的积极状态还带动了我们的学习氛围,解释诗句、小练笔也总是他带头。他说话总是滔滔不绝、头头是道,有着超乎六年级男生的独到见解。想成为经济学家的他,博览群书,且常常能引用名句,让班里众多的才子、才女都自叹不如。

……

如果说,以前的他是默默无闻的理科生,那么现在的他就是一鸣惊人的达人;如果说,以前的他是在"群星璀璨"的六(3)班被淹没的小草,那么现在的他就是崛起的新星;如果说……

要问他是谁?

一天又一天,一年又一年,在我们童稚的回忆里有一颗闪亮的星星——陈邦瞻!

小袁,"小冤家"

胡嘉辰

十一年前,我们出生在同一天;十一年后,我们又同在一个班级。照理说,小袁与我是十分有共同语言的,不过,事实却恰恰相反,我们是一对名副其实的"小冤家"。瞧,他来了。

下课时,那个与同学打成一片的是他;课堂上,那个不太发言,但总能一鸣惊人的是他;集体中,那个尊重老师、助人为乐的也是他。

他是跨越海峡两岸的"优良品种",他爸爸在海峡的那头,而他与妈妈在海峡的这头,全班同学因此都亲切地称他为"台湾同胞"。

说他的优点,真可谓三天三夜都说不完。几个星期前,袁稚庭因表现优异而获得了"绿芽奖"。他双手接过周老师手中的奖状,开心地眯起了他的小眼睛。"谢谢周老师,谢谢同学们!"他用他那个原来永远都扯不响的稚嫩的嗓音,响亮地对我们说"谢谢",然后,向我们行了一个标准的队礼。当他得知获奖后有 500 元奖励时,他毫不犹豫地从椅子上跳了起来,说:"这个钱我要捐给在永康的菲菲姐妹。"一阵热烈的掌声久久不能平息,这件小小的,甚至在他眼里微不足道的事情,勾勒出了他高尚的品质与一颗炽热的心。

在体育方面,他也是一把好手。浓缩的就是精华,他虽人小,可篮球技术不比科比逊色,一投一个准。在跑道上,他又华丽转身成了"飞人"博尔特,冲在第一个的总是他。玩滑板时,转弯,跳板,各个动作都不在话下。

"有缘千里来相会,无缘对面不相逢""不是冤家不聚头",我的小冤家小袁,你虽说不与女生一般见识,但是,我希望我也能加入你的交友圈,毕竟,也有那么一丁点缘分。另外,小袁,我要向你学习。

一个小小的男孩,一颗闪亮的星星

金彦颖

他,那个六(3)班个头最小的男生;他,那个在为数不多的上课发言中总是妙趣横生、出人意料的"小机灵";他,那个对科学有着浓厚兴趣的"小科学家"。没错,他就是魏安东。你或许并不认识他,但是,他却像一颗小小的星星,散发着自己闪亮的光芒。

北风瑟瑟,黄叶萧萧。在这临近冬日的时节,我们迎来了一堂别开生面的公开课。在翁老师的带领下,我们的思绪都飞到了加拿大;在芦苇的最深处,在梧桐的柔影下,在灿灿的金晖里,在清澈的碧波上,两个洁白如雪的身影相依相随,长长的脖子是两道优美的弧线,鲜艳的红嘴衬上悠然的姿态,多么优雅,多么高贵,如两个来自梦幻王国的天使……

"那么,同学们,这本书里还有什么人物非常有特色呢?"翁老师的突然发问让我愣了一下,脑海里天鹅路易斯和塞蕾娜总是挥之不去。同学们有的抓耳挠腮,努力回忆;有的犹犹豫豫,不敢举手;也有的开始翻起了书。

只有小魏高高举着手,迫不及待地快要站起来了。到底是谁呢? 我们都把目光投向了他。

"魏安东,你来说吧。"

只见他自信满满地站了起来,不慌不忙地转过身,面对着三十多双眼睛,微微一笑。"我觉得书里的天鹅爸爸——",他故意拖长音,顿了顿,"是有点自恋的。"他笑了笑,坐了下去。

哈哈,经他一点拨,我们的脑海里就尽是夸夸其谈、自我表扬的天鹅爸爸啦。教室里的笑声、掌声此起彼伏。小魏呢,都笑得有些害羞了。

小魏的回答可谓既幽默又新颖,然而,他对待科学、对待自然、对待那些小小的生物,却是一丝不苟的。

雨后的体育课上,一只蜜蜂引发了大家的议论。它躺在操场上,不时振动翅膀。

"哎呀,不会是黄蜂吧?这么大,一定有毒。"也不知是哪个女生胆小了,使围观的同学都后退了一步。

"不就是只小黄蜂吗?!"大大咧咧的朱景轩根本不在意这迷你的黄色,抬起脚就准备踩下去。

"停一下,不要踩啊!"就在同学们都屏息凝神之时,小魏以百米冲刺的速度赶过来,"这是只被雨水打湿翅膀的蜜蜂,粘在跑道上,它还没死呢。"小魏气喘吁吁地蹲下来,"它好歹也是个生命啊,善待动物就是善待我们人类自己,千万别伤了他。"只见他小心翼翼地,如动物学家般用手轻轻捏起它的翅膀,将它放在一片嫩绿的树叶上。

小蜜蜂抖抖翅膀,飞了起来。小魏也仰起头,目送着它飞向蓝天……雨后的第一缕阳光洒在小魏脸上,他笑得那样灿烂……

我素不知道,即使是昆虫的生命也如此可贵,小魏的心中有无穷无尽的对小动物的爱心啊!

我们的达人不需要很高大,我们的达人也不需要很完美,只要他是六(3)班制造的阳光少年,一样可以成为最闪亮的明星。现在,一切焦点都汇聚在这位名魏安东、字杨梅、号小魏的六(3)达人身上。他是一颗小小的星星,散发着自己闪亮的光芒。

今夜,星光璀璨。正因为有了小魏,课文的有趣、科学的新奇开始变得离我们很近,很近……

【故事三】"家书"选登

（一）

亲爱的瑶瑶：

那个扎着小辫，穿着白裙，蹦蹦跳跳参加天长小学面试的小姑娘，如今马上要小学毕业了，看着已长成亭亭玉立大姑娘的你，爸爸妈妈既欣喜又感慨。原来身体的生长过程真的如此短暂，但心理的成长过程却要漫长很多。小学六年级，你收获了很多，但这仅仅是开始，升入中学后，有更多的知识需要你去学习，同时，爸爸妈妈也相信，你会变得更加懂事，思想也会更加独立，更加成熟。

首先，你要学会感恩，感谢六年来天长小学老师们给你孜孜不倦的教诲，感谢有这么一群积极向上的同学与你一起学习，共同进步。我经常会被你的老师和同学感动，希望你能永远记着这份情，毕业后也经常与你的老师和同学保持联系。

再次，爸爸妈妈希望你今后用更加积极主动的态度去学习，学习再踏实一些，再坚持一些，再深入一些，同时要用好的方法去学习，这样可以达到事半功倍的效果，学习没有效率，还不如不学。进入初中后，科目增多，若学习没有效率，你会学得很累。

再次，爸爸妈妈希望你能多参加体育锻炼，老窝在家里对你的身体没有好处，多锻炼可以增强身体的灵活性，增强体质，同时劳逸结合，也更有利于学习。

最后，爸爸妈妈希望你能多关心国家大事，多关心周边的老师和同学，多与老师、同学、朋友交流，对自己拥有的怀有感恩之心，对不公平的事情有度量容忍，严于律己，宽以待人。

童年将慢慢远去，迎接你的是更美好的青少年时期，这是决定你人生方向的关键时期，希望你能好好努力。成长过程中有很多酸甜苦辣，希望你一路上好好收藏并记录，希望你能快乐地前进！

爱你的爸爸妈妈

2011 年 5 月 23 日

（女儿看了之后的留言）

我真的好感动，被妈妈对我的那种深深的爱而感动。这种爱不会在平时出现，但充分地体现在了这片文章中——因我长大而欣慰，希望我学会感恩，学会劳逸结合，要关心国家大事……我爱您，妈妈！

（二）

不知不觉间，孩子的个头与妈妈一般高了；不知不觉间，爸爸跑步已经跑不过孩子了；不知不觉间，孩子某些方面的知识超过了爸爸妈妈；不知不觉间，孩子小学即将毕业！

"小么小儿郎，背着那书包进学堂……"六年了，每天早上看着孩子你走出家门，走向学校，走进知识的海洋和人生的课堂，我们是如此欣慰、如此高兴。

曾记得，刚进小学那会儿，学校开运动会，你说家长一定要来现场支持。爸爸二话没说，就赶到现场，为你们班鼓掌，尽管你没有参加具体的项目。

曾记得，你作为小队长组织春游小分队活动，爸爸帮忙联系到"传化农业园区"游玩。那天风和日丽，孩子和家长玩得多高兴啊！

曾记得，你们的教室从二楼到三楼、四楼，再到另一幢楼的三楼、四楼，每一个教室都留下你们的欢声笑语。在公开课的日子里，爸爸总要抽出时间去你们教室，看看你和同学们争相举手发言的可爱场景。"朱嘉铭爸爸好！"同学们整齐划一的声音是如此动听、美妙。

曾记得，你对文学、历史等特别喜爱，在家里书不离手。你的作文曾获得浙江省小作家作文比赛二等奖，你被吸纳为浙江省小作家协会会员。

曾记得，你在周老师的鼓励下加入校田径队，尽管每天早晨要早半个小时到校，但你的腿长得越来越粗壮。在校运会上，你参加 200 米跑步拿到年级第四名，为自己争气，更为班级争了光。

曾记得，有次下课后你跑出教室，迎面把另一个班的女同学撞到，头上还流血了。周老师来电后爸妈急忙赶到学校。幸好，你们俩伤得不严重。后来，你和妈妈还专门上女孩家道歉。

曾记得，每周轮到班级卫生值日，前一天你总要提醒我们第二天早些叫你，而那天早晨，你总是早早地、利索地起床，那份责任心六年不变。

六年光阴，六年经历，无数的瞬间，无数的回忆，岂是这短短的行文说得完的？

六年来，老师们尤其是班主任周老师给了你们多少次难忘的教诲啊！孩子们成长的每一点每一滴都离不开老师们无私的奉献。"一日为师，终身为父。"老师的教育之恩，老师的崇高风范，值得孩子你一生学习和感激。而"天长小学"这一名字也将成为你一生的骄傲。

六年来，爸爸妈妈与你有多次谈心、交流。我们可能不是最优秀的爸爸妈妈，但肯定是尽责的爸爸妈妈。也许我们的教育方式有待改进，也许我们应该留更多的时间给你。每每有空，爸爸总想与你在一起。可是由于工作太忙，爸爸花在你身上的时间太少，这是爸爸最为内疚的。父母、奶奶、外婆等长辈的养育之情，孩子你永远不可忘记。

六年来，你苗壮成长，像一棵树苗开始长出粗壮的身躯，像雄鹰开始长出飞翔的翅膀。你开始独立思考，你拥有自己的思想，有时甚至想脱离大人的管束。你想过吗？小学六年，你最大的收获是什么？哪些方面你获得了成功？成功的原因是什么？哪些方面不够理想？原因又在哪？爸爸的看法是：这六年，你不光是学知识，更是学做人做事的道理。做人要坚强、诚实、有远大理想，也要有现实目标；做事则要专心、钻研、持之以恒，不成功决不罢休。六年中，凡是你花心思、花工夫认真去做的事情，就取得了成功；反之，则事倍功半，费时费力又费钱，效果就不理想。

小学低年级时，爸爸妈妈每天催着你起床；如今快毕业了，你自己起床，自己准备早饭，自己走着上学。是的，孩子，你已经从小儿郎成长成阳光少年。然而，你的身躯够粗壮了吗？你的翅膀够强壮了吗？还远没有呢。不要厌烦大人们的教诲，而更丰富多彩、更有挑战也更关键的人生阶段即将开始。

孩子，精彩的人生才刚刚开始。告别懵懂的岁月，开始崭新的冲刺吧！

朱嘉铭爸爸

2011 年 5 月 25 日

（三）

小睿：

时光飞逝，一转眼六年的小学生涯就要结束了。六年来，在天长小学老师们的悉心帮助和教育下，你不仅学业大有进步，在德育、体育等各个方面都有了长足的发展，在每个学期结束的老师评语中，班主任周老师都给了你充分的肯定。希望你永远不要忘记你的母校曾经给予你的培养教育，永远不要忘记曾经给予你知识、给予你智慧、给予你良好思想品德的老师们。

六年的小学生涯中，你勤奋好学、努力刻苦，在学习上的确付出了很多。此外还利用业余时间参加了不少课外辅导课，几乎没有正常的双休日，这对于尚处在好动、好玩年龄段的你来说，似乎有些不公平，但你还是毅然坚持了下来，这正是一种毅力的培养、意志的磨炼。

过了暑假，你就要进入中学时代了，你所面临的学习任务会更多、更繁重，故借此家信，谈几点我们家长的想法。

首先，希望你做一个遵纪守法、正直善良的人。人们常说："做事首先要学会做人。"所以一个人的成长，第一必须是有良好的道德，只有做一个遵纪守法、正直善良的人，才会赢得社会的尊重和认可。其次，中学时代是起着承上启下作用的一个重要时期，希望你继续保持勤奋好学、努力刻苦的良好学风，让自己的学习更上一个台阶。第三，要培养自己勤于思索、勤于动手的能力。随着你年龄的增长，你的思维能力、理解能力也会有很大的提高，希望你通过中学时代的学习，逐步培养自己独立思考、独立解决问题的能力。第四，不要忘记加强体育锻炼，使自己有一个健康的体魄和良好的身体素质。最后，"人非生而知之者，孰能无惑？""师者，所以传道授业解惑也。"我们希望你在初中的学习中能多问，你不是刚学过《真理诞生于一百个问号之后》这篇课文吗？

最后，我们希望你成为一个德智体全面发展的好学生！加油！

爱你的爸爸妈妈

2011 年 5 月

（四）

亲爱的邦瞻：

你好！

四年前，当我们全家搬来杭州时，令爸爸和妈妈最头疼的事是帮你找一所好学校。今天回首，我们当初选择天长小学是多么明智的决定。我们庆幸遇到了一群好老师,有学问渊博而严肃认真的周老师,有山高水长而循循善诱的孟老师,有优雅和蔼的赵老师,有深受欢迎的胡老师,有善良耐心的李老师……

我们庆幸,这四年中,你结交了一群终生难忘的好朋友,有特别聪明的孔润琪,有品学兼优的齐元峻,有副大队长袁稚庭,有立志当董事长的贝逸杰,有英姿勃勃的陆家豪,有美丽大方的班长翁珏,有"感动天长"的李亚菲,有能写一手好文章的金彦颖……

我们庆幸,你在天长的付出得到了丰厚的收获。在周老师的悉心指导下,你的文章在《家庭教育》上发表了;在孟老师的耐心辅导下,数学获得了"挑战杯"一等奖;在黄老师的指点下,你的墨迹在学校里展示着。不管是一小步还是一大步,每个进步都有你认真、努力、刻苦的身影。爸爸妈妈为你的进步由衷地感到高兴。然而,这毕竟是你的小学阶段,所以爸爸妈妈对你的高兴是有克制的,所以仍免不了给些建议,希望你未来的路更加美好。

第一,人生的路不是比谁走得快,而是看谁走得远。昨天,你以天长为荣,明天能否让天长以你为荣?一所好学校的好名声一定是来自于它的杰出的校友。所以,路尚长,你还需努力。

第二,明确人生目标。人生本身是没有意义的,要让人生有意义,我们必须从小树立高远的志向。对一个12岁的男孩来说,这样的要求可能高了,但人生目标的种子,今天一定要在你的心中播下。没有目标的人生犹如大海中随风飘荡的船,哪儿也去不了。人生路上永远有困难和挫折,但只要心中有目标,风雨中就不会折腰。

第三,培养自己的学习兴趣。视学习为惩罚的人在他嘴里最常出现的一个字就是"累";视学习为负担的人,在他嘴里经常吐出的一句话就是"好想休息";以学习为乐的人,在他嘴里经常吐出的一句话就是"学习很有意义"。如果你视学习为一种乐趣,学校就是天堂;如果你视学习为一种负担,学校就是地狱。

第四,天下没有免费的午餐。世界上什么事都能发生,就是不会发生不劳而获的事情。要想好运连连,就必须努力学习。"凡含泪播种者,必欢呼收割。"成功都是99%的汗水去浇灌那1%的灵感才能获得的。爸爸妈妈不希望你自认为是个很聪明的人,这个世界上自认为聪明而又一事无成的人还少吗?我们只是希望,你认为自己是个比别人更努力、更刻苦的人。

第五,"走自己的路,让别人说去吧。"你的人生才刚刚开始,起点可能影响人生最终的结果,但不会决定结果。我们希望你早日建立起节约、个人奋斗等价值观念。真正高贵的人,不是因为其高贵的血统,也不是因为其高贵的生活方式,而是因为其高贵的品格和自立精神。找到自己的路,昂首阔步走下去。我们相信你会是个胜利者。

《不可征服》是19世纪英国伟大的诗人威廉·亨利的名篇。他从小体弱多病,患有肺结核,一只脚还被截掉了,但他一生却奋力和病魔抗争。在你即将离开天长迈进文澜之际,我们把他诗中最有名的四句话抄录给你:"感谢上帝曾赐我不可征服的灵魂。我是我命运的主宰,我是我灵魂的统帅。"

加油吧,儿子!

爱你的爸爸妈妈

2011 年 5 月 22 日

(五)

亲爱的孩子:

时间过得真快,不知不觉地,你的小学生涯快要结束了。你马上就是一个中学生了。

回想当初,1999 年 7 月,你刚刚降生,妈妈怀着万分喜悦的心情,享受和你相处的每一天每一刻。为了记录并且与人分享你成长的点点滴滴,我们还专门在《钱江晚报》开设专栏,写"育儿日记";犹记得 2005 年 9 月,你怯生生地踏进小学校门,回望的眼里有着迷惘……那些日子仿佛还在昨天,转眼你却已经长成"小伙子"了,马上要成为中学生了。如今的你,知识渊博,是十足的"科学分子"。每天看《十万个为什么》,涉及的内容也越来越广,现在妈妈已经常常会被你问倒了,真是不好意思。看来妈妈的知识也需要赶紧更新了,否则就赶不上你啦。妈妈会努力的,儿子,相信妈妈。

安东,你是个责任心特别强的孩子。妈妈常常记起,你 5 岁那年,有一次你和妈妈一起旅行,回程中,下车的时候,你很自然地把妈妈的双肩包背在了自己小小的肩上。那个背包，几乎拖到地上；那个背包，几乎和你一样高。这一幕，被妈妈的同事看在眼里，她们都被深深地打动了。这一幕，经常被妈妈的同事提起，也深深印在了妈妈的脑海里。你的勇于担当，是妈妈最引以为傲的地方。你为妈妈做的"魏氏风味"蛋炒饭、"独家秘方"三明治、贡丸煲，都是妈妈经常可以享用的双休日幸福早餐。谢谢你，谢谢你为妈妈做的一切。

快要上初中了，正如你所说的，你在进入"更年期"。是的，你的这个比方，其实打得很恰当呢。你将从儿童，变成青少年。既然是"更年期"，就会遭遇"更年期综合征"。这个阶段，你会经历许多的变化。你的学校、你的老师、你的同学、你的学习方式、你和旁人的相处方式，都会有所改变。也许你会有一点点不适应，让我们一起面对。妈妈相信你，你一定能够非常顺利地度过这个"更年期"。

相信自己！加油！

爱你的妈妈

2011 年 5 月 20 日

第七章　为师者的情怀

——如何担当知识分子的责任

——一名优秀的教师，应该是教学能手，更应该是科研先锋，这样的教师，才能可持续发展，才能更好地履行自己的职责。

——教育公平是要让每一个孩子的天性都能得到充分、自由的发展。促进男孩发展并不意味着削弱女孩发展，两者并非是此消彼长的"零和"关系，而是相互促进的"共赢"关系。教育只有尊重天性，因"性"施教，才能够真正实现男孩与女孩的公平、和谐发展。

知识分子，往往是指有特定生存方式和特定价值追求的人群，因其身上所肩负的价值担当，自古以来被寄予了厚望，被人们称为"社会的良心"。"为天地立心，为生民立命，为往圣继绝学，为万世开太平"就充分显示了知识分子在社会进步中的中流砥柱作用。而教师群体，由于其职业性质的原因，无疑是文化人的知识分子身份的典型代表，在社会风气的净化、社会风向的引领、文化的传播与创新等方面起着不可或缺的作用。

在今天，一位承担班主任角色的教师，是否还需要去深入思考这样的使命？为了达成这样的使命，他可以做些什么？他不承担这样的使命又如何？我无法预知别人的回答，但我以为，一名教师的爱是需要超越学校教学的，需要把整个社会都当成是一个成长中的孩子来看，要有投入、呵护、批判、建设与共生的爱的精神，既不自觉地有非理性的依恋情怀，也应生发出深深的理性之爱。教师生存于两个世界之中，一个是日常生活世界，教师以普通社会公民形象出现；另一个是教育职业世界，教师以专业性强、学术性强的形象出现。这两个世界对教师的要求有所不同，前者强调社会公德，后者强调专业能力。一名优秀的班主任老师一定是充满爱心的人文主义者。我是一名教师，也是一名民建会员，结合我自己的体验与经历，在本章中和大家一起来探讨这个话题。

一、我这样看

（一）成为真正的知识分子

自古以来，教师被赋予了"传道、授业、解惑"的使命，被认为是知识分子的典型代表。从这点上来说，教师天然地具有知识分子的外在形态。然而，外在形态不等于内在品性，要成为真正的知识分子，教师必须承担起对社会、专业和学生三方面的责任，并有对独立之精神和自由之思想的追求。对于学生，教师要履行好教书育人的神圣职责，培养学生的独立思考能力、公民参与意识和行动能力；对于学科，教师要培养对专业的情谊和认同感，不断提升自己的专业水平，打破专业局限，寻求学科间的合作，积极探求专业发展的新路子；对于社会，教师则应具有普世的关切情怀，能够以为人师表和言传身教引领社会风尚，明辨是非黑白，以批判和创新精神积极为社会事务建言献策，承担起社会改造参与者的精神导师角色。对学生和学科的关怀，是基于教师的职业使命提出的，属于教师的专业特征；而对社会的关怀则超越了狭隘的专业界限，进入公共领域中。正是这两方面，构成了教师知识分子身份。而教师是"人类的良心"或"社会思想者"的隐喻正是教师公共知识分子身份的凸显，这也是目前对教师知识分子身份最强烈的呼唤。

我承担着教学、管理等多种任务，我希望通过做好这些任务，成为真正的知识分子。从平时教学培养学生独立思考的能力和爱国主义精神，到鼓励学生参加课外社会实践活动参与家乡建设；从对学生身体素质的担忧，到解决跨地区流动人口子女就学问题若干建议的提出；从对男生发展的关注，到对传承抗震救灾精神和戏剧文艺的倡导……我希望在自己力所能及的范围内，把自己的专业知识和更广大的社会关怀结合起来，以自己的一言一行对当代知识分子责任做出个性化理解。

（二）专业知识是利器

在当今社会，由于社会分工和学科建制的发展，教师公共知识分子角色越来越受到职业特殊性的影响，专业知识极大地影响着教师公共知识分子身份的发挥。用专业知识服务社会改造，为教师提供了独特的理性思考的力量。他们能运用自身的知识和智慧进行独立的思考和判断，能对发生的社会和文化问题进行更深的学理层面的解释，有能力向世人提出更加合理的问题解决之道。这是专业性给予教师履行公共知识分子身份的强大武器，也让教师在与其他技术专家的竞争中，有力"向"或"为"公众之事加以言说，坚守了教师群体的自由意志空间。但专业知识并不会自动成为教师由教育领域走向公众场合、进行社会批判与改造的武器，教师要摆脱业余者的角色，必须有行动的勇气和自身的道德坚守。这正是教师超越教书匠和学科专业、弥合教育生活和社会生活疏离的体现。但教师也要避免过分地关注专业熟练程度，正如我的一位老师所说，"专业人士的脑力劳动关注的是提供服务，而不是推进思想。只要思想包含在专业任务的完成中，思想就不是因自身而有价值，而是作为实现他们的手段而被重视"。教师不仅要致力于知识的传播，而且要承担以知识改造社会和生产、发展思想的使命。唯有如此，教师才是真正的教育者，而不是教书匠。

一名优秀的教师，应该是教学能手，更应该是科研先锋，这样的教师，才能可持续发展，才能更好地履行自己的职责。教师应该紧密结合教学实际，立足课堂，以研究者的眼光审视和分析教学理论和教学实践中的各种问题，进行积极探究，以形成规律性的认识。一名教师"只有研究和分析事实，才能使教师从平凡的、极其平凡的事物中看出新东西，能够从平凡的、极其平凡的、司空见惯的事物中看出新的方向、新的特征、新的细节，这是创造性的劳动态度的一个重要条件，也是兴趣、灵感的源泉"。只有增强自己的科研意识，把自己的课堂、班级当成自己的"实验室"

"试验田"，并投入精力，才能更好地通过专业身份来生产知识、发展思想。

我深知自己的专业使命，深知为人师者的责任，因而在我作为民建会员提交的建议中，力求从一名人民教师的立场出发来理性地分析我所关注的社会问题。从学生的成长到社会价值取向，从学科的发展到文化的传承，我的专业知识在我分析和厘清问题的过程中起到了很好的理论支撑作用，我希望自己能不断地朝一个真正的教育者靠近。

（三）超越专业身份

有知识并不等于就是知识分子，就知识分子的本义来说，知识分子意味着对社会的关注和责任的担当。人类社会之所以产生知识分子，是因为它需要有人超越各种狭隘的功利关系，依照整个人类的福祉设计社会发展的蓝图。教师不仅要做一个有知识的人，而且要做一个具有知识分子品性的人，一个有社会责任和价值担当的人。虽然当今社会分工和学科建制使教师在履行知识分子角色时不可避免地带有很强的专业特征，教师知识分子身份的践履也往往倾向于关照自身学科的发展。但作为真正的知识分子，教师必须超越狭隘的专业主义追求，从学校进入更为广阔的"广场"和"庙堂"中，从"知识的占有者"回归到"人类价值的守护者"角色，有心"向"或"为"公众之事宜加以言说。既不做游走在职业边缘的业余者，也不做狭隘和功利的技术专家。这实际上是要求教师在某种程度上摆脱体制和专业的束缚，做一个"社会思想者"。对"社会思想者"的精神气质的回归，不仅是知识分子内在品性的要求，从更深的层面来说，也是促进教师专业发展的真正途径。理性思维必然要受到更广大生活和普遍价值的检验，知识本身并不具有自足性。专业知识与公共使命原本就是，也应是相互融通的。

正如教师的班主任工作和教学工作可以实现融通一样，对于知识分子的专业使命和公共使命，我也持这样的看法。也许正因为秉持了这样一种坚持，我会在思考社会问题时，竭力打破专业局限，努力把目光投向更长远的社会发展，也会从社会发展的层面回过头来更高位地审视自己的教学工作，追问自己的道义与使命、意义和价值。知识分子的真义也许就在这追寻的过程中吧。

（四）师德与公德要有所区分

完整的知识分子身份包含专业角色和公共角色，由此形成了教师的两个世界：一个是日常生活世界，教师以普通社会公民形象出现；一个是教育职业世界，教师以职业形象出现。这两个世界虽可以相互融通，但各有自己的独立性，不能将其混同，更不能以一方取代另一方。由此，在不同的世界中教师的道德要求也有所不同，前者强调社会公德，后者强调职业道德。但是，受传统文化影响，我们往往把教师比喻成蜡烛、春蚕，暂不说强调教师一味奉献的教师职业道德是否合适，仅将教师职业道德泛化来取代公民道德，就极大地限制甚至取消了教师道德主体自由活动的空间，损害了教师道德主体的正当权益，使教师道德主体缺乏主动性和自觉性，致使教师道德异化，使师德由美化教师的"项链"变成扼杀教师正当权益的"枷锁"，并最终影响师德建设的实效。和谐社会中教师道德建设必须把握正确的舆论导向，把教师作为社会公民应遵循的道德规范和作为教师应遵循的职业道德区分开来，澄清教师的权利和义务，即教师作为公民的权利和其职业义务，摒弃附加在教师身上的"圣人"光环和脱离教师生命个体需要的道德说教，把义利统一、民主、平等、竞争等符合时代主题的观念纳入师德内容，从而实现自身价值与社会价值的和谐统一。

二、我这样做

（一）养吾浩然之气

作为一名教师，一定得有一股浩然之气。我们的境界与追求就决定了教育的方向，决定了学生将会受到什么样的教育影响。精神修炼应是我们一生的必修课。浩然之气从哪儿来？从书中来，从与崇高的人交往中来，从反思自己与别人的言行中来，从对生命和人生意义的追索中来。个体的情怀正是在个体生命层次上升的过程中逐步产生的。 多读书、读报，以高尚的精神引领自己，与向上的人结交朋友，不断地反观自己的言行，我们就能从日常的生活中找到一种"存在"的感觉——一种内心的平和和宁静，一种对更踏实、更积极、更有意义生活的寻求。 长此以往，我们会不自觉地超越个人生活的狭小空间与一己之利，把眼光投放到四方与未来，以一种正义和担当精神去关注、参与社会事务。 就我自己来说，在这种爱的指引下，我常常会不自觉地把眼光投向弱势群体，尤其是和我所在的教育领域相关的这些学生，关注他们的生存状况，关注他们的发展动态，做一些力所能及的事来帮助他们，积极地为改善他们的状况建言献策。 也许是一次募捐，也许是一次手拉手的联谊活动，也许是一次作为杭州市民建会员的谏言，我能做的很有限，但只要我还在，我就会不断地努力去做。 我觉得这是一种责任，我相信社会就是在这样一点一滴的改变中前进的，我的生命也因此变得澄澈、坚实，更有力量。

（二） 工作总是先行一步

一名教师，光具有关心社会发展的情谊不够，还必须将其具体地落实到行动上。 教育是为未来培养人的，在这样的领域中的教师必须对自己的工作具有前瞻性思考。 要想自己真正有所作为、不被时代所抛弃，就必须站在时代的前沿来考虑问题。 多读书、读报、关注时事新闻，这是我一直坚持做的事。 一方面是因为自己教授语文学科的原因，喜欢读；另一方面，也是自己有意识地坚持所致。 我特别关注教育政策的变化，因为这是教育动向的风向标，也体现了国家在人才培养方面的要求，这是社会需要和时代精神的体现。 我觉得作为教师，尤其是班主任需要有这样一个高度： 能够从宏观的视角，和教育决策部门在同一起跑线上（至少是不太落后于他们）来思考和开展自己的工作。 这是教育创新性，也是教师责任的要求。 我们既然要培育孩子，那就要培育卓越的孩子，这样的孩子具备在未来社会生存的良好技能，能够以同样甚至远超越于我们的能力和气魄去创造美好生活，去推动社会发展。 而这需要远见，需要实干，它深深地扎根于我们自己的努力中。

（三）着眼于实践活动

我们身边的事，是我们能做的，也是能做好的。因此，我非常注重如何把自己对社会的这种关心落实到具体的行动上。我常常在思考，如何将我一个人的力量转化成更多的力量，如何将这种关爱之情传递给更多的人，让更多的人一起行动。我由此想到了我的学生，他们是未来社会的主人，他们决定着未来社会的发展，我必须要让学生从小就具有这样一种公民意识。我努力在各种活动中贯彻这一想法：从一次课间与学生的闲聊开始，从一次主题班会开始，从募集资金看望盲童开始，从调查西湖水质给市长写信开始，从暑期为外来人员子女制作安全活动地图开始……我希望我的学生不仅能有这种博爱之心，以社会为己任，而且希望从现在的点滴小事中培养他们自立以及服务社会的能力，自小就有一种担当意识。因此我从不赞成向长辈索取式的募捐与献爱心，我总是把这种爱心活动和学生的成长挂起钩来，让学生通过自己的努力在帮助别人的过程中，增强对社会的认识，获得必要的生存技能，在活动中成才成人。"穷则独善其身，达则兼济天下"，这是我一直以来秉持的个人价值观。

（四）走向研究者

教师要具有独立思考的能力，坚持自己的判断，这点很重要，这也是一个教师能够担当社会责任的基础。我们要听网络、电视、广播等各种媒介的声音，听决策者、专家、学者和其他社会人员的声音，因为这能使我们全方位地认识事物。但我们更要有自己的价值判断，立足于教师这一岗位，理性地去思考自己所担当的社会角色，思考所关注的问题产生的原因以及切实的解决途径。这对我们的研究意识提出了一定的要求，确切地说，我们应该走向研究者。在这方面我深有体会，比如作为一名班主任，我对学生的身体素质的提高负有责任。而通过日常的班级管理工作，我却发现现在的学生由于锻炼少，体质较差，甚至升旗时多站一会都会晕倒。如何切实地保障学生的体育锻炼时间，就成为我一直琢磨的一个问题。依据这样一个问题，我分析了学校在体育锻炼上的情况，查找了相关的文献资料，根据自己的班主任经验以及目前学校体育锻炼缺乏的情况，提出了一些措施，并利用民建会员的身份向民建浙江省委会反映我的建议，并受到了重视。从自己身边的小事着手，以一种问题的视角和一种大局意识来关注自己所处的生存环境，坚持自己的道德良心，独立地思考，实事求是地佐证，就在这样的过程中，我们践行着自己的责任。也许我们的研究能力有所欠缺，也许我们的研究结论还有进一步商讨的余地，也许我们的建议还不能马上被采纳，但这永远不能阻挡我们作为思考者和行动者前进的脚步。

（五）团结就是力量

一个对社会发展有担当的教师，肯定是一个脚踏实地的实干者。但一个人的力量毕竟太有限了，除了平时通过班主任工作，把这种情怀具体地落实到各种活动的组织和思想道德教育中，我们还必须站出来，寻求合理的途径有效地表达我们的愿望，让更多的人这种听到这种声音。我相信，社会上有担当的人还是很多的，善的力量可以因此增强。举个例子，比如针对"京剧进课堂"这个政策，由于我生于江浙长于江浙，对越剧在这些地方的影响深有体会。因而引京剧进课堂是否会忽视其他剧种的发展这一问题就引发了我的担忧，我和我身边的越剧朋友商议此事之后，便以民建会员的身份，提出了一个建议。这就是一种表达社会责任的途径。也许不是每一个人都有这样的机会，但是只要我们充分挖掘周边的资源，这些平台还是很丰富的。我们可以联合家长开展活动，可以给报社写信反映我们的担忧，可以参与广播电台的讨论，可以通过与周围更有影响力的人交流，借助他们表达我们的观点。也就是说，我们要利用自己身边的资源寻求团队力量的支持。尤其对今天这样一个处处要求合作的社会来说，这点很重要，科技的日新月异、社会的不断进步也为我们个人愿望的表达提供了很好的途径。我们每个人的力量很有限，但是一旦联合起来就有可能实现积极的变化。善的种子，经细心培育，必有一天会长成参天大树。

三、 我的故事

📋【故事一】

关于提高中小学生身体素质的若干建议

据有关资料显示：2007 年与 1997 年相比，我国学生的速度素质、耐力素质、柔韧性素质、爆发力素质、力量素质等均有所下降，除反应速度素质的 50 米跑成绩下降幅度较小外，其余各方面素质的下降幅度明显。

第二次国民体质监测报告中，最值得关注和需要加以改善的，是青少年体质的变化。"66％的学生表示每天锻炼不足一小时，接近 44％的小学生睡眠达不到规定标准。"他们的抵御寒冷和酷暑的能力在逐渐降低，容易感冒，容易中暑，即身体适应环境的自我保护能力在降低，血压调节机能的发展受到限制。

这种现象在学校举行的大型活动中最为常见，如浙江各地许多学校星期一的升国旗仪式中，会经常出现学生当场昏厥的现象。医生说是因为体质虚弱，在太阳底下站久了，就出现了眩晕症状。

还有，由于学生整天埋头读书，活动时间少，高质量的营养摄入大于消耗，肥胖病和豆芽体型学生明显增多。

随着科学技术的迅猛发展，生活节奏急剧加快，不少教育工作者都担忧青少年一代会因缺乏体力活动，而出现体质下降的后果。

尽管从 2008 学年开始，要求各学校严格按照"三课、两操、两活动"的要求落实体育课教学计划。但是，不少学校因客观条件限制和其他原因而无法有效实施，就是有条件实施的地区，也遇到每年有近 1/4 的时间（寒暑假期）无法进行的情况，学生既无锻炼的场地也无设施，更无教练指导。

《中共中央国务院关于深化教育改革全面推进素质教育的决定》强调指出："健康体魄是青少年为祖国和人民服务的基本前提，是中华民族旺盛生命力的体现。学校体育要树立健康第一的指导思想，切实加强体育工作，使学生掌握基本的运动技能,养成坚持锻炼身体的习惯。"中小学生正处在长身体、长知识和世界观形成的重要阶段,身心的健康发育迫切需要经常参加体育活动,这正如阳光、空气、水对生命的意义一样不可缺少。

因此,我建议:

(1)教育部出台政策,指导各地中小学校开展普及性的体育活动,使每个学生至少掌握两项基本的体育技能,并将此列入中小学生毕业考核成绩。

同时规定各地中小学校要严格按照课程计划开足开好体育课,严禁以任何理由减少或挤占体育课时间,确保课时总量,并对违反以上规定的学校做出处理。

(2)教育部出台政策,鼓励全国各地中小学校全面实施"全国亿万学生阳光体育运动",同时规定各中小学校不得以各种借口取消运动会。鼓励学校加强学生体育社团和体育俱乐部建设,积极创建中小学体育园地,做到人人有体育项目、班班有体育活动、校校有体育特色。

(3)积极鼓励学校创建特色课程,进一步加强体育特色学校的建设,在各校已有的学生特色活动基础上,初步形成田径、篮球、游泳、乒乓球等跑、跳、踢、打健身竞技等特色项目系列,满足不同学生的成长需求,提高学生的身体素质、创新思维和实践能力。

(4)国家体育总局应通过与全国各地共建"百、千、万所体育示范校工程",来共同普及基层体育设施并推动中小学生体育锻炼水平的提高。国家体育总局应拨出资金或体育设施,与各地方政府共建百所全国示范性体育学校、千所特色型体育学校和万所普及型体育学校。

(5)全国各地还应发挥政府主导作用,依托各社区所在学校的体育公共设施、场地,由社区组织,志愿者协助,开展青少年喜爱的球类活动和比赛;在寒暑假举办篮球、足球等夏令营、冬令营活动,在社区中逐步推广青少年体育俱乐部的工作模式,加强品牌队伍和品牌活动的组织建设,凝聚人气,不断提高社区青少年体育的组织化程度;继续探索社会办赛机制,办好以社会组织冠名支持的青少年喜爱的体育比赛,培育学生健康的爱好。

(6)教育部、国家体育总局共建体育指导员队伍,指导社区进行体育锻炼。由各级教育、体育行政管理机关对从事过体育教学和实践活动的基层体育工作者,进行考评并发给"体育指导员证书",为社区的中小学生和其他群众服务。

📋【故事二】

关于我省建立学龄前残障儿童抢救性康复的救助体系建议

学龄前残障儿童的康复教育,是指对 0～6 岁残障儿童进行以康复为中心、以教育为基础的训练,它具有实施对象特定化、实施主体多元化、实施方式社会化的特点。0～6 岁是人体神经系统发育的重要时期,在这一时期个体神经系统的可塑性较大,对外界环境的适应能力较强,如果在这一时期对残障的个体及时施以恰当的康复训练和教育,将改变残障儿童一生的命运,因此人们把它叫做"残障儿童的抢救性康复"。

我国现有的法律法规和政策对残障儿童的生存环境比较重视。从 2010 年起,省财政厅、省民政厅、省卫生厅和省残联针对国家项目联合出台政策,实施"残障儿童抢救性康复项目"。我省共有 5000 多人得到抢救性康复,而且为 283 名聋儿提供了人工耳蜗手术的机会,在全国率先实现了符合人工耳蜗手术条件的聋儿"发现一例、手术一例、康复一例",得到了患儿家长和社会各界的高度评价。

在看到成绩的同时,我们也应看到残障儿童康复工作所面临的新形势、新要求以及他们对康复服务的新需求、新期盼。截至 2012 年 9 月,全省共有残障人士 311.8 万人,其中 6 岁以下儿童 4.37 万人。

以下是 2010 年浙江省残疾人康复服务机构(康复中心或康复医院)及其工作人员的专业水平调查统计情况。

2010 年浙江省残疾人康复服务机构（康复中心或康复医院）及其工作人员的专业水平调查统计情况

地区		单位			机构性质				资质				面积		床位		资产	
市（个）	县（个）	康复中心（个）	辅具中心（个）	其他（康复医院）（个）	全额（个）	差额（个）	自收自支（个）	民办（个）	医疗资质+教育资质（个）	医疗资质（个）	教育资质（个）	其他（个）	建筑面积（m²）	业务面积（m²）	康复床位（个）	医疗床位（个）	固定资产（万元）	2000元以上设备（件）
11	55	47	5	13	11	17	23	15	6	19	5	34	234983	146649	1804	853	3413.28	1875

职工人数（人）	职称				编制			专业					服务内容		
	高级（人）	中级（人）	初级（人）	无（人）	编制人员（人）	合同工（人）	临时工（人）	医技人员（人）	辅助人员（人）	其他专业人员（人）	行政管理人员（人）	工勤人员（人）	综合服务（件）	辅具（件）	其他（件）
1507	54	188	583	589	315	864	141	379	149	384	133	178	53	10	3

2009 年政府财政投入经费

总经费（万元）	救助经费（万元）	工作经费（万元）	设备经费（万元）	人员经费（万元）
8944.04	1105.4	627.77	6329.9	880.97

由于学龄前残障儿童尤其是贫困家庭的儿童仅仅靠家庭的力量根本无法做到抢救性康复,因此有必要以政府和社会作为支持系统进行抢救性康复。当前,我省学龄前残障儿童抢救性康复主要存在的问题有:

(1)现有的康复措施保障力度远远不够。

2011年开展的实名制调查显示,在最近五年内我省已接受康复服务的残障人士的比例为45.22%,其中残联康复机构占5.14%;全省有康复需求的残障人士的比例达70.28%,这其中还有6岁以下的学龄前残障儿童4.37万人。我省各级政府也拨出专项资金资助学龄前残障儿童到指定康复中心接受康复治疗的必备知识培训,学龄前残障儿童可以在康复中心进行为期3个月的免费康复治疗。残障儿童大多数分布在农村,他们的家庭经济条件不好,每个月的康复教育费用少则几百元,多则上千元,大大超过家庭经济的承受能力,导致绝大多数残障儿童只能放弃急需的康复教育。

(2)现有的康复机构、设施少,康复专业技术力量不足。

我省为学龄前残障儿童提供康复服务的机构不足,并且绝大多数分布在大中城市。对于很多地区来讲,以财政力量提供的学龄前残障儿童的康复机构是一种奢侈的公共产品。由于机构和设施少,很大一部分学龄前残障儿童没有办法获得抢救性康复的服务。

现有的残障人士康复医疗机构专业技术力量薄弱、人员编制少制约了康复机构提供更好的康复服务。如宁波市残疾人康复中心每年都有5名以上专业人员因待遇、职称无法落实而流失到其他医疗机构。

(3)现有的救助力量缺乏有效和系统的整合,没有形成完善的救助体系。

以公开的报道来看,宁波、丽水有过对于学龄前残障儿童针对性的救助活动,但缺乏其他社会力量的参与。救助体系的主导力量毫无疑问是政府,但社区、民间组织乃至公民都可以参与其中。

当前救助体系建设面临的主要问题除了政府提供公共服务不足外,还存在以下问题:社区各方面设施还很不完善,社区康复机构严重缺乏,社区工作人员对残障儿童康复知识掌握不多,残障儿童康复的受益面很难扩大;民间社团、自愿者的力量还比较分散,他们对于学龄前残障儿童的关注度不高,目前所起的支持作用有限;社会还存在着对学龄前残障儿童的隐性歧视,对他们及其家庭带来无形的精神压力。

对以上学龄前残障儿童抢救性救助体系存在的困境做完分析后，我们提出以下五点建议：

（1）浙江省从地方立法层面，保障学龄前残障儿童享有康复的权利。

虽然国家层面没有保障学龄前残障儿童获得免费康复治疗的法律性文件出台，但浙江省作为我国经济大省，长期以来在民生方面走在全国前列，浙江省应该出台地方性法规保障学龄前残障儿童的康复权利。地方性法规应该考虑以下两点：

第一，康复权利平等的问题。浙江省是人口大省，除了本地户籍的居民外，移民如外来民工人数较多，在康复权利上应该一视同仁。当然在具体的操作上为了防止可能出现的"康复移民"现象，可规定在浙江省居住或者工作若干年（建议 3 年）以上的移民子女可获得本地户籍居民子女一样的康复权利。

第二，康复费用的问题。康复机构、设施是政府提供的公共产品，考虑到当前我省的财政情况，全部免费可能不太现实，在坚持康复机构和设施公益性的前提下对困难家庭（由政府发布具体的认定标准）实行免费措施。

（2）省政府主导筹集社会资金，保障学龄前残障儿童抢救性康复事业的发展。

应建立保障学龄前残障儿童的抢救性康复救助体系。可以考虑以省政府为主导多层级、多管道筹集资金以保证经费的落实。以县（区）为实施单位，省、地、县（区）按照一定的配套比例充实救助体系的经费。除了政府部门保障大部分经费外，相关社会组织和团体如慈善总会、红十字会、残联等可激活社会力量来募集资金。来自政府和社会的资金主要投向康复机构、设施、学龄前残障儿童家长培训等，保障专项经费用到实处。当然，不能忽视职业化募集在资金动员上的能力，政府应该从制度上鼓励职业化募集，最大限度地调动社会资源投入康复事业中。

（3）省政府应建立部门之间以及部门和社会组织、团体之间的协调机制，充分发挥各部门、各社会组织的积极性和能动性。

学龄前残障儿童抢救性康复的工作涉及众多部门和组织，因此省政府应该协调涉及此项工作的民政、卫生、教育等职能部门,从工作程序和相互权利、义务关系上制订清晰的规则,杜绝各部门相互扯皮,达到协调一致高效运作的目的。除了政府部门之间建立高效的运作机制外,政府部门和社会组织之间也要建立相互配合的机制,社会组织在抢救性康复体系中不是简单地成为政府部门的配角,对于抢救性康复这类工作,社会组织有丰富的运作经验,政府可考虑通过招标的方式购买社会慈善组织的服务。另外,为了吸引更多的社会公众关注、从事这项事业,政府对于开办康复机构的民营企业给予税收优惠、费用减免等优惠政策,鼓励社会资本参与到抢救性康复的事业中来。

(4) 进一步细化完善有关社会、康复、教育等现有的惠残政策。

要发挥残工委成员单位的作用,确保相关政策落实到位。在社会保障方面,要进一步落实残疾人共享小康工程文件,做好单独施保,应保尽保;在康复方面,要进一步落实我省残疾人医疗康复文件,提高对残障儿童的救助水平,完善救助体系;在教育方面,要进一步落实加快特殊教育事业发展的实施意见,尤其要落实对残障儿童的资助工作,并对残障儿童义务教育入学率进行评估。

(5) 建立完善学龄前残障儿童医疗康复救助的政策。

在建立和规范康复托养服务体系、康复人才培养、基层康复机构管理和建设的基础上,扩大康复工程补助项目,积极争取如关节置换、假肢装配、残疾矫治、脑瘫康复、盲人定向行走等效果好的康复项目补助,将人工耳蜗植入手术、基本辅具适配等康复效果好的项目纳入基本医疗保险报销范围。

【故事三】

关于解决跨地区流动人口子女就学问题的若干建议

目前,进城务工的外来人口子女的就学问题,已得到全社会的重视。无论中央还是地方,都有一些政策优惠,如 2009 年中央财政下拨 20 亿元基金,专项用于接收农民工子女的城市义务教育阶段学校补充公用经费和改善办学条件。但是,按照《进城务工农民工随迁子女接收义务教育中央财政奖励实施暂行办法》的规定,解决的只是那些具有农村户籍身份在城市务工的劳动者的子女(即农民工子女),而现实却是,农民工子女只是流动人口中的一部分,进城务工的人还有大量中小城镇户籍劳动者的子女(即非农民工子女),他们却被忽视了。

中小城镇户籍的进城务工人员的规模并不亚于农民工,但他们的孩子上够不着本地户籍的入学政策,下享受不到政府对农民工的教育优惠政策,成了"夹心层"。虽然总体而言,中小城镇户籍的进城务工人员的经济能力的确较农民工强,但其中同样存在低收入人群,和农民工一样处于弱势地位。

当然,更重要的是,教育作为一种普惠性福利,既不该只是本地户籍人口专享的特权,也不该是对弱势人群的特殊福利。对任何一个孩子而言,无论其家庭是贫还是富,无论其来自农村还是城市,都应与其他孩子一样,平等享受义务教育阶段的公共教育服务。

但由于目前国家财政提供的义务教育经费是按照户籍拨付到各个地方的,人口流动以后未能跟随流动,导致流动人口子女入学难。最好的解决办法是如一些经济学家提出的改行"教育券"制度(最早由美国经济学家弗里德曼提出,中国已在浙江省长兴县试点)。将教育经费改作"教育券",按入学儿童人数平均分发,"教育券"只能用来支付学费,学生可以把它用到各个地方的任何学校。它的好处是,不仅解决了各类户籍人员子女的就读自由问题、入学资格的平等问题,而且也使各个地方能办好学校、各个学校能办好教育,从而吸引更多学生。甚至,它也能起到促进各地方吸引人口、竞争发展的作用。

为此,我建议:

(1)加快建立学籍信息化管理体系。

教育部印发的《中小学学生学籍信息化管理基本信息规范》要求各省的教育部门尽快全面做好中小学学籍规范登记工作,加快学籍信息化系统开发,争取早日在全省实现统一的学籍管理。这在计算机技术成熟的今天,已经不是难题。

(2)以各地学校实际就学人数划拨义务教育经费。

由于现在人员流动频繁,必须每年核定入学人数,参照预算中的零基预算方法,为义务教育提供相应的经费保障。这样可以将迁出地的学校的经费有效地转入迁入地招生多的学校,使各自所得的经费与其承担的教育任务相一致。

（3）加快户籍制度改革力度，解除教育体制与户籍制度挂钩的传统模式。

随着我国社会主义市场经济体制改革的不断深入，落后于社会的各种制度必将遭到淘汰，户籍制度是计划经济时代的产物，对其加以改革是历史发展的必然趋势。应放宽户口流动限制，逐步解除与户籍制度挂钩的教育体制，改变城乡公民享受不同社会待遇的社会现实。

（4）改革教育财政投入机制，设立跨地区流动子女教育专项资金。

要明确国家对于义务教育阶段教育经费的职责，明确国家在义务教育阶段财政投入的主体地位。我国义务教育由于地域和经济发展的限制，在现实中存在着发展不均衡的状况，义务教育经费的投入体制将导致不同经济发展水平的地区义务教育发展不平衡，国家必须统筹规划，完善教育财政转移支付制度，促进不同区域、不同经济发展水平地区的义务教育均衡发展，国家财政必须本着维护均等的原则，重点向中西部地区和经济欠发达地区倾斜。应当设立跨地区流动子女教育专项资金，用以弥补接收他们就学的城市所产生的预算欠缺。

逐步改变教育财政投入按照户籍适龄人口进行预算的办法，实行按纳税人适龄子女人口进行预算的方式划拨教育财政经费，同时，接收跨地区流动子女就学的城市可以按照接收数量向国家财政上报经费需求，由国家财政按照比例进行预算外拨款，以保证迁入地政府接收跨地区子女教育经费的充足，也可以向跨地区流动子女发放"教育券"，凭借国家统一发放的"教育券"，在迁入地公立学校或民办学校就近入学，接收学校凭借"教育券"，向国家申请教育资金。

（5）加大对民办跨地区流动子女学校的扶持力度。

第一，对于新申请成立的民办学校应加大审批的力度，不达到办学标准的学校坚决不予审批。对于已经成立但达不到标准的学校，政府应当加大扶持力度，从各个方面予以支持。

第二，可以通过公办学校兼并民办学校、公办学校优秀教师轮流支教等办法，依托公办学校，在政府的支持下，提高民办跨地区流动学校的办学水平。

第三,各级政府应该在坚持以公办中小学接收为主的前提下,积极发挥社会各级力量,多元化吸收各个方面的设计资金,依据《民办教育促进法》推进民办跨地区流动人口子女学校的创建。

这个方法如果能在杭州市得以成功实施,将对全国产生示范效应,也将是杭州市对中国教育管理创新的贡献。

【故事四】

关于建构适合男生发展的教育模式的若干建议

2009年,有中国青少年研究中心专家撰文提出一个论点——"男孩危机"。他们对"男孩危机"做了一年半的研究,通过对中小学、大学男女生的调查,以确凿的数据证明,男孩出现了危机。男孩在各级各类教育中的学习成绩正在渐渐落后于女孩,中小学的班干部、"三好学生"也以女孩居多。"男孩危机"在中小学尤其明显,而在男孩通常较有优势的高中,近几年,其优势也在逐渐丧失。

从20世纪90年代开始,女孩的学业优势不断扩展和延伸,不少学科领域和在各级教育水平上女孩的学业表现都赶上或者超过了男孩。这种危机是全线性的危机,从中小学到大学,日趋严重。语文、英语是高考必考的科目。一般来说,语文和英语是女孩的强项,其他文科科目也是女孩的强项。这样的情况下,女孩的成绩能不上去吗?更糟糕的是,男孩问题并不仅仅限于学业,男孩在体质、心理及社会适应的各个方面都面临更多的麻烦。著名社会学家安东尼·吉登斯认为:"威胁社会秩序的不是暴力和犯罪,而是男人。"

"男孩危机",凸显的是教育危机。追本溯源,是我们的教育模式不利于男孩的发展。因此,我建议:

(1) 改变对男孩的态度,建立按照性别施教的教育模式。

现行教育模式忽视了男孩与女孩不同的学习方式。与女孩不同,男孩更倾向于以运动、实验操作、使用计算机、参与体验的方式学习。性别教育专家迈克尔·古里安认为,男孩的大脑与女孩大脑相比,其更多地依赖动作及空间机械刺激。男孩天生更容易接受图表、图像和运动物体的刺激,而不易接受单调的语言刺激。而女孩由于大脑颞叶中拥有更强大的神经联系,因此她们具有更为复杂的感知记忆存储能力,对声音的语调更为敏感,因此更倾向于通过谈话和运用语言交流学习。同样面对教师滔滔不绝的讲授,男孩比女孩更有可能感到厌烦,更容易分心,他们也更容易表现出瞌睡或坐立不安的行为。

(2)改革现行评价体制,以综合评价取代学业评价,以能力评价取代试卷评价,以动态评价取代静态评价。

现行教育模式限制了男孩的成长需要。男孩体内的雄性激素使他们精力旺盛,也让他们需要更多的运动。男孩爱冒险、爱挑战、爱跑动,这些行为倾向都与男孩体内更高水平的雄性激素分泌有关。当男孩体内的每一根神经都催促他去跑去跳时,他却被要求必须坐得端端正正,把手背在后面,听几个小时的课。从生物学角度来说,男孩一天至少需要四次较为充足的课外活动,但事实上能得到一次就算不错了,因为有些学校出于安全和安静的考虑,常常禁止学生课间奔跑,甚至拆掉了单杠、双杠等运动器械,春游、秋游或远足之类的野外活动就更不敢组织,社会实践也少之又少。这使得男孩认为学校是一个和他们作对的场所,他们擅长的方面——运动技能、视觉和空间技能,以及他们的勃勃生机,在学校中未能得到很好的承认。学习不占优势,特长得不到发挥,性格发展得不到引导。男孩长期在学校得不到正面的反馈,最终造成了严重的伤害。因此,可在小学阶段开设玩具拼装、简单家电拆装、课桌修理、制作航模、小板凳等课程。

(3)设置体现男孩性格、生理特点的心理课程,设立"男孩节""女孩节"。

现行教育模式没有注意到男孩发育落后于女孩的事实。研究证实,从胎儿起,男孩在生理和心理发育上都落后于女孩,直到青少年晚期,男孩才能真正追赶上女孩。在动作发展上,女孩的精细运动技能走在男孩前面。在身体发育上,女孩达到成年身高的一半、进入青春期及停止发育的时间都比男孩早。在大脑和神经系统发育上,男孩的大脑要花更长的时间才能够走向成熟。有研究指出,5岁男孩的大脑语言区域发育水平只能达到3岁半女孩的水平。在心理发育方面,英国学者 Geoff Harman 的量化研究指出,在11岁时,男孩的口语能力、读写能力和计算能力的发育水平分别比女生晚11个月、12个月和6个月。研究还表明,在自制力和言语发展上,男孩的落后尤为突出。

设立"男孩节""女孩节",是为了增强孩子的角色意识。男孩是智慧、力量、责任担当的代名词,聪慧、内敛、善解人意是女孩的优秀品质。因此,可以设立相关的节日,让孩子适当参与、体验,如打扫卫生、洗碗、清理房间等,也可以让孩子参加社会实践,如卖报纸、义卖、军事游戏、体育竞技、社会调查、农村生活体验、野外露营等。

(4)增设"家长学校"的"父教"课程,夯实父亲的听课制度,形成一种良好的学习风气。

突出父亲角色。"拯救"男孩的人主要是父亲。在男孩成长的道路上,父亲不能缺席。男孩可以从父亲那里学到豪爽、男子汉气概,学到待人处事的方式,学到果断和刚毅的品质。在与父亲的相处中,培养勇往直前、永不放弃的优秀品质。所以,作为父亲,一定要抽出时间来陪陪男孩,关注男孩的学习和生活,最好是和男孩一起运动,如登山、跑步、旅游、打球、做游戏等,培养男孩的自我价值感、成就感和认同感。母亲要勇于"放养"男孩。因此,在"家长学校"中,应让父亲树立角色意识和教育者意识。

(5)男孩健康成长更需要全社会共同关注。

"男孩危机"与社会有密不可分的关系。社会在"拯救"男孩方面,要切实肩负起应有的责任。如为男孩的健康成长创建良好的环境;建立有效的、积极健康的网络、媒体宣传体系,帮助"危机男孩"度过"危险期";社会职能部门、企业等联合行动,对"危机男孩"实行"一对一"的帮助等,都是不错的方法。

教育公平是要让每一个孩子的天性都能得到充分、自由的发展。促进男孩发展并不意味着削弱女孩发展,两者并非是此消彼长的"零和"关系,而是相互促进的"共赢"关系。教育只有尊重天性,因"性"施教,才能够真正实现男孩与女孩的公平、和谐发展。

【故事五】

关于将抗震救灾精神元素编入教材的若干建议

2008年5月12日,我国的四川省遭受了突如其来的强地震,举国震惊,万众齐哀。面对危难,无数普通的中国人自发、自主、自觉地投身抗震救灾中,中华民族凝聚起坚不可摧的民族精神之墙。一个个普普通通的人物,一件件真真切切的事例,反映了一个民族不屈的崇高品格,折射出了源自民族灵魂深处强大的凝聚力。

她,拯救了 13 名学生后,被压在倒塌的教学楼下。当被搜救队员发现时,身上压着一块厚厚的水泥板,怀里还抱着一名已经死去的学生。他,用身体挡住门框,为学生们撑起一道生的出口。他们,在亲友已殁的重击下,拥抱着劫后余生的别人的孩子,夙夜不寐地守护……谭千秋、严蓉、张米亚、吴忠红、汤宏、苟晓超、瞿万容们,以身教代言教,舍己救人是他们此生最伟大的行动,舍小家为大家的民族精神在他们身上得到了很好的诠释。

雷楚年,15 岁,救出 7 名同学;林浩,9 岁,救出两名同学;还有为救女生挡楼板、为救面临窒息的同学而牺牲的刘力、唐富文……他们向世人充分展示了勇敢坚强和乐观向上的品质,展现了中华民族的勇敢和坚持希望的精神。

地震中,还有不畏艰险、不怕牺牲用生命飞翔的英雄机组;有勤劳勇敢、自强不息,努力恢复生产自救的普通农民……

这一批批英雄人物、一桩桩感人壮举,无不是我们中华民族伟大精神的延续和再造。国家繁荣、民族昌盛,离不开伟大的民族精神,在这些英雄人物的身上所体现出来的这种时代精神,其实就是"延安精神""焦裕禄精神""抗洪精神""抗非典精神""神五、神六精神"的传承,是中华民族精神的生动体现。

这些感人的事例、鲜活的人物都是宣传爱国主义、集体主义、助人为乐的民族精神最生动的教材。只有让他们的精神力量深入人心,才能引导我们见贤思齐。故应尽快把这些伟大的抗震救灾精神元素编入教材,写进课本,送入课堂,感染国人,使之转化为激励国人自力更生、艰苦奋斗、重建家园的坚定意志,转化为办好奥运、建设小康社会的实际行动,转化为推动科学发展、促进社会和谐的强大力量。

最近,抗震救灾英雄事迹报告团已经开始了全国范围的巡回宣讲。

为此,我建议:

(1) 中宣部应尽早对抗震灾中涌现的重要事件、各条战线(如解放军、救灾人员、教师、学生、基层领导、人民警察以及志愿者等)的英雄人物和他们的事迹进行整理编纂，作为宣传爱国主义、集体主义、助人为乐的民族精神的生动材料，并适时在全国组织宣讲。

（2）教育部应对抗震救灾中涌现的重要事件、各条战线（如解放军、救灾人员、教师、学生、基层领导、人民警察以及志愿者等）的英雄人物和他们的事迹进行整理，编入在校不同年级学生的必修课课本，将其作为宣传爱国主义、集体主义、助人为乐的民族精神的生动教材。

（3）对编入必修课课本一时有困难的学校，教育部可要求其编入选修或自编教材中。

（此文为 2008 年民建浙江省委会采纳的信息稿）

【故事六】

关于保护弘扬传统戏剧文艺的若干建议

2008 年，教育部发布《关于开展京剧进中小学课堂试点工作的通知》（以下简称《通知》），宣布 2008 年 3 月至 2009 年 7 月，将在北京、天津等 10 个省（区、市）的中小学开展京剧进课堂试点。《通知》一出，引起了全国各地的文艺、教育等各界的广泛关注。全国人大代表、著名越剧表演艺术家、浙江小百花越剧团团长茅威涛认为，戏剧作为我国传统文化艺术的重要组成部分，走进校园可以培养青少年学生对传统文化艺术的热爱，让学生接受我国传统人文精神的熏陶，进而确立社会主义的核心价值观，这对保护和弘扬传统文化艺术有着积极的促进作用。京剧虽是国剧，但只是我国 200 多个戏曲剧种中的一种，像越剧等地方剧种在全国各地也有深厚的基础，深受广大人民群众的喜爱。如果教育部仅仅将京剧送进了校园，而将其他优秀剧种拒之校门外，则难以真正体现借此来保护弘扬我国传统戏剧文化的初衷。

我对"90 后"的在校生做了京剧和地方剧种进校园的调查，结果发现，更多学生喜欢浙江的地方剧种——越剧。越剧已发展成为中国第二大地方戏曲剧种，拥有广泛的观众群，在浙江杭州、绍兴、宁波、台州等城市的公园、社区都有许多越剧爱好者的演出和交流。仅嵊州市就拥有民营越剧团体 101 个。如果京剧进课堂，杭州的老师还要远赴沈阳培训。如换成越剧，学生喜欢，师资也充足,还有许多可兼职的专业演员做老师。杭州市第二中学还设立了"爱越基地"。越剧有着它鲜明的地域特征,承载着独特的地域文化。

在《通知》下发后,除了浙江,广东、上海、河南、河北、四川等地的地方戏剧艺术界人士就教育部仅让京剧进中小学课堂也纷纷发表不同看法。他们认为,任何一门艺术都有其自身的发展规律,戏剧的发展亦有其独有的区域性文化特色。让京剧进广东、福建、浙江等南方地区的学校难以达到京剧进北方地区学校所产生的效果;同理,让粤剧等南方剧种进北京等北方地区的学校也一样达不到相应的效果。在一些地方剧种繁盛的地方,一刀切地推广京剧有失偏颇。这样做还会削弱其他地方剧种的影响力和发展。重要的是无法真正体现"百花齐放"的文艺发展方针。

民建会员邵燕认为,越剧,以浙江地方方言和民间音乐为渊源,博采京剧、话剧、昆曲等多种艺术精华,经百年锤炼,成了我国一大地方剧种,涌现了像袁雪芬、徐玉美、王文娟、茅威涛、赵志刚等一批著名的越剧表演艺术家。浙江小百花越剧团创作的许多作品,历年来多次荣获国内外的艺术大奖。越剧在当代中国戏曲发展史上占有重要的地位,也深受国内外戏剧爱好者的喜欢。越剧、京剧、粤剧、川剧等优秀的戏剧,同为我国中华传统文化的瑰宝。我们在保护弘扬中华传统文化艺术的同时,一定要尊重戏剧艺术的发展规律,不能厚此薄彼,也不能顾"京"而失"越"。京剧进课堂是件好事,越剧等地方戏剧也应像京剧一样被编入教材,进入中小学生的课堂,承载起共同弘扬中国传统文化的重任。

为此,我们建议:

(1)教育部在国家基础教育音乐和课程标准中增加越剧等全国优秀地方剧种的教学内容。

(2)文化部应组织编撰包括越剧在内的在全国有较广泛影响的地方戏剧的剧种介绍和相应剧目,供教育部选择,编入基础教育的教材。

(3)教育部在实施增加越剧等全国优秀剧种进课堂一时有困难的,可以授权各省(区、市)的教育行政管理机关在地方课程或学校课程中编入各地方优秀剧种。

📋 【故事七】

关于做好女教师心理干预的若干建议

长期以来,女教师是一个比较容易受忽视的群体,翻阅有关女性的杂志,人们往往只看到女教师"工作稳定,有寒暑假,收入颇丰"等字眼,却很少有人提起女教师在工作压力、家庭责任、个人发展等方面的夹缝中苦苦挣扎的窘态。

W老师是个对工作兢兢业业的好老师,曾得到过多项表彰和荣誉,在教学上还承担着学科带头人的工作,是学生、同事和领导公认的好老师。但是,最近家里发生了两件事令她烦恼不已:一是带孩子的保姆不辞而别,孩子又哭又闹不肯接受新来的保姆;二是母亲病了,整天得跑医院。即使回到家里,学生家长的电话不断,没有喘息的时间,家里一片混乱,搞得她疲于奔命。老公强烈要求她请长假在家,然而她舍不得工作和学生,因此,夫妻失和了。"过去总是一心干事业,现在突然发现,自己作为母亲、女儿、妻子和老师,很难做到轻松自在。唉,做个女人真难啊!"尽管这只是个例,但也折射出女教师存在很大的心理困扰的现象。

这一点给了我很深的触动,环顾四周,女教师的心理压力确实已经引起一系列的问题,平衡工作、家庭和个人发展的压力让她们不堪重负,我自己也有一些这样的体会。正确、客观、公正地分析和对待女教师的言行和得失,关注女教师的精神家园建设,这既是办好教育的关键,也是造就健康一代的职责所在。于是,我生发了一个研究想法:基于这个问题,对学校的女老师开展一次问卷调查,了解现状,剖析问题,并提出相应的可操作的对策,在一定程度上缓解这种困扰。

研究发现,女教师主要存在以下三个方面的困扰:

困扰之一:工作与家庭难兼顾

女教师和男同事一样承担繁重的教学任务,同时还要扮演妻子、母亲的角色,虽然家庭情况不错,一些家务劳动可以请钟点工代劳,但教育孩子的责任却无法推却。工作与家庭的双重责任冲突,可以说是贯穿一个女教师职业生涯的中心矛盾。男女平等的观念使得今天的职业女性有能力、有机会参与社会的竞争,但同时也带来了很大的压力和难堪。

女教师大多受过良好教育,她们也渴望通过工作实现自己的理想,有更多的事业发展空间。但传统观念往往要求她们回到家里"相夫教子",这使她们感到身心疲惫,情绪低落。尤其是中青年教师,既是教学骨干,承担着繁重的教学任务,又是"顶梁柱",上要照顾老人,下要抚育子女,是非常繁忙的女性人群,繁重的社会压力使得她们长期处在精神紧张状态。

困扰之二:休息时间大多被工作占用

有心人能注意到一个细节:女教师随身携带的包通常比其他人的要大一点,或者随身提着一个纸袋。不用问,那里面一定是教材、考卷或作业本。回家后批改作业或备课已经成为多数女教师理所当然的"家庭作业"。我校半数以上的女教师会把未完成的工作带回家。即使什么也不带,但那响个不停的家长电话也让人无法真正放松。

有位很负责的班主任,发现班里有些学生放学后去游戏机房、网吧"闲逛",家长很担心却又束手无策。这位教师就利用自己的休息时间去这些地方"逮人"。方法虽"笨",但也有效果。这牺牲了教师多少时间?这些随时发生的事情相信每位老师都遇到过,利用休息时间来解决学生、教学问题,已经是司空见惯的事情。工作时间与生活时间相混淆,在工作中积累的负面情绪无处发泄,精神紧张就很难有效地消除。这对教师的身心健康是具杀伤力的。

困扰之三:职业压力越来越大

评价教师的主要指标是升学率,教师往往围着这根指挥棒转。而如今,学生对教师的评价越来越引起学校的重视,社会对教育的监督体制也越来越健全,教师的角色发生了很大的改变,既要让学校领导满意,又要让学生喜欢,其压力可想而知,双向的评价标准对教师的教育素质提出了更高的要求,职业压力越来越大。

很多教师都有一个强烈的感受:如今的教师越来越不好做了,习惯性地依靠威严来管理学生显然只能是死路一条。今天的教师可能更多的要凭借自己的学识修养和人格魅力,来使学生信服。面对压力,女教师更容易采取回避模式和情绪定向模式,所以,更容易忧郁、焦虑和不安。

综上所述，心理健康教育工作的重心应放在重视女教师的心理调整上，建构起女教师的精神家园。将杭州市心理健康热线介绍给她们，让她们有倾诉的对象；建立女教师家访制度，关心她们的家庭生活，请家人多理解与支持；通过家长会，让学生和家长理解女教师的甘苦，共同营造宽松的教学氛围；多开展户外的团队活动，努力形成师生之间良好的亲密关系，等等。我们深信，只有通过方方面面的努力，解决女教师的心理困扰问题，她们才能以健康的姿态、愉悦的心情来教学生，让我们的校园永远阳光明媚。

第八章 "诗意的栖居"

——教师的人文生存何以可能

——谈谈你的魅力从何而来？你是怎样使自己永葆青春，并能让自己永远快乐的？哈哈，我有的只是一种精神，那就是乐观、豁达。凡事讲究平常心。以随喜代替嫉妒，自然事事欢喜；以随缘代替执着，自然时时自在。

——做人，要有坚强的耐力，才能事事顺意；要有常开的笑口，才能所求如愿；要有慧心的灵巧，才能广施仁爱。我欣赏的是"清淡朴素地做人，历久犹有余味"的境界，并一直追寻着……

——花开有一种温度，花开是一种态度，迎风沐浴，生命绽放！

于千千万万的职业中，教师职业不过是其中普通的一种。这预设了教师必定要与技术性和物质性的生活打交道，学习怎样作为社会的一分子生存下来。但教师之于普通人又有其特殊性，他们从事着影响人心灵和灵魂的职业，他们可以在这一行中更好地进行自我教育。正是这一职业的独特性，能让教师在日常的工作生活中摆脱劳累，进入丰富的心灵生活，进而为实现作为文化人格存在的更高层面的生存提供了可能。这是教师生存的人文姿态，是教师不断趋近于人的完整性所体现的人生基本品格，彰显着教师的核心价值观、人生信仰和精神气质。在茫茫大地上，教师因此而形成了开放的人生姿态、积极向上的心灵品质和丰盈的人生意义，实现了"诗意的栖居"。

这一章我较集中地梳理了自己的人生观，其中多是随笔，也不乏理论的思考。 我希望在逐渐贴近自己内心世界的过程中，能回归作为人的本源性，向天地敞亮我的生命，做一个纯粹的人。

一、 我这样看

（一）教师修养决定教育境界

教师教书育人有着自己独特的优势。 教师对学生的作用不是来自地位和权力的镇压与威慑，而是来源于教师个人的品格、才能、知识和情感的影响，也就是教师的个人修养。 这种个人修养决定了教师对教育和自己职业使命的认识高度，也决定了教师在教育生活中教书育人的深度。 教育是关乎人灵魂和生命的事业，教师要用自己的灵魂去影响学生的灵魂，用自己的心灵去影响学生的心灵。 一种有成效的教育，不是看学生的应试能力有多强，而是看教师的魅力在何种程度上沉入了他的心里，这个学生在多大程度上追随了教师的"道"。 教师自身的素养越高，书就教得越好，育人的力量也就越大。 因此，教师需要进行修养。

对教师修养的崇尚在我国有着深厚的文化传统。 中国自古就有"务学不如务求师。 师者，人之模范也"之说。《说文解字》是这么解释"教"的："教，上所施，下所效也。"孟子说"教者必以正"，荀子也言"学之经莫速乎好其人"。 这就充分指出了教师的德行与为人对学生成长的重要作用，也对教师努力成为学生的楷模提出了要求。 这种"修德""正己"，以及"正人"先"正己"的优良思想是值得我们传承和发扬的。 这也是我一直强调"要培养出令人骄傲的学生，自己首先必须成为令人骄傲的老师""爱着学生的爱"的原因所在，也是我能持之以恒地坚持自己的教育信念和好学精神的原因所在。师者责任重大啊！

（二）教育学意向改变生活

加拿大教育学家马克斯·范梅南曾说，"教育学就是迷恋他人成长的学问"。 这里的教育学是从实践意义上而言的，指的是教育生活就是教育学。

因此，每一个老师，实际上都有可能建构他自己的教育学，关键在于他是否有一种心向着孩子的教育学意向。 这种意向可能并不总是有目的性的和有意识的，很多时候已经隐含在了我们与孩子打交道的天赋本领中，但从根本上指向儿童积极的生存和成长。 在与孩子建立起来的抚养或教学关系中，孩子们的一举一动都会以无法预见的方式触动我们。 我们将孩子看作是走进我们生活的另一个人，他们向我们提出要求，他们改变了我们的生活。 我们仿佛听见了某种"召唤"。 责任召唤我们聆听孩子的体验，召唤我们以某种适当的方式去行动，并对我们的行动进行反思和改进。 这就是教师体验到的一种使命感。

这种使命时刻鞭策着我们并使我们充满活力。 我们会不断地积极思考什么对孩子好、什么对孩子不好，会十分注意自己的言传身教，会自觉地对自己的成长经历进行反思，因为我们现在对待孩子的方式在很大程度上受着幼年时期父母和老师的影响，我们的成长经历以复杂而隐匿的方式影响着教育学思考。 我们的一切行动都为教育而展开，都为孩子的健康成长而展开。在这样一种生活方式中，我们体会并诠释着一种生而为教的精神。 我认为我是幸福的，因为在我的班主任生涯中我体会到了这种精神，这种全身心向着孩子的意向从根本上改变了我的生活。 所以我在教学、看书、吃饭、散步、穿着打扮、写随笔时，总能想到我的学生，包括此时我的写作在内，我希望我所做的一切都能服务于学生的发展，都能有助于我成为更好的老师。心向着学生，成了我的一种基本的生活方式。

二、 我这样做

莲花，是百花之中我最喜欢的一种。 周敦颐有言，"予独爱莲之出淤泥而不染，濯清涟而不妖，中通外直，不蔓不枝，香远益清，亭亭净植，可远观而不可亵玩焉"；杨万里也曾吟，"接天莲叶无穷碧，映日荷花别样红"。我以为，这很好地表达了莲花的品性、节操和追求。"清淡朴素地做人，历久犹有余味"，我欣赏这样的境界，并一直追寻着……

（一）"穷则独善其身，达则兼济天下"

"穷则独善其身，达则兼济天下"，这是我崇尚的人生价值观，也是我一直在向孩子们传授的。 一个人要自爱、自尊、自立、自强，拥有积极乐观的生活态度，形成自己独立的思维能力和个性，有能力、有智慧让自己坚实地立足于这个大地之上，不要让自己成为社会的负担。 在此基础上，再去爱人、尊人、立人、强人，为这个社会去谋福利，担当起更大的人类福祉使命。 当然，这两方面并不是截然分开、相互抵触的，也并不一定有先后之分，而是在自爱的过程中我们学会了爱人，在自尊的过程中我们学会了尊人，在自立的过程中我们学会了立人，在自强的过程中我们学会了强人。 这是人与人之间的一种将心比心的行为，也是人与人交往的一种相互滋养和提升。 我以为一个老师就得有这样的人生追求，这样做老师才有意义，这样的老师才是真正的老师。

也许是有了对自己的这种要求，我会在生活中时刻要求自己为人师表，以一种负责任的态度与人打交道。 不仅在教育学生方面，而且在教养自己的孩子方面，我也力求做到言传身教。 因为我相信，一个老师对孩子的影响、对周围人的影响就是通过他的为人处事体现出来的。 在一点一点的渗透和影响中，一种无形的教育随之展开。 因此，我很重视一个人的谈吐举止，一个人说话做事都应有严谨的作风。 没有"特殊情况"，所谓的"特殊情况"是自己在面临特殊情境的时候再真实不过的样子。 一个人若热爱生命、崇敬生命，那么他会理解、释怀和宽容，于人于己都如此，但一定不会纵容和自我放纵。 人生活在世上，就得有点坚持，这不是强硬，而是一种为人的本真和骨气。

当然，有一种为人的坚持并不意味着不懂得浪漫、不懂得欣赏和享受生活。 相反，我对生活充满爱意，我喜欢浪漫、情调和时尚。 生活本应充满诗情画意，充满感动和惊喜，充满敬畏和赞叹。 一个热爱生活的人，怎能让生活变得单调和呆板呢？ 怎能让幸福的马车悄悄地从自己身边溜走呢？ 面对生活，我从来不是一个怯懦的人，也不是一个被动的人。 我一直认为，生活就是靠我们自己创造的，生活就是我们自己的生命旅程，我们自己定义着生活。 因而，不管工作多忙，我从不吝惜停下脚步去捕捉和欣赏生活的美好，让自己的心灵贴近大地母亲，贴近那种孩童般的天真情怀。

我常常会捧一杯咖啡漫步在西湖边上，在鸟语花香中，享受动人的景致和美丽的人儿，孩子们脸上那荡漾的弧线常常能挑起我内心最柔软的心弦；我会在语文课上做示范朗读时突然来一种小清新的语调，以至孩子们笑得前俯后仰，说道"周老师，你可真萌！"；我会在自己体力还充足的时候，每年和儿子一块骑车穿梭在大街小巷，徜徉在绿水青山间，一起领略山川自然和人文风光的瑰丽神奇；我会请教儿子最新流行的小零食，并大包小包地购置到我的办公室里，以便在课间给那些肚子咕咕叫又嘴馋了的孩子们送去；我在拍照时从不掩饰我的心情，以俏皮和活泼的姿态和孩子们在镜头前"争风吃醋"；我会关注时下衣服的流行款式，会在自己的着装上扮出轻快明丽、端庄得体的不同风格，让自己给人一种亲切和悦目的感受；我也会在教师节当天故作镇定地像往常一样走进门窗紧闭、黑灯瞎火的教室，然后以吃惊和夸张的表情夸大迎接学生为我准备的教师节祝福，簇拥着孩子们情不自禁地流下感动的泪水。 如果说吃惊的表情是我有意装出来的，因为不忍心让学生失望，那么感动的热泪则是我内心心境的自然流露。 在那样一个场合，那样一种情境下，听着孩子们响亮、稚嫩而又真诚的声音："敬爱的周老师，您辛苦了，我们爱您！ 祝您教师节快乐！"，看着朝气蓬勃、充满生命力的孩子和那一双双热切而期盼的眼神，还有什么比成为一名人民教师更让人感到幸福的呢？ 还有什么能抵挡得住那内心最细腻的情怀呢？ 还有什么理由不去更好地帮助孩子们成人成事呢？

我一直强调，教师要成为一个"真的人"，不隐瞒自己的观点与主张，不掩饰自己的喜悦与忧虑，诚恳地与孩子们做心的交流，这也是教师高尚人格的体现。"真"，是一种品性和气度，这种表达需要勇气和智慧。 也许随着社会的洗涤和人事的历练，很多人的这种最初的坚持已悄然不见，取而代之的是虚伪和投机取巧。 但我以为，不管在什么年龄段，都需要有这样的品性，也许是以不同的方式表达，但一定不会被社会中庸俗的浮波所湮灭和篡改。 真、善、美，毫无疑问，这是人类追求的永恒价值，人类的前进需要它，社会的发展需要它，教育更需要它——因为孩子们需要这样的引领。 所以，不管这个社会有多么浮躁，我愿意坚持自己的坚持，这是为人的一种良心，为师者应该具有这样的品性。 正如周国平所说，"为的良心、才能、生命做的事，即使没有一个人承认，也丝毫无损"。

我身边的朋友常常问我，"周红，你为什么一直这么健康、青春、浪漫和充满活力呢？"我想，我有的只是一种精神，那就是乐观、豁达。 凡事讲究平常心。 以随喜代替嫉妒，自然事事欢喜；以随缘代替执着，自然时时自在。 我希望自己不管年纪多大，都能有一种积极健康的人生态度，给身边的人一种乐观向上的正能量。 对于一个有着乐观生存态度的人来说，生活的磨炼，只会让他越变越强，越来越富有胸怀和智慧，越来越热爱生活。 乐观不是未经世事的对未来盲目地抱有希望，而是在经历过悲伤乃至绝望这样一种深沉的人类情感之后，生发出的对"未来会更好"的一种自信和笃定，一种智慧的处世哲学，这是信仰的力量，也是富有眼光和远见的乐观。

（二）"清淡朴素地做人，历久犹有余味"

如果说，进入教师职业是一种偶然，那么爱上教师职业则是一种必然。孩子是世上最美的花朵，与孩子打交道，看着他们成长，展望着他们的未来，这无疑是世上最让人感到幸福的事了。 还有什么比影响一个生命的成长更让人感到神圣和伟大的呢？ 所以，每当我想到"教育是生命影响生命的事业"的时候，我就觉得我的手中握着神圣的权利，我要教会我的孩子们读书识字，我要教会孩子们为人处事啊！ 我必须成为一个优秀的教师，因为这不仅关乎着我的生命价值，而且关乎着孩子们的人性和未来发展。 我怎么能以散漫和随意的态度对待别人和自己的生命呢？ 一个人必须有一种对生命的敬畏感，缺少这种敬畏感，他就很可能成为一个无法无天的人，一个对自己的内心世界没有约束的人，一个缺少憧憬与精神追求的人。 做教师，就要做最好的教师。

因此，我从不吝惜在孩子们身上花时间。 任何孩子，我觉得只要教育方法得当，假以时日，必能有所改变。"捧着一颗心来，不带半根草去"，陶行知先生曾经这样描述自己的人生志向，而这也是一直激励我前行的话。 在处理孩子和自己的事情上，一切以孩子为先，孩子的事情高于一切事情。 只要我是一名老师，只要我还在这个教师岗位上，我就要时刻对孩子负责。 你要给孩子一种信任，让他们随时可以找见你，保持和孩子的不间断联系——"是的，我在这儿，你们可以呼唤我"。 这是信任的力量，也是被信任的幸福。 我想，也许就是这种一切向着孩子的精神使我焕发了极大的生命活力，激情澎湃并充满干劲。 虽偶尔疲倦，但长久地甜蜜着。 有时候我甚至觉得，我生来就是做教师的，在教师这样一份职业中，我找到了自己的兴趣和长处，找到了生活的意义，我是幸福的!

也有人曾经问我，"周红，你对名利怎么看？"说实话，对于名利，我看得很淡。 我在教书上很把自己当回事，在名利上很不把自己当回事。"君子谋道不谋食"，"君子忧道不忧贫"。 我从来不去打探同行的工资，也从来不去计较自己在名利上的得失。 我一直认为，得不到的不一定是最好的，得到了的也不一定是最好的，一切随缘即可。 我只是做我自己想做的、爱做的、觉得有意义的事。 我认为这才是人的本真气度所在，也是一个人的价值所在，一个人对社会的贡献是不封顶的。 当然，对于外在功利性的东西，不在乎、不去计较，并不意味着不需要。 一个人要独善其身，进而兼济天下，其基本的生存和发展需求必须要得到保证，这也是一种外部的动力和支持。所以，我很感激在我的班主任生涯中能碰上这么多的好校长，一路上支持和搀扶着我走过来；也很感激我的家长朋友们，能把他们的孩子放心地交到我手上，一如既往地信任和支持我。 正是这种多方面的关怀和体恤，进一步坚定了我成为一名好教师的决心，激励着我把工作做到卓越。

回过头来想想，我喜欢做教师，可能也深受我家庭的影响。 我的爷爷曾是一名将军，我的妈妈是一名教师，家庭的书香气息很浓厚，这为我提供了良好的家庭教育环境。 我自幼喜欢读书，这也给了我很好的人文积淀和传统文化修养。 小时候常常喜欢做的一件事，就是守着半导体收音机，在百无聊赖的午后听录音剪辑。 译制片中富有魅力的声音为那个娱乐匮乏的年代注入了某种令人迷恋的气息，我常常会被那些带着典雅气质、轻松幽默的情节和精彩台词的电影感染。 我想我至今的乐观和浪漫风格以及对朗诵的推崇也深受那段岁月的影响吧。 我的家庭很早就移居国外了，父母和两个弟弟现在一直在国外。 这种出国的经历也很好地树立了我的国际化意识，影响到了我的育人观和生活方式。无论是穿着、教学还是生活，我都喜欢传统与现代相结合，我想把孩子们培养成行为漂亮、富有正气、与众不同、个性立体的人。

我现在很怀念我小学时候的一位女老师。她是上海人，年轻的时候就去世了，但她对我的影响至今犹存。我记得，她很爱干净，把自己打扮得非常整洁和得体，每次出现在课堂上都给人耳目一新、非常清爽的感觉，我们都喜欢亲近她。我想我对时尚和形象的关注可能就是受了她的影响吧，不自觉地对美的追求也就融入了我的生活，沾上了自己独特的生命气息。

（三）"问渠哪得清如许，为有源头活水来"

对名利要淡泊，但对于学习的机会我是十分看重的。这是一个人生存发展的正当机会。我现在也日益深刻地感受到了终身学习的必要性。现代社会日新月异，科技的进步对人才的要求也越来越高，现实的就业、求学观，让许多父母有紧迫感和危机感。作为家长，只有率先垂范，做好榜样，才能抓住孩子成长的每个良机，细心教导。正因如此，在儿子学习过程中，我也读完了研究生课程，并继续着英语学习。在孩子们的眼中，老师的力量是无穷的，能耐也是强大的。也正是为了爱着他们的爱，我不断地督促自己学习，学习，再学习；更进，更进，要更进！正所谓"问渠哪得清如许，为有源头活水来"。要想做出切实有效的教学，真正给孩子们以积极向上的影响，让孩子们有能力和智慧在未来的社会立足，我自己首先就不能落后，必须抓紧时间和寻求一切机会学习。除了更新知识，更重要的是要更新时代精神和教育理念。要培养出令人骄傲的学生，我自己首先必须成为令学生骄傲的老师。这样的老师一定是具有远见和智慧、具有学习能力的，而不是视野狭隘、故步自封、毫无危机意识的。

"士不可以不弘毅，任重而道远。"对于一个认真生活的人来说，工作少不了忙碌，日子也并不轻松，但我依旧是抢、挤时间来学习，并一直坚持了下来。在这过程中，我深深地感到，学习的过程就是一个改进的过程，如果我不学习，我会变得更忙，只有学习才能让我从忙碌当中挣脱出来。一个老师只有在学习的过程中才能发现变革的契机，才能改进自己的教学，才能提升自己的生活。 正是"学"，让我的教学变得活泼起来，让我的生活变得轻松起来；正是"学"给了我源源不断的前进动力和方法支持。 当形成这样一种良性的循环后，不由自主地，一有空我就会学习，学习已经成了我生命不可分割的一部分，成了我的一种生活方式。

爱上学习后，确实，我的生活方式发生了一些改变。 从学校到我们家乘公交车大约有一个小时的车程，每次下班回家，我手提袋里总会装着一叠厚厚的、待批改的学生作业本。 以前，一个小时就那么呆呆地坐过去了。 本来想过在公交车上批改作业，但我比较害羞，觉得在大庭广众之下批改作业挺难为情的。 后来转念一想，有什么可难为情的呢？ 生活的内涵是自己定义的，我的行为决定了我的生活质量。 在车上充分利用这一小时批改作业，回家之后可以有更多的自由支配和学习的时间，何乐而不为呢？ 这样想通后，我的工作效率大幅度提高，也有了更多的对教学和生活进行梳理和反思的时间，个人的发展不再只是一个梦想，生活也在我的转变和学习中变得富有情趣了。 这种观念更新的勇气和智慧，是学习带给我的，只要你愿意打开你的思想和心扉，你就会看到其他的可能性。 我想，这就是人面对生活的一种积极姿态吧。

三、 我的故事

【随笔一】

但问耕耘　莫问收获

每个园丁都相当清楚，如果他想培养出美丽的玫瑰，就不应错过时间。他会在摘玫瑰前给它们施肥，他知道，要得到美丽的玫瑰，差不多在一年前就得准备好花的根茎，这是常识。"树人乃百年大计"，作为老师，我培养学生的目的是教他们"三会"——会做人、会做事、会学习。而这"三会"中，我认为会做人是基础和根本。

因我的存在，让学生受益

教师应有一种传统与现代相结合的思想观。在经济迅速发展的今天，以自我为中心，忽视他人利益和社会责任的思想较为突出，一些人的道德出现了滑坡，深厚悠远的儒家伦理曾主导着漫长的中国文化的发展，而现在的学生对"仓颉造字""贾逵隔篱听课"却知之甚少，我认为培养健康的人格比考试得满分更重要。

一次，我给学生讲了浙江的"金融女英雄"——刘玲英的故事。她为了保护国家和集体的财产，被歹徒刺了31刀，谱写了一曲英雄的赞歌。但有同学提出，虽然她是保护了集体的财产，但她身中31刀，连眼球都被挖了出来，国家得花多少钱去医治，不值得。人的生命是最宝贵的。我猛悟到现在的一些学生确实有自己的想法了，对传统的思想教育提出了异议，再也不是"小羊羔"了。他们没有了血气方刚的斗志，有的是明哲保身的观念；没有了敢于与不良行为做斗争的品质，有的是"留得青山在，不怕没柴烧"的心理。长此以往，我们培养的一代能担起保家卫国的责任吗？在新时期以人为本的社会理念下，如何将勇敢无畏与"集体的利益高于一切"的思想树立起来呢？想到这儿，我问他们读过《烈火金钢》吗？那些抗日英雄凭着一腔爱国之情，凭着一股民族气节，凭着一副天地由我冲的铮铮铁骨，把侵略者打得抱头鼠窜、闻风丧胆。故事中当然也有出卖祖国、出卖同胞、出卖灵魂的汉奸，但他们没有一个有好下场。故事戛然而止，教室里静悄悄的，学生仿佛还沉浸在浴血奋战、炮火连天的战场中。这时，有学生激动地说："男孩是勇敢的代名词，若我遇到了像刘玲英阿姨的事，我会挺身而出，誓死保护国家的财产，这样才像个男子汉。"……看到学生满腔热血，纷纷发言，我真的好感动。其实，热血男儿只差一把火就能铸就，这时，我对学生在必要的自我保护方面也进行教育和疏导。勇敢、无畏、善思、沉着就是此次活动中教会学生的。

教育是一对真、善、美的传递，对学生人格形成有重大的影响。每接一次新班，都会遇到一两名需要资助的"希望工程"或被疾病折磨的学生。那么，资助金从哪来呢？义卖活动既培养了学生的凝聚力，同时也培养了他们的合作精神和组织能力。

一次，我决定搞一个义卖活动来募集资金，捐助省盲童学校的张素云。当时要求学生自找场地、自组商品。他们表现出了高昂的热情。有的登门造访，请求商场提供活动场地;有的打电话给市政府寻求帮助;有的邀来报社的记者做宣传;更多的学生拿出了自己的"看家本领"——作画、写书法、做手工、写感恩卡……在这样的活动中,我充分地尊重每位学生的选择和举动。活动是成功的,活动过程中学生受益匪浅,不但让他们接触了社会,接触了公众,而且使他们赢得了政府、社会对他们的赞赏和尊重,提高了学生的自信和能力。

在关心他人、帮助他人的同时,让自己也受一次教育、受一次感动是我策划这些活动的目的。这些年来,无论是已毕业的学生还是在读的学生都仍记着曾经让他们难以忘怀的经历。临海的陈开直、洞头的林夏华、金华的李雨扬、缙云的丁晓岚、盲童张素云、西部的失学儿童都是我们资助过的贫困生,还有湖滨敬老院的爷爷奶奶是我们慰问过的老人。

因我的存在,让学生愉快

在学校常常会遇到各种学生:淘气的、撒谎的、聪明的、无动于衷软硬不吃的。怎么办? 作为老师,我们至少可以给他们一个认识到"我"还有用,"我"有可取之处的机会,即使是最令人头疼的学生,也会有迷人的特质。一次,我组织了卖报活动,想通过卖报,让学生体会赚钱的不易,从而养成勤俭的习惯。活动开始后不久,"调皮大王"沈同学,就兴奋地跑来说,10份报已卖完了,再添加30份。不一会儿,他又跑来说都卖完了。周围的同学吃惊地望着他,要知道他们才卖出去几份啊。这时,我请沈同学说说窍门,他愉快地告诉大家,要找带孩子的家长;去大人们坐着休息的地方;向一对对的情侣推销,告诉他们等你们有孩子了,这份报一定有用……他的经验介绍引得同学们一阵大笑。笑声中,流露出对沈同学的佩服、尊敬,而这是他平时渴望却又得不到的。通过这次活动,让平时学习有困难的同学找到了自信,更重要的是增进了同学间的了解,"取人之长,补己之短"的思想也逐步养成,同时促进了学习进步。自那次活动后,沈同学的学习热情提高了不少。

六(2)班同学,印象较深的是"六一"儿童节,我们开展的生存训练活动。因为在那次活动中,让他们感受到了同学间的互助是多么令人感动。下午3点半,全班分7个小队准时从学校出发。临行前,我规定必须全小队队员一起到达终点,才是胜利。一路上,队员们靠路牌、地图指路,有的队员中暑生病了或走不动了,但他们都在彼此的鼓励、帮助下最终还是顺利地到达了集合地。

当家长和老师问他们累不累时，队员们脸上挂着汗水，爽朗地回答："我们感到幸福！"是啊，在衣食无忧的今天，学生需要的是什么？我们作为教育者又能给予些什么？这正是现代社会里，该思考的问题。因此，"快乐的足球赛""迷你厨房、品味生活""时装表演秀""知识竞赛"等活动应运而生，并受到了学生的热情响应和参与。

在这些活动中"犹如同事的家长观"的树立，拉近了学校和家庭的距离。家长是家庭生活的教育者，每次家长会，我都会把一个学期的计划告诉他们，以寻求家长的支持和配合。"沟通从心开始""看日出""义卖""拜访春天""生存训练"等活动，都有家长的参与。这样既创造了更多教师与家长的沟通机会，也让家长在活动中看到了自己孩子的优势和不足，以便及时地鼓励和纠正孩子的个性发展。

因我的存在，让学校添辉

"行为上守纪，思想上创新"是我追求的教育目标。学生在互容、互律、互爱的氛围中学习和生活，一个健康向上的班集体形成了。我带的学生举止文明礼貌，课堂纪律良好，有着助人为乐的品质，成了全校同学学习的榜样。

2001年，杭城大力宣传环保和治理城市面貌，我和学生在植树节那天，冒雨为学校种下了8棵树。每当走过桃李园，看到了那粉得似霞的桃花，红得如火的茶花和高洁优雅的玉兰花，我们是多么兴奋啊！课余之际，学生总是情不自禁地跑去浇水、施肥，盼望着那些树木能与自己一样快快成长，美化学校。后来，他们发现社会上对环保还不够重视，于是写信给《杭州日报》，希望更多的市民和有关单位一起来保护环境。《杭州日报》将来信刊登出来，立即引起广泛的响应和支持。"环保笔"就是在那时被广泛推广的。在《杭州日报》开展的"我为环保献计策"的征文比赛中，我们班有3名学生获一、二等奖，为学校争得了荣誉。

"身教重于言教"。要想培养出令人骄傲的学生，自己首先应该成为一名令学生骄傲的老师。作为教师，我努力从自身的言行、品德、素养上去引导学生。我既担任着学校部分管理工作，又担任教一个班的语文的工作。让学生按时到校，我从不迟到；要求学生认真做作业，我的批改总是一丝不苟；希望学生勤奋学习多读书，2002年，我完成了浙大研究生班的学习。所有的努力是因为我深知"教育是生命影响生命的事业"。

春的使者要给人间带来春天,播下春的种子,在土里,也在人的心里。组织一次活动,我想,更重要的是要在学生的心里播下爱的种子,或者说通过这次活动让学生自己种下这颗种子。大自然的美能够陶冶人的情操,对于美的事物不管大人还是小孩都是爱护的,所以这种朴素的热爱大自然的情感的产生也就成了自然而然的事了。对于有同学能够主动捡垃圾的行为,我觉得这是学校和家庭教育的功效。现在,国家都很重视未成年人的思想道德建设,我想在这种美育的活动中,正好能提高学生的道德修养,而爱大自然的种子也种在了学生的心里。我们学校一直以来都注重对学生的思想道德教育和遵纪守法、养成良好习惯的教育。在各类活动中充分发挥德育功能是我们的特色。

近年来,为开阔学生视野,在实践中增长学生的才干,我们先后派出学生赴北京、上海"游学";为丰富学生生活、培养他们的民族自豪感,我们举办了新年音乐会——"把国乐请进校园";为树雄心、立大志,教育他们为国争光,我们多次请来新四军老战士、劳模和来自英雄连队的官兵来校讲故事……这些亲身体验和经历,给了学生许多真切的感受,懂得了文明、勇敢、进取、开拓都是新时代少年所要具备的品质。这学期,我们又开展了"为春天喝彩 做春的使者"系列活动。下面的文字,字里行间无不透射出教师与学生在活动中的投入与获得、智慧与爱心。

"教师的职业让我成为讲台上的主角,走下讲台,我和学生、其他老师都是生活的主角。能成为孩子们的老师,也许是偶然的,甚至是被动的,但能否成为孩子们敬佩的老师、朋友,则完全取决于老师自己。每一个平凡的人,只要有健全的人格和高尚的情操,那么,他就有真正意义上的清灵、睿智和健康。

"路漫漫其修远兮,吾将上下而求索。"

(写于 2003 年 3 月)

📋【随笔二】

赠人玫瑰,手有余香

感动是什么?一千个人有一千种答案。因为感动不是用嘴说出来的,而是用心品出来的。

在生活中,令我们感动的事例很多很多。有时是一种声音,有时是一段旋律,有时是一种状态,有时是一种场景……雁过无痕,岁月无声,白驹过隙的光阴在生命的每一个空隙里不着痕迹地流动着。总有人抱怨这世上可感动的事情越来越少。可是,只要我们静下心来想一想,你就会发现,其实感动无时不在,无处不在。

清早,当我踏着晨露,步履匆匆地跨进校园,食堂里的林阿姨、张阿姨已为大家准备了可口丰盛的早餐,是感动;走进教室,迎面而来的是一张张笑脸和声声问候,是感动;生日之际,收到校长一份特别的祝福,是感动;生病时,意外地收到同事问候的短信,是感动;沮丧时,得到同伴一句宽慰的话,是感动;高兴时,有学生与你一起分享快乐,是感动;受挫时,得到家人的理解与支持,是感动;失意时,获得搭班老师的慰藉,是感动……

人啊,每天被多少平凡的事情感动着。有这样一句话:"人之所以会感动,是因为他生活在爱之中。"红尘有爱,人间有情,我们又有什么理由让工作的忙碌蒙住我们的眼睛而无法享受感动的滋味呢?

感动,让我们的内心变得澄澈而又明亮;感动,让我们的内心变得纯净而又宽敞;感动,让我们的内心变得安静而又平和。

朋友,请腾出一点小小的空间来承载这足以让我们回味一生的感动吧!

(写于 2008 年 4 月)

📋【随笔三】

撑起一片爱的天空

请给"爱"组词,用"爱"造句。是啊,我们普遍拥有足够的爱,但却不一定能去关爱他人。其实,爱与被爱是和谐统一的两个方面,爱是要付诸行动的。当你落下功课时,老师放弃休息为你补课;当你遇到困难时,同学热心帮助让你渡过难关;当你受到委屈遭遇病痛时,父母耐心开导、悉心照顾使你重新振作……我们拥有、感受到了太多太多的爱。因此,我们用心观察感受时,就能感悟来自各种途径、各种形式的爱。

我们不仅接受爱,更应付出爱。父母生日,递上一张感恩卡,感谢他们给予你生命,能生活在这美丽的人间;老师病了,送上一句真挚的问候,表达一份情谊;植物过冬了,为它们披上冬衣,让它们来年能茁壮成长;素不相识的人,因贫寒上不了学,没有足够的钱治病,我们可以省下一个生日蛋糕的钱,捐上爱心款,让生日过得更有意义;运动会、春秋游时,为班级写上一条横幅,为运动员递上一瓶水,帮同学背上沉重的书包……

爱,是一个体验温暖的过程,这个过程快乐、幸福,需要我们不断努力、不断付出,让我们共同撑起一片爱的天空。

(写于 2009 年 5 月)

【随笔四】

别人说我行,努力才能行

"教育需要爱,也要培养爱。"这一教育名言告诉我们,爱是教育的生命,是教育的催化剂、润滑剂和黏合剂。素质教育对每一位教师提出了更高的要求,那就是必须全面地爱学生。"一切为了学生,为了学生的一切,为了一切学生。"这要求每一位教师胸怀一颗爱心,用心灵去耕耘心灵,让每一位学生都得到应有的爱。学生崇拜老师,并不仅仅在于老师的职业,他们更崇拜老师正直的为人、坦荡的胸怀、渊博的知识、丰富的阅历、办事的胆识、处事的干练,他们崇敬的是一颗永远真诚、热情、年轻的心。

因此,教师首先应该是最具人性的职业。平等而真挚地爱抚每颗童心,教师的形象应该是绝对公平的天平。"尊重学生的选择""表扬与批评都是双刃剑""多角度去关注、审视学生""批评与自我批评"……这些都是决定教师能否走进学生心中的砝码。

其次,教师应该是敏感的职业。"细微处显现美丽""随时随处教育"……无不说明爱是发自内心的一种宽容豁达的情感。例如,学生的疼痛不能等闲视之、漠不关心;重视感恩教育——受到关怀,获得鼓励,接受帮助……把爱延续;不让孩子带着情绪回家……

我想,这样的老师,学生最爱。

(写于 2010 年 11 月)

【随笔五】

醉是桂花香

又是一个金秋十月，又到了桂花飘香的季节。从小，我就对桂花情有独钟。那小小的花瓣，那独特的金黄，还有那芬芳的香气，更多的是因为我母亲的名字里也有个"桂"字吧。

打开窗，一股桂花香扑鼻而来，这香不是很浓，淡淡的。空气里充满着香气，风，轻拂着，我情不自禁地跑下楼，站在那桂花树下，看着阵阵桂花雨。瞬间，仿佛被桂花的香包裹，周身弥漫着的是舒服，是沉醉，如母亲的爱抚和温暖。望着她，摸着她，嗅着她，静静地享受着那份难得的惬意。

忽然，一阵风吹过，一小朵桂花飘进了我的手心里。她是那么小，还不及我的小拇指甲那么大，她是桂花树的一分子，只是那么微不足道的一分子。可是只要她们聚在一起，就能散发出这般醉人的清香，展示如此美丽的姿态。桂花的生命如此短暂，只要冬天一来，她就会凋零。在这一个月里，她们聚集在一起，绽放了……

黄中有绿，绿中有黄，多美！

又是一阵风，风好大。桂花被吹落了，飘飘洒洒，如同地上铺满了一层金色的地毯。加拿大可也有桂花开满枝头？然在母亲的心里，一路的花草，盈满甜甜的香，正期待着绽放……

我如痴如醉，久久不能离去，多想变成一朵桂花，和我的兄弟姐妹一起，在母亲的怀抱里，为金秋增添一份别样的色彩。

（写于 2011 年 11 月）

【随笔六】

有德自然香

夏季的酷热与高温似乎很能让人淡忘一些事情，更何况在这个夏天还有一场体育盛宴，所以 5 月 12 日那黑色的一刻正渐渐淡出我们的视线。我的一个学生制作了一个环保袋,全黑的材质上布满星星点点的"5·12",上面用滴血的红写着一个字——"祭"。每天他都用这个袋子装着书本。有一天,一个同学问:"你怎么还背着这袋子啊?都7月了,过时了吧。"他回答:"我从来没想过赶时髦,做这个袋子,就是怕忘记这场灾难。"我在一旁暗自动容,为了这孩子的执着与善良。

的确,时间是疗治伤痛的良药,再大的震撼与打击最终都会过去,太阳依然会升起,生活依然还要过下去。但是选择沉默不等于选择忘却,从悲痛中挣脱不等于在伤痕上睡觉,我们并不一定要做一个"祭"背在身上,但我们的心灵深处却一定要留下一处深刻的伤痕。因为我们没有权利遗忘历史,特别是人类用生命写就的历史,遗忘她就意味着背叛了生命。

我相信在很长一段时间里,我不会再因身上的一些病痛而变得脆弱,不会再因一些挫折而叫苦,不会再为一些细节去苛求别人,不会再自怨自艾,不会再自寻烦恼……因为,这场灾难教育了每一个平安存活着的人,有人是那样勇敢地去争取生存,有人是那样艰难地去拯救生命,那么,我们有什么理由不好好活着呢?有什么理由不好好奋斗呢?

我更相信经历了这场灾难,我们更清楚地认识了自己和他人。我的几个平时像是桀骜不驯的小野马一样的学生说自己最想做的事情就是去四川当志愿者,还捐出了上千元的压岁钱,看着他们,我开始自省以前对他们的评价是否偏颇;还有一个"80后"的学生去灾区当医生救治灾民,归来后俨然成了"明星",还意外地收获了爱情;我的老父亲主动跑到社区捐款,老母亲埋怨他怎么不替自己捐,就又专程去了一趟;我的儿子响应老师号召,把自己买书购鞋的钱都塞进了爱心箱;我的朋友有力的出力,有钱的出钱……像这样的故事一定每个家庭都有,一定每个人身边都有。是灾难让原先以为被钢筋水泥层层阻隔的已经坚硬如铁的人心显出了柔软的内核。

事实上,我们一直都很善良,只是琐碎的生活磨砺着我们的激情,浮躁的心绪考验着我们的耐心,激烈的竞争消磨着我们的善意。自然界的这次令人震撼的灾难震碎了所有的功利、自私与狭隘,一切虚伪、浮躁等恶劣的品质都在赤裸裸的生命的挣扎中去尽了,只剩下最干净、最纯粹的求生。面对破坏性灾难,人类与之抗衡的决心是一致的,救人即救己。所以灾难来临之后,我们除了悲痛,还有绵延不绝的感动,为自己,为他人,为我们能绝处逢生,能遇河架桥,能与死神赛跑,能在废墟上重建家园。

假、恶、丑最终经不起天地的考验,沉淀下来的还是真、善、美。

（写于 2008 年 8 月）

【随笔七】

出彩总在激情后

上周三下午,因代课,未能欣赏朱老师的课。然"教学研究"一课还得上,怎么办呢？那么,就来谈谈我在阅读指导教学中的点滴体会吧。在阅读教学活动中"积极调动学生的情感参与,扩宽学生的精神空间",是我一直以来所追求的。

首先,教师在教学中要始终把握自己的情感。按照心理学中的情感转移原理,教师应入情、动情、析情、移情。根据这一感情发展过程组织教学活动就能激发学生的情感。阅读教材里的课文,往往具有很强的感染力,其为学生展现了丰富多彩的情感世界。通过学习语文我们看到的更多的是主观感受,是内心情感,是个人见解和人生观。教师如果在教学中能充分利用情感因素,使学生在情感上与课文的情感产生共鸣,就会大大促进教学效果的提高。

其次,在阅读教学的过程中要讲究语言节奏的轻重缓急、语调的抑扬顿挫、语气的丰富变化,教师的每一个眼神、每一个动作,都能加深学生对课文情感的理解,同时配合适当的体态语言,更好地将教师的情感传染给学生,拨动学生的心弦,引起学生的感情共鸣,使学生与作者的感情相沟通。这样既有助于理解,又有利于学生情感的发展。

人们常说:"只可意会,不可言传。"让学生去意会文章不可言传的入微之处,唤起激情,进入意境,就是凭借朗读来加强情感体验的。其中,教师的范读至关重要。教师的范读要融之以情,读出感情才能激起学生的感情。语文教材中有不少内容优美、语言生动的美文佳作,教学这样的文章,不宜把知识割裂,而应通过有感情地朗读来完成教学任务,教学时可让学生从正确的语音、语调、节奏方面直接感受作品的内容,引起学生情感的共鸣,这样美读可使学生"耳醉其音""心醉其情",从而在师生双方的共同努力下,达到事半功倍的功效。

总之,要想调动学生的情感,教师必须先"动情",要用自己的激情来感染学生、调动学生,要善于通过自身富于变化的表情和情真意切的语言等,将自己的内心真情向每一位学生"辐射",以情激情,以情带情。

(写于 2010 年 12 月)

【随笔八】

和谐校园从"心"开始

在校园,之所以有诸多的"纷争",是因为人们不善于管理自己,尤其是不懂得管理好自己的"心"。如果人人都能把"心"管理好,则促进校园和谐并不难。

管理学虽是现代"时髦"的一门学科,我们大多只懂得应用在事务上的管理,却忘了要管理自己,尤其是要管理自己的"心"。所谓"管理自己的心",我以为就是自觉与自悟。所谓自觉,就是自我要求、自我检讨、自我反省、自我发现问题,继而懂得自己解决问题。自觉管理就是举凡说话、做事,都要事先想周全,不要事后懊悔,要时时觉得自己的形象重要。要学会感恩、感动,懂得先"舍"才能"有"。

自觉就是一种自我教育,要自觉"内心重于外境,精神重于物质,结缘重于自私"。人生的成长过程中,离不开父母的教导、老师的教育、大众的帮助、领导的提携、朋友的鼓励……然而,自觉是关键。如果自己不能自觉,光靠别人,就如自己的身体,血管里的血液是自己的,是自发的营养,对增进健康有很大的功效与帮助,但如果使用营养剂等一些外来的物质,得到的益处是有限的。所以,自觉管理就是自我认识、自我奋发、自我学习,也就是要能自我见贤思齐,把自我的能量发挥出来。如果人人都能建立豁达、理智、明理、乐观、忠诚、忍耐、守信的形象,自然能够建立和谐的校园。

除了自我管理自己的"心",还应该有一种管理,那就是"感动的管理"。感动的管理不是用规矩来要求人,而是应懂得尊重、包容、平等,彼此立场互换,让人感动后心甘情愿地发自内心地奉献；感动的管理不是命令、指示、权威，而是让人自动自发。伯夷与叔齐兄弟俩互让王位、管仲与鲍叔牙互为知音，还有"羔羊跪乳""乌鸦反哺"的故事，都展现出令人动容的高贵情操。如果校园里人人都能相互感动、彼此包容，校园自然和谐。

最后，模仿一句广告词：心净校园净，心安工作安，心平生活平。共勉！

（写于 2009 年 3 月）

【随笔九】

学生说，我的风采很动人

当所有的人都习惯地涌向同一个方向、同一条路、同一扇门的时候，我总会留心那一扇虚掩却未被开启的门，穿过它，就是独辟蹊径的先行者。这就是个性女人的思维和所得。

我是一名小学老师，我力求自己的打扮既符合教师的身份，又能不断带给学生美感。在学生眼里，我应该是美的化身。

舒适与风雅是我装扮的主调。我崇尚简单即是美，齐耳的短发过于单板、老气，于是我把头发焗成淡淡的黄褐色，配上得体的套装，显得干练、新颖而不怪异。在服装的色彩方面，白色与黑色搭配，清丽明快；嫩黄色，亮丽自然；灰色系列高雅理智。这些颜色都是我所爱的。

脸部化妆也是必不可少的。为了节约早晨的时间，我文了眉，这样只需稍加修饰就可神采飞扬了。再涂上和服装色彩协调的淡淡的眼影、唇膏，喷上几滴淡雅的香水，使自己的每一次呼吸都变得愉悦、舒畅，同时也给周围的人带去一份好心情。

总之，对于着装，我也喜欢传统与现代相结合。纵然日子过得并不轻松，但有着令人耳目一新的穿着，便能将生活过得有滋有味。

（写于 2014 年 5 月）

参考文献

[1] 阿尔弗雷德·诺思·怀特海.教育的目的[M].徐汝舟,译.北京:生活·读书·新知三联书店,2002.

[2] 安奈特·布鲁肖,托德·威特克尔.从优秀教师到卓越教师——极具影响力的日常教学策略[M].范杰,译.北京:中国青年出版社,2013.

[3] 陈时见.课堂学习论[M].桂林:广西师范大学出版社,2000.

[4] 李德显.课堂秩序论[M].桂林:广西师范大学出版社,2000.

[5] 林岩.班主任工作的策略与艺术[M].北京:教育科学出版社,2011.

[6] 马克斯·范梅南.教学机智——教育智慧的意蕴[M].李树英,译.北京:教育科学出版社,2001.

[7] 张华.课程论与教学论[M].上海:上海教育出版社,2000.

我的红领巾时代

——记影响我一生的小学班主任

陈师韬

"如果你不能成为山顶上的高松，那就当一棵山谷里的小树吧，但要当一棵溪边最好的小树。

"如果你不能成为一棵大树，那就当一丛小灌木；如果你不能成为一丛小灌木，那就当一片小草地；如果你不能成为大道，那就当一条小路；如果你不能成为太阳，那就当一颗星星。

"如果……

"我们不能全是船长，必须有人当水手，这里有许多事情让我们去做，有大事，有小事，但最重要的是我们身边的事。决定成败的不是绚丽的光环、辉煌的业绩，而是做一个最好的你。"

这首短诗——《做一个最好的你》是我的小学班主任周老师写在我们同学录里的卷首语。每当翻看这本同学录——《红领巾时代》，回首自己 20 年的成长经历，我都想由衷地感谢周老师。是她教会了我宽容、谦虚，是她让我对求知充满了渴望，是她发现了我的长处让我对自己充满了信心，更是她让我在活动中锻炼了身心、亲近了自然、学会了与人相处，同时知道了如何解决生活中碰到的问题。

周老师在我们二年级的时候接管了我们班，这位年轻漂亮、行事果断的女老师一管就是五年。五年中，不论是学习生活、课外活动，还是常规细节上，她都用自己的行动和感染力在无形中影响着我们，让我们从小处做起，在点滴的积累中锻炼自己的能力，将她对我们的要求和希望内化为我们自己的习惯和行为，而这些让我终身受用。

在活动中锻炼能力

每次和别的同学介绍我的小学生活，最让我得意的就是周老师组织的丰富多彩的课外活动。 现在回想起来，我真的很佩服周老师的胆识和勇气，是她让我们在生活中成长，在活动中历练。

我人生中的第一场足球赛是周老师发起并组织的。 当时我们学校从来都没有组织过足球赛，但是看着我们班的男生如此热衷踢足球，周老师就鼓励我们班的男生组织一个队伍向同年级的别的班级发起挑战，开展一次班级之间的友谊赛。 在这个提议下，同学们马上行动起来了。 会踢球的男生在课余时间展开了集训，女生在我们几个班干部的带领下组成了啦啦队，并制作各种道具，借来了大鼓、喇叭等加油用的器械，另外的一些同学向别的班级发起挑战，和他们一起制订赛程。 在紧锣密鼓的筹划下，我们成功地举办了学校的第一场足球赛，并且以 3：0 的比分赢得了胜利。 这样的活动不光增强了班级的凝聚力，而且激发了我们对足球的热爱，就连从来都没碰过足球的我和另外的一些女生也忍不住和同学们一起学着踢足球。

也许你会说，像这样的活动我们也举行过，没什么了不起的，我承认。 但我相信，后面的那些活动是我们班级所特有的，很少有同学能经历。 其中的一个活动是我们分成好几个小分队自己去联系举行义卖活动的场所为帮助贫困的儿童进行义卖，把钱捐给和我们班结对子的小朋友。 其实义卖活动我们班已经举行过很多次，但是让我们凭自己的能力去借场地还是第一次。 记得我当时负责的那个地点是银泰的门口，本以为叔叔阿姨们会很支持我们的活动把场地借给我们，可没想到事实并没有我们想象的那样简单。 首先，去寻找相关的负责人就不是件容易的事，科层制的森严和互相推诿让我们难以找到实际上的负责人；其次，他们这些大人根本不把我们这些小学生放在眼里，把我们的请求当作儿戏，不认真对待。 这次的碰壁让我们对社会有了一点感受，虽然失败的尝试中充满了委屈，但我们没有妥协。 这次不成功可以通过别的途径解决，我们把文章发表到报纸上，把我们的活动向社会宣传；我们寻求大人的帮助，动用可能的社会力量来解决义卖的场地问题。 最终，我们不光成功地借到了银泰门口的一片空地，而且借到了武林广场的一个中心位置。 简单的义卖经历了这个过程而变得更加丰富且富有意义，每个同学都参与其中，体会社会的冷暖，学会面对失败和挫折。

还有一个活动是全班半夜 3 点去登宝石山看日出。 第一次这么早起床，第一次去看日出，带着兴奋和好奇，全班同学都在家长的配合下准时来到了宝石山下。 忘记了困顿和劳累，一路上我们互相提醒、互相照明，在蜿蜒的山路上，大家一同向初阳台"进军"。 这是一个难忘的清晨，我们开心地和遛鸟的老人交谈，识鸟、学鸟鸣；我们放声歌唱，向山谷呐喊，倾听来自大自然的回应；我们还品尝山间草丛的露水，研究一路上的花花草草……来到初阳台的时候太阳还没有露脸，我们兴奋地描绘着彩霞，期待着将要看见的日出。 虽然天公不作美，一阵急雨浇灭了我们的日出梦，但我们并没有对这次旅程感到后悔。 雨停后大家坐在一块大石头上一起背诵《日出》这篇课文，并相约下次再来看日出。

在双休日，周老师还自己出钱带了一部分同学坐车去了一个富阳的盲人学校看望和我们班结对子的孩子。 通过和他们的交谈，我第一次想象没有色彩的生活，发现生活中的美丽，感受能看见的幸福。 在寒假，周老师会因为梅灵隧道刚刚完工而组织我们徒步走完隧道，走去云溪竹径打雪仗；在暑假，周老师会带领我们去九溪玩水，亲近自然……所有的这些活动都让我们在体验中成长，真正了解了课本中学不到的知识。

对我个人而言，周老师还发掘了我的潜能，鼓励我参加各种学校的比赛，比如唱歌比赛、演讲比赛、话剧表演、集体舞比赛等，在我的才艺得到了展示的同时，我学会了勇敢地面对竞争的压力和各种挑战，学会在众人面前表演而不怯场。

在细节中培养品格

"细节决定成败"，这是周老师经常强调的一点。 她总是在日常生活中向我们提醒细节中的规范并给我们做榜样。 比如，她会提醒我们说"谢谢""请""您"等基本的礼貌用语；她还告诉我们递剪刀的时候应该把尖头的那头对着自己，把手柄的那头对着别人以表示尊重；她更重视守时这一点，把守时看成是最基本的日常习惯。 周老师曾经告诉我们"己所不欲，勿施于人"，她还说过，做人要知足常乐、助人为乐……这些谆谆教诲总会不时地萦绕在我的耳边，让我在生活中以此为准绳。

周老师还是个特别知性的老师，非常重视情感上对同学的关心。 在同学生病的时候，她会亲自去看望，还不忘给他们补课；在同学做了错事的时候，她会体谅学生爱面子、有自尊心的特点体面地解决问题，既帮助同学改正了错误，又给全班同学以提醒。 五年级的一次班会课上，周老师让我们每个人自己为自己的未来画一张蓝图，还让我们在背面写上我们向往的职业和对自己的期望。 这是我们的23年之约，我们说好了在2022年的9月10日重回母校来拆这张蓝图，回忆我们的红领巾时代。

回忆还有很多，点点滴滴都是美好。 最重要的一点是，我从周老师身上看到了一个小学班主任对孩子的爱和无私的奉献，我更看到了一位好老师对孩子深远的影响。 如今我也选择了教师这个行业，我也对孩子的教育充满了兴趣，我感受到了这一份责任，更感受到了它的价值。 如果可以，我愿意像周老师一样，用自己的爱最大范围地影响我们的孩子，给他们一个快乐成长的童年。

天长小学六(4)班毕业照

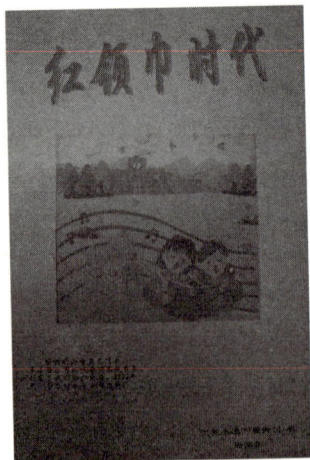

周老师发起制作的同学录

长大后我就成了你

章　津

　　好多天了，还没从"十年聚"的兴奋和激动中缓过神来。 翻出我们的毕业纪念册，许是今日再见阔别多年的同窗，许是此刻又读周老师叮咛的字句，儿时的回忆一点一滴地涌上心头，心底感觉洒满了阳光。

　　何其有幸，毕业十年，当我再一次步入天长的校园，却是以实习老师的身份。 开学第一天，欢迎的锣鼓和迎新的队列所营造出的热烈隆重让我激动万分。 也许跟天气有关，跟熟悉的白天鹅雕塑有关，跟宣传栏里老师纯净的微笑有关，跟操场上运动着的孩子们蓬勃的朝气有关，走进教室，我突然有种穿越时空的错觉，是回到儿时了吧？ 一样窗明几净的教室，一样生动活泼的孩子，一样睿智亲切的周老师。

　　周老师总是这么神采飞扬。 那股气场总是吸引着我们。 小时候的我们，总爱屁颠儿屁颠儿地跟在周老师后面： 起个大早去登山看日出，不顾舟车劳顿去探访盲童，风风火火义卖献爱心。 而每次，我们的爸爸妈妈也都会饶有兴致地加入我们。 不得不说，最让我们兴奋的就是有报社记者阿姨来采访，或者是电视台邀请我们去做节目了。 看到报纸上有自己的文章、自己的名字，电视上有自己的身影，对于 10 岁的孩子来说，那是一种天大的荣耀。 过了好多年，远在临安农村老家的爷爷奶奶还会说起在电视上看到我的事情。 心里觉得倍儿骄傲！

　　小时候的我，对周老师既敬爱又有点小怕。 只是看着周老师忙碌的身影，心里想着，长大要做像周老师这样的老师。

　　当我终于站在讲台上，成为一名准老师了，心中是多么紧张。 但我看到周老师站在教室后面微笑着，知道那是信任和鼓励的微笑，心中便有了底气。 第一次上语文课，仅仅是一篇略读课文，周老师也在放学之后留下来，指导我怎样抓住重点，又应该怎样设置问题放手让学生去自学。 到上课的时候，周老师坐在离我最近的位置，认真地听着，观察着我和孩子们。 评课时周老师对课堂中的每个细节，哪怕是说话的语气、仪态都有详细的评价和改进意见。 这时我才发现，周老师记下的环节，比我备课时设计的环节要多得多。 周老师的意见真诚、中肯、一针见血。 我一字一句地记着，心里却涌上一股暖流，不知要说多少句感谢才够。

在实习期间，有机会带孩子去参加浙江电视台的百校对抗赛。 从最开始的选拔、训练到比赛结束，周老师总是时刻关注着。 第一次接这么重大的任务，我心里有点发颤，怕让学校领导、老师们失望。 但周老师跟我说，名次不重要，重要的是有一个这样学习的过程，让孩子们在活动中，去体会团队的力量。 只要把他们安全地带去，安全地带回来，就成功了。 虽然正式比赛的时候我一直在场下，虽然没有一直和他们站在一起，但是我依旧很骄傲。 最后我们没有得冠军，但是我很开心。 孩子们一比赛完就向我冲来的瞬间，我抱着他们，我们一起喊"耶！"，好像比赛的是我自己一样。 回学校，像英雄凯旋似的，其实蛮丢脸的，只拿到第二名。 孩子们很兴奋，拿了一大袋金味麦片奖品，还说回去都舍不得吃。 学校的老师都说感谢我，说我辛苦了。 其实，一切的荣誉，是因为我们有强大的后盾，一直支持我们的力量，那就是周老师！ 那一刻我也终于明白，为什么每次我们的活动总能得到各方的响应，那是因为有周老师这个灵魂人物。 以周老师的人格魅力，一呼百应。

小时候最爱看作文、日记后面周老师写的评语。 周老师从不吝啬笔墨，像谈心一样写得长长的。 长大了喜欢和周老师促膝聊天，听她讲新闻、说故事，这些新闻和故事里总会有周老师想告诉我们的知识和道理。 想起周老师曾经说过的话，当老师应该要找到自己的优点，并且最大限度地发挥它。一如毕业册上的那句"做一个最好的你"。

好多好多的瞬间，好多好多的感激，说不尽道不完。 实习结束的时候，孩子们偷偷准备了好几天给我办了一个告别会。 孩子们送我一本漂亮的册子，里面有每个人的照片和赠言。 我送每个孩子一张书签，写上了我的祝福和期盼。 周老师说："你们送的礼物如此的相似，大概因为都是我教出来的学生吧。"是啊，我和孩子们一样，都是被周老师关怀、爱着的学生。 我们时刻都在一起。 做周老师的学生，从来都是这般骄傲而美好！

便觉春风四面来

——优秀班主任周红印象

朱妙妙

有幸能有机缘走进杭州天长小学学习，更有幸能跟随天长众多出彩名师中的浙江省优秀班主任周红老师学习，虽然是短短的一个星期，但给我的教师生涯带来了无穷的收获。 我们烦琐的教育工作，原来可以那么快乐，那么幸福。

"每个人对事物的评价是不一样的，但每个人对周老师的评价却是一致的，那就是一个好老师。"这是天长小学老师和家长们对周老师共同的评价。 从公务员体系跳槽到教师这清贫的职业，放弃去海外享受优裕生活的机会，坚守在烦琐、辛苦的教育工作中，几十年如一日，满腔热情，兢兢业业的周老师，在她平凡的岗位上，做出了不平凡的业绩。

周红印象之净

五(3)班的教室窗台上放着许多盆绿色植物，正如五(3)班的孩子们一样，那么葱茏，富有朝气。 在教室后排的书架上，陈列着许多书，可其中的《哈佛女孩——杨露子》却特别吸引人眼球，因为，那一排全是。 我不解地问边上的同学："为什么会有这么多本《哈佛女孩——杨露子》啊？"小男孩骄傲地告诉我："因为它的作者是周老师的一个学生，她送给周老师，周老师又拿来我们看。 周老师还有很多学生在剑桥、牛津、哥伦比亚呢！"一种敬意油然而生。

晨课时，周老师会让孩子们在那读书，然后自己拿起扫把把学生没扫干净的地方打扫干净。 周老师说："我不喜欢命令孩子做事，只有亲力亲为，才能给孩子树个好榜样，才能感化孩子。"

雨天，而且是大雨，是让人懊恼的天气。 走进学校，经过每个教室，都可以看到门口放着两只水桶，杂乱无章地放雨具，我心里也不禁抱怨道： 这么小的两只水桶，怎么放得下每个班四十几个人的雨具。 但来到五(3)班教室门口，我大吃一惊： 就这么两只小的水桶，整整齐齐地装进了全班同学的雨伞。 两个女生在旁边仔细地把一把把伞折好、扎好。 只见一只水桶里整齐地立着一把把勾状长伞，另一只水桶装着折伞，水桶居然还能再放得下雨伞。 教室门口，放了两块踩地的毛巾，走进教室，更让我诧异的是地面居然没有任何雨天湿漉漉的痕迹。 周老师，难道还有什么高招吗？ 难道他们上学都是凌空走路来的吗？ 还是来学校再换一双鞋子的呢？ 一抬头，看见正在讲台边打扫的两个孩子，只见一个孩子拿着扫把在清扫地上的垃圾，其中一只脚踩着一块抹布，抹布随着她的移动，抹干了地面；另一个孩子则拿着干的拖把，紧跟其后。 我顿时恍然大悟，周老师真用心，把孩子们调教得如此细心，能干。 雨天，总让人感觉很糟糕，可今天我却觉得雨天格外地可爱，因为雨天，我又学习了。

一个星期下来，在校园里来来回回发现，五(3)班的教室是全校最干净的。 周老师说："一个教室，只有干净了，大家在这里学习才会舒服、舒畅、开心。 一个班级，只有干净了，才能有所美化，有所提升。 一屋不扫，又何以扫天下呢？"

周红印象之严

"写一手好字，有一副好口才，做一个好人，有一个好身体"，这是周老师对学生的要求。"行为上守纪，思想上创新"，这也是周老师的教育准则。守纪，就是要孩子有一种约束，有敬畏之心。 孩子如果没有敬畏之心，就很可能成为一个无法无天的人，一个对自己的内心世界没有约束的人，将来对自身、对社会，都会是一种灾难。 我们的教育并不是要培育温驯的绵羊，并不是要教育出同一个性的孩子，而是鼓励孩子思想上要有所思考、有所创新。 在她的课堂中，孩子们可以畅所欲言，各抒己见，孩子们的思维总是那么活跃，孩子们的热情总是那么高涨。 当然，如果学生答非所问，那么在课堂上，也少不了要被周老师训斥一顿。 语文课上，"周瑜为什么要叫诸葛亮造十万支箭？"一个学生磕磕巴巴说了好几分钟，半天也没有说出个所以然来，周老师出乎意料地变了脸，严厉地批评道："课文上，明明白白地写着。你知不知道，因为你的学习不认真，回家根本没有好好预习课文，你浪费了我们全班 43 个同学的宝贵时间，你给我站着！"坐在后边听课的我，立马正襟危坐，听课也丝毫不敢怠慢。 孩子的作业写得潦草，她绝不纵容放过，课后定要让孩子重写，写好为止。 这就是周老师，一个毫不装腔作势，真真实实，对待孩子的错误绝不姑息，绝不纵容放过的"严"老师。

周红印象之爱

应该说，作为周老师的学生是幸福的。 雨天，衣服、裤子湿了，是不可避免的，周老师的抽屉里常年为学生准备着吹风机。 每天早上，周老师基本上会带一大袋面包，那是她的早饭，当然，周老师吃不了那么多。 早上或下午，功课过半，周老师会拿到教室去，给孩子们吃，"孩子们现在正在长身体，学校是不准带零食的，尤其是男生，到了这个时候，肚子肯定是饿的。"能量充足，是孩子一天学习的能量保证，也是孩子健康成长的保证。

教育，从生活入手，周老师把自己对生活的热爱，通过对孩子生活小事的落实和引导，传递着她的爱。 周老师做过两年的教育行政工作，不过，后来放弃了。 她觉得"自己最在行的，还是和孩子们在一起"。 把班主任作为终身事业来做的周老师，做她的学生，无疑是幸运的。

周红印象之善

周老师的每届学生，每个学年都要举行一次"爱心慈善会"，由周老师统筹组织，孩子们自行表演，邀请班里的家长出席，为那些生活困难、需要帮助的孩子募捐。 活动之前，周老师会给每个家长寄邀请函，并请家长们保管好信封，捐款时再把钱放进信封，100 元封顶。 当然，周老师是带头捐款的。 爱心慈善活动得到了家长们的高度认可和支持。 很多孩子平时不肯练琴，但为了这个晚会，会劲头十足，勤学苦练，去精心准备。 十八般武艺，在爱心慈善会上尽显风采。

周老师说，一个心中有爱的孩子，不会坏到哪里去，要从小在孩子们心间播种善的种子。 我们的孩子不缺钱，要让他们学会去帮助那些需要帮助的人，学会善良，学会豁达。"春的使者"活动中，周老师让孩子们栽培一盆盆景，让孩子们走进社区，把它送给小区里的一个陌生人，把温暖送给别人，在活动中培育孩子们的善心。 周老师用她善的智慧，无时无刻不在孩子们的心田洒播爱的信念。

教育是一片浩渺的海，博大、澎湃，而又精深。 能碰到周老师这样的班主任，是学生的幸运。 周老师给她的孩子们带来了一生中难忘、快乐、充实，也是收获很大的一段时光。"教育不是商品经济，不需要计较付出与回报。 我就是喜欢当老师，喜欢了，就能把老师这个职业做好，做好了，我很幸福。"能作为周老师的徒弟，我同样也深感幸运，感谢周老师毫无保留的教导，让我受益匪浅。 学习之后是思考，思考之后是实践，从此，我会致力于教育事业，努力去学做一名和周老师一样优秀的老师。

我所认识的周红老师

潘朝阳

6月，在杭州市天长小学学习的一个月，我有幸聆听了楼朝辉校长的真诚指导，领略周红、蒋军晶、陆白绮等名师的教学风采，这是我教师生涯中难以忘却的一段学习旅程。有人说，在天长小学学习一个月，抵得过在其他学校学习一年。此言不虚。限于篇幅，恕我仅聚焦周红老师，做一个学习回顾，梳理自己的学习所得，以利于今后自身的提高与发展，并与同行分享。从游周老师的一个月里，我最大的一个感触是：周老师所带的班级积极向上，无一懈怠。这是我从未见过的一种学习氛围。这不仅引发了我极大的好奇心和探究欲，而且试图从周老师那里找到智慧的钥匙，学到带班的技艺，让自己也能创造出同样好学上进的优秀班级来。

一、 推进，周老师的日课

周老师的育人目光远大，绝不限于当下的小得小失。凭借过人的敏锐，她善于捕捉眼前的细节，不失时机地磨砺学生、期待学生。

1. 磨砺学生,周老师的家常便饭

在班级教育中，周老师不满足于班级的平稳和学生的乖巧，她密切关注学生的表现状态，严格要求学生有递进式或者纵深式的发展。

6月6日早上升国旗仪式结束后，学生回到教室。国旗班的学生完成了国旗下爱眼主题的小品表演后，本想松一口气，没想到周老师往黑板一看，看到没有做好课前准备的学生名单，脸一沉，就说："这几个同学缺少一种贵

气。"说完，周老师用较快的语速给学生读起微信上的文章《富而不贵就是痛》。 结合其中的小故事，提出观点：无论富贵贫贱，无论尊卑老幼，都应有一种贵气，这种贵气就是正直、无私、无畏。 她多次让学生记住："贵气就是正直、无私、无畏，为他人可以牺牲自己。 具有这种贵气的人就是正义、正直的人。"旗帜鲜明地要求学生从小学做"贵人"。 在全班形成强大的气场后，周老师对着那两三个没有做好课前准备的学生说："课前准备，老是你们这几个出现问题。 一个人只有把自己打理好，给别人带来幸福，才有贵气。"

这几个学生连忙依次回应周老师："谢谢周老师。"

周老师还没有收场，继续进行"贵族"教育。

周：今天升国旗仪式上，我们班出了一个节目，观众同学们打个分。

生1：我打4分，站位不对，一边太散，一边太挤，看上去很不协调。

周：我在后面已经提示，他们却听不到。 其实同学之间也可以互相提醒，不过，不是说"你没有对齐"，而是要微笑着说，轻轻地说："×××，你没有对齐。"

生2：我打4分……

生3：我发现×××忘台词了。

周：这说明×××在记台词上没有下足够的功夫。

生4：我发现没有衔接。

周：为什么没有衔接?

生5：忘台词了，说明前一天没有好好记台词。

周：忘记台词，可以用提示板。 当机会来到你们面前，多花时间，多下功夫，多请教，不要自以为是。 否则当第二次机会来的时候，我就不敢把任务交给你了，我会把任务交给我信任的人。 这需要双方的努力。

我问一下后面的6个同学，你们有什么感觉?

（6名学生依次评价同学的表现。）

周：意义赋予能力。 我们要成为真正的贵族，正直、无私、无畏，为他人牺牲自己的时间、空间。 一个贵族具有自由的灵魂，不人云亦云，具有社会担当，要有文化，你要学习。

（那几个挨周老师批评的学生不约而同地说："谢谢周老师。"）

看来周老师的严厉要求被学生悉数接受。 正是这种严格的跟进式教育促使学生志存高远，严于律己，不敢松懈。

2. 期待学生，周老师的真诚大爱

6月8日下午，韩国暑假夏令营活动报名。

周：徐稼源，你去年去过了，今年为什么还想去？

徐稼源：我觉得韩国暑假夏令营很好玩。 前几天我收到了他们的通知，觉得今年一定比去年有意思。

周：你能不能把机会让给别人？ 给老师的名额只有两个，我想给学习进步的同学。 很想去的同学举手。 徐稼源，周老师会争取一个名额。 如果争取到了，你就去。 这样好不好？

徐稼源：好！ 谢谢周老师。

周：韩国的大学生放弃暑假休息的时间教中国人说韩语，这是在宣传自己的国家。 你们几个去了，去看看人家的哪个品质是我们所没有的。 这是两国之间的较量。 子墨，我把希望全放在你的身上了。

子墨：谢谢周老师。

周：阿桂，你能发表一下自己的感想吗？

（阿桂笑而不语。）

周：阿桂，你只会笑，男子汉应该敢于发表自己的想法。

（阿贵听到周老师的鼓励便点点头。）

一次小小的班级报名竟然上升到了国家高度，燃起了全班学生的爱国情感，种下了国家意识的种子，视一次夏令营为中韩两国的较量，呼吁学生处处为国争光。 我们可以预见参加中韩文化夏令营的几个学生一定会珍惜机会，好好表现的。 这就是周老师心系天下、为教育远谋而外化出来的殷殷期待所带来的育人效果。

周老师从不忽视小事，能赋予每个事件以教育学的意义。 事情虽小，却能以高度的责任感和敏锐的洞察力，有的放矢，教化学生。"贵族"教育、中韩两国之间的较量，诸如此类的话题能准确地放在四年级的课堂上，足见周老师的视野广博，富有教育机智。 你看，周老师的学生一个个都听得很专注，思维与老师一起驰骋。 富贵，富而有贵气，正直、无私、无畏，为他人牺牲自己的时间、空间，这样的人有担当，这样的人有责任心，做人认真，做事用心。 一次报名，竟能引出"中韩两国之间的较量"的话题，这样的点拨，这样的感召，就是一种大写的人的教育，一种有作为的价值观教育。 只有重视价值观的引导，学生才能真心追求真善美，树立正确的人生观、世界观、价值观，端正态度，明确方向，提高思想力、专注力和行动力，学习才会是有效的、持久的、递进的。

二、 整合，周老师的绝活

晚近的课程理论与实践发展中，课程概念的内涵发生了重要变化，出现了新的趋势，主要包括：从强调学科内容到强调学习者的经验和体验，从强调目标、计划到强调过程本身的价值，从强调教材的单因素到强调教师、学生、教材、环境四因素的整合，从只强调显性课程到强调显性课程与隐形课程并重，强调"实际课程"与"空无课程"并重，强调学校课程与校外课程的整合。"万物皆有备于我，为我所用"，这就是周老师的课程观，整合则是她育人智慧观照下的日常教学行为。

1. 善于整合，游刃有余

周老师的课程整合视野相当广阔。 周老师曾说："我们小学老师不一定要学得很深，但一定要学得广一些，什么都要懂一点，像大树的树根一样盘根错节，这样才能点燃学生的火焰。"她的文化知识相当全面，无论是话剧、电影，还是新闻、历史，都是行家里手。 周老师还认为，当老师，整合是一个技术活。 那么她有哪些整合的技术呢？

6月7日的早读课上，一节15分钟的晨诵课展示出了周老师过人的文学修养和广博的社会阅历，下课时，学生们竟意犹未尽。

周：今天读什么？

学生：读《熏咸鲱鱼》。

周：翻到第80页。（稍停）有意思吗？

（好些学生轻声地说有意思。）

周：自己开始读读吧。

（学生自由诵读。）

周：想不到法国诗人夏尔·克罗也喜欢用重叠的写作手法。中国古代陆游的《钗头凤》（脱口朗诵）也用了这种手法：

红酥手，黄縢酒，满城春色宫墙柳。东风恶，欢情薄，一怀愁绪，几年离索。错，错，错！

春如旧，人空瘦，泪痕红浥鲛绡透。桃花落，闲池阁，山盟虽在，锦书难托。莫，莫，莫！

这首词刻在绍兴沈园。陆游和他的表妹唐婉相爱，因为唐婉妈妈和陆游妈妈的反对，陆游和他的表妹唐婉没有结婚。很多年过去后，陆游回到沈园时写下了这首词。

陆游幸亏没有跟她表妹结婚，因为陆游跟她表妹是近亲，两个人的基因太接近了，如果结婚会影响下一代。这让我想到昨天晚上读到的一则网易新闻。说的是一位92岁的老奶奶把上千斤稻谷留给他的三个智障儿子，最小的57岁。就是因为近亲结婚，她7个孩子中，3个人有智障。为了不让孩子在自己去世后挨饿，这位母亲用数年时间，攒下上千斤稻谷。她不允许三个儿子去别人家讨吃，也不允许他们去村里的红白酒席吃饭，就是为了尊严。她家非常贫穷，但她对孩子的要求很严格。她很伟大，上千斤稻谷是一种母亲的爱。

这节早课上，由《熏咸鲱鱼》的重叠手法引出陆游的《钗头凤》，从陆游的创作缘由引出近亲结婚的危害，又由此种危害引出一位把上千斤稻谷留给她三个智障儿子的92岁老奶奶。周老师娴熟地将《日有所诵》、陆游的《钗头凤》和网易新闻三种优质资源有机地结合起来，让学生听得津津有味，并在强调重叠的写作手法的同时，让学生既得到唐诗宋词的熏陶，又获得文学之外的教育。

除了这种书本内外的内容整合，周老师还有多种学习方式的整合，以及学校内外的多形式的整合。

2. 善于设计，树立品牌

周老师有的是教育智慧，她善于策划，善于整合现有的各种资源。她的班队活动相当精彩。

6月上旬，我见证了春"剧"会的种种美好。为了开好春"剧"会，周老师提前让学生自由组团，自行编剧，自主排练。学生四年级时，周老师让学生在班里表演；学生五年级时，周老师邀请家长和专业人士观看，好评不断；到了六年级，班级节目竟然演到了省人民大会堂。

这次活动前，自由组合的学生群体相约到教室外面的空旷地带商量编剧、对话、动作和神情，一有空暇便排练《扁鹊治病》。

6月8日中午，徐稼源同学制作了春"剧"会的幻灯片。下午，正式演出，一共出演了7场，"演员"们相当投入。其中，有独幕剧，一个学生表演所有角色；有讲解服装的，学生穿着古装，俨然成为古装戏里的人物；有具有创意的，开头和结尾有穿越古代的设计；还有的设计了旁白，介绍故事场景的变化和故事情节。

在"大评委点评"环节，周老师指出："在舞台上表演要有水准、有品质，有人说脏话很不应该！把笔当匕首的只有鲁迅一个人。为什么？因为他的语言富有战斗力。所有演戏的同学，你要注意你是在表现你的水平，我们是有教养的人。今天说得不够的同学，以后努力。老师的点拨你们一辈子都有用。"

很显然，周老师非常重视活动的组织和质量。为此，她非常重视培养学生活动的仪式感，严格地要求学生认真地担任自己的角色。正因如此，我看到了学生由正式演出前看似胡闹顽皮的嬉戏阶段走向能成熟地担任某角色的群体游戏阶段的过程。 学生经历了对角色的期望，对角色的领悟，对角色的实践，逐步地意识到了承担一个角色就要有一定的期望，自己的角色必须符合角色的标准，符合别人的期望。 正因为这样，学生们用心研读课文，由浅入深，把握扁鹊三次看病的具体情境中人物角色的演变，从蔡桓公的自以为是和扁鹊的医术高明领悟到防微杜渐的重要性，深入课本内容的价值所在。在春"剧"会上，学生准确的角色定位，衍生出对角色的正确实践，产生表演所应有的育人效益。 这一点，在扮演蔡桓公病死上得到了充分印证，凡是表演蔡桓公的学生个个演得相当逼真，从椅子上瘫倒在地上，丝毫不怕摔疼。 这样的班级，在周老师的指导下，到五六年级后，他们的春"剧"将会更加出色。

与春"剧"会相对应的还有秋"艺"会，那是学生小品表演的舞台。 显然它需要更强的创编能力和表演技艺。

据我所知，周老师的班级还曾有过很多的活动品牌。

活动形式	活动目的
五三论"见"	设计话题，提高学生"说"的兴趣，规范言语表达，锻炼胆量，让学生"能说会道"
时政、小说、社会热点	扩大学生的知识面，培养民主思想，增强理解力，提高概括能力
春的使者	借助具有人文性、艺术性的活动，激发学生热爱生活的情感
榜样在我身边	从生活入手，增进学生之间的情谊，培养学生发现生活中的美
花开有声	丰富人文内涵，拓宽习作题材

数十年如一日，周老师用自己的创意和才情，雷打不动地组织、指导学生，不知道培养了多少优秀学子。 这些班级活动历经岁月的洗礼，成为周老师工作幸福感的泉源、学生健康成长的摇篮。

上述所及只是周老师的冰山一角。 周老师一直恪守天长名校的优秀传统。 她曾跟我说过，老天长非常重视学生的朗诵。 其实，在我看来，她重视的岂止是学生的朗诵呢？ 她的每一天都在磨砺学生、期待学生，事事育人、时时育人、处处育人，把小事情当大事情做，不放过任何一个育人的瞬间，让每一个瞬间都能成为学生成长的平台，瞬息之间将学生推向更高的、更远的地方；她的每一天都在整合书本内外、学校内外的有形的和无形的教学资源，调用自己的教育智慧，释放自己的教育情怀，善于整合、善于设计，每个教学活动都能做到有效化、系列化、品牌化。

课间，当周老师问学生，对她的批评接不接受，学生爽快地答道："接受。"当周老师问学生，你们喜不喜欢周老师，学生欣然回答："喜欢。"看来，周老师在学生心目中建立了崇高的权威形象。"亲其师，信其道。"她已经成为学生眼中的专业权威和道德权威，学生敬畏周老师，亲近周老师，自然敬畏学习、热爱学习，自然产生高效益的学习。师者如斯，诚为楷模。

享受最美的事业

杨 丽

　　周红是我熟悉并敬重的一个朋友。 她是资深的小学语文教师，尤其擅长班主任工作，在杭州教育界颇有影响力。 她热爱孩子和教育事业，精力旺盛、关心时事、时尚，似乎随时会有创意从脑袋里蹦出来。 对于孩子们和朋友而言，她就像一个宝库，可以让你源源不断地发掘出让人眼睛一亮的宝藏。 1999 年，我在《钱江晚报》上关于她将《三字经》引入课堂的连续报道，在全国范围内掀起了一股讨论"是否该让小孩子接触国学"的热潮。 著名学者、中国现代文学馆馆长、老舍之子舒乙以及中科院院士蒋锡夔等，纷纷表态支持周老师的做法。

　　眼下，她又一次给我们以惊喜。 她呈现给我们的这些丰富生动的文字，无不是她从多年教师生涯中精心采撷的故事，细细品味，你可以体会到一位老师、母亲的良苦用心，也会为她的高超育人艺术所折服。

　　她指导孩子们编了一本班刊《花开有声》。 她解释说："'花开'是孩子敞开心扉说事，'有声'是成人给予他们的回应。"眼下这本小集子，也可说是对成人与孩子之间的良性互动的最佳证明。

　　作为一个班主任，她最在意的是给予学生公平、公正。 她总是能默默地关注那些容易被忽略的学生。 小也（《生命中的贵人》——我和小也的故事）和沈同学（《每一步都是你自己走的》），是别人眼里的"皮大王"；《紫色的希望》里的苏苏，乖巧懂事但身世堪怜；《教育的守护者》里的孙妍，羞怯内向不合群。 无论对哪种学生，她都能做到小心翼翼地呵护其幼小的心灵，这尤为难得。

　　周红的可贵，还在于她作为一个基层教师，育人却总能超越平凡、目标远大、直指未来。她看重的不是分数、荣誉，而是孩子们自身长远的发展。你听她在《"扯闲篇"的魅力——也谈教师的语言》中抒发的心声："'天下兴亡，匹夫有责。'如果一个民族的老师都没有这样的想法，那这个民族是可悲的。"真是掷地有声！基于此，她会在为小宇（《未来商人》）天赋经营异禀而高兴的同时，更为他担忧，用心引导他用大爱情怀来引领自己的人生目标。"穷则独善其身，达则兼济天下"，从她对小宇的叮咛里，我们自可以领略到一个老师的胸襟和气度。

　　为了帮助孩子们更好地成长，周红牺牲了许多个人时间，精心策划、组织各种活动。有的是着眼公益、关注民生的社会活动，如"妹妹不哭"（《从爱到爱的距离——"妹妹不哭"联队活动》），甚至带领孩子们一起为外来民工子女制作暑假活动地图并送上门（《为"小侯鸟"导航》）；有的则是着眼于孩子未来的生存训练，如远足、爬山、野营等。一位已在北大就读的孩子回忆说，当年在天长的学习生活特别美好，因为幸运地遇到了周老师。

　　作为一名语文老师，周红还积极利用语文教学工具，促进班主任工作，成功地进行亲情教育和价值观、人生观熏陶等。她多年来坚持编辑班刊《花开有声》，使之成为训练学生写作和加强师生、家校沟通的有效载体。《非常亲情，非常教育》里，就有许多这样的例子。

　　在周红的精心培育下，孩子们茁壮成长。聪明出挑的孩子，我能报得出的有一大串：杨露子，哈佛；林思齐，剑桥；双辰宸，美国哥伦比亚大学数学助教；励佳媛，北大；陈佳蔚，首都经贸大学；方苏阳，中国美院；吕诗飏，保送浙大……

　　昔日的五（2）班，只有一个孩子没考上大学。但就是这唯一一个，也让周红为之骄傲。这孩子从小不爱学习，但街舞跳得很棒，在周红的鼓励下，阳光、自信，后来读了职高，自学成才做了健身教练。

　　周红是孩子们诚挚的守护者和引导者，从他们的成长中，她获得了巨大的满足感。她自己的孩子同样非常优秀，高大俊朗、学业优异、胸襟开阔，在"90后"中尤为难得。周红和孩子们之间的故事，充分证明了：只要你为孩子敞开心灵的大门，孩子的心门也会为你敞开。 只要你给予孩子信任和温暖，你不仅会获得同样的回报，而且会收获更多激情和梦想。

　　我相信，从周红的这些文字里，您可以感受到她传递出来的热力，领会到师生之间交流的真谛，体悟到守护孩子成长的真正守则。

　　感谢您的阅读。